Public Design 36 Essays.

PUBLIC DESIGN-ISM

공공디자인을 위한
36가지 이야기

공공디자인이즘 PUBLIC DESIGN-ISM

초판 1쇄 발행	2024년 1월
지은이	이석현, 이종혁, 이현성, 장영호, 주신하 (가나다순)
펴낸곳	도서출판 미세움
	(07315) 서울시 영등포구 도신로51길 4
펴낸이	강 찬 석
편집/디자인	김 성 훈
출판등록	제313-2007-000133호
ISBN	979-11-88602-74-2
정가	20,000원

본 출판물은 에스이디자인그룹 SEDG의 20주년 기념 연구 지원비를 통해 출간되었습니다

Public Design 36 Essays.

PUBLIC DESIGN-ISM

공공디자인을 위한
36가지 이야기

Public Design 36 Essays.

PUBLIC DESIGN-ISM

공공디자인을 위한
36가지 이야기

Public Space
Public Communication
Public Design Value
Public Policy
Public Landscape

Public Design 36 Essays.

PUBLIC DESIGN – ISM

Table of Contents

PUBLIC DESIGN-ISM

Public Space

이석현_중앙대학교 실내환경디자인전공 교수

도시디자인의 미래에 대한 소고

01. 무모한 도시
디자인의 도전

    지난 20년간은 먼 시간이 지난 후에는 국내의 모든 역사에 걸쳐 도시를 디자인하고 경관을 발전시킨 위대한 시기로 기억될 것이다. 물론 이전에도 이 땅에 길을 만들고 성과 주택, 길을 만들며 독자적인 도시을 만들기 위한 다양한 시도는 해 왔지만, 미적으로, 그리고 조지저으로 제도와 규칙을 정해 국가직으로 도시의 미적 수준을 높이기 위한 석극적인 활동을 추진한 시기는 이전 시기에는 찾아보기 어렵다.

〈그림1〉 서울 풍경

고층과 저층의 격차에 의한 만들어진 풍경에서 조화로움은 어디에서도 찾아보기 힘들다. 그마나 저층주택은 정겹다 그 정도의 폭발적인 에너지로 우리는 도시의 경관과 공적, 사적 영역을 포함한 다양한 영역에서 도시디자인의 다양한 시도를 했으며, 후세의 평가는 뭐라고 하건 도시, 건축, 시설을 통합한 모든 영역에서 그 성과를 얻었다. 그럼 과연 어떠한 시대적인 요구가 우리를 그러한 무모하면서도 과감한 시도를 가능하게 했을까? 한번 곰곰

이 곱씹어야 할 이슈가 아닐까?

시작은 아주 작은 반작용에서 촉발되었다고 본다. 난개발에 대한 반발이었다. 1970년대까지만 해도 전쟁의 폐허에서 허덕이던 대한민국이라는 동북아시아의 작은 나라가 이 정도의 국력을 가지게 될 것으로는 예상하지 못했었고, 그 당시의 당연한 이슈는 잘먹고 잘사는 나라를 만들기 위한 기반조성이었다. 도로를 만들고 주택을 만들어 보급해야 하는 기본적인 도시확장이 중요한 과제였으나, 산에는 나무를 심고 바닷가에는 수출을 위한 항구를 만드는 것 그 자체가 시대적 과업이었다. 당연히 도시 인프라를 확장시키기 위한 토목개발이 우선시되고, 전쟁으로 인해 기반이 거의 파괴되었던 기존의 도시 미관은 생각할 겨를도 없이 높게 올리고 길게 확장시키는 것이 미덕이었다.

그러나 1990년대 중반에 들어서서야 국내에서는 기존 도시개발의 확장에 대한 반성이 시작되었다. 분당과 일산에 신도시가 확장되고 서울 내에서 어느 정도 주택수가 안정화되고 기반이 거의 조성되자, 우리가 무분별하게 확장시킨 도시의 얼굴에 대한 고민이 시작된 것이다.

그 시기가 국내 GDP가 1만불 시대에 접어든 때이기도 했었고, 국내에서 세계적인 자동차와 반도체 산업 등이 서서히 자리를 잡아가던 시기이기도 했다. 그로부터 10년 후 2002년 월드컵을 거치고 국내의 산업규모와 도시확장은 더욱 심화되고, 도시의 난개발도 덩달아 확장되던 시기 도시경관에 대한 반성과 개선의 요구가 더욱 커지게 된다. 물론 이전에도 다양한 도시개발사업과 경관개선 사업이 진행되었지만, 지자체 단위에서 본격적인 고민을 시작하고 주민 참여에 대한 논의도 확산되던 것은 이 뒤늦은 시기였었다.

각 지자체에 도시디자인과 경관과, 도시경관과 등 관련된 부서가 신설되고 기본계획과 가이드라인 수립 등도 시작되었다. 물론 그 기폭제는 서울시가 당겼지만, 이미 우리 도시경관은 난개발로 인해 회복할 수 없는 지경에 이르렀고 그러한 난개발에 대한 반발로서 우리의 도시디자인의 무도한 시도는 이루어졌다고 할 수 있다.

그것이 불과 20년 전이다.

02. 20년간 우리가
얻은 것과 잃은 것

우리는 항상 일본에 대해서 '모방의 국가'라로 지칭을 해 왔다. 실제로 그들은 모든 제품과 문화에서 승전국 미국을 모방해 왔고, 도시경관에 대해서도 섬나라 특유의 고유성을 지키면서도 미국과 유럽의 도시경관 조성의 시스템을 반영하기 위한 모방을 시도했다. 그러나 1970년 후반 2차 오일쇼크를 지나면서 환경디자인에 대한 엄청난 시도는 나름대로의 도시디자인에 대한 시점과 성과를 거두게 되었다. 그들 역시 전쟁으로 폐허가 된 도시환경이라는 조건이 있었고 버블경제의 성과로 거둔 엄청난 재화를 도시에 투자할 여력이 충분했기도 했다. 고이즈미 총리 시기에는 우리의 지자체 도시경관개선 사업에 대한 지원과 같이 수많은 지자체에 막대한 경관개선 사 업비를 투자하기도 했다. 그 결과로 그들은 최소한 도시디자인에 있어서는 '모방의 국가'라는 오명을 탈피할 수 있었고, 여전히 난개발 지역이 많지만 꽤 그럴싸한 도시디자인의 모델을 만들게 되었다. 국내 경관법의 모태가 되기도 한 2004년에 제정된 경관법은 아래로부터 지역의 경관을 조성하기 위한 기반이 되기도 했었고, 역사적 경관자원의 보전과 활용에 대한 다양한 시도와 지자체의 기반구성은 2000년대 초반 불붙기 시작한 국내 도시디자인의 좋은 표본이 되었고 2000년대 초반부터는 물리적인 경관조성에 이은 창조도시 전략을 본격적으로 시도할 정도로 급성장하였다.

그후로는 우리는 일본이 축적한 도시디자인의 전략적으로 '벤치마킹' 하게 된다. 미국과 유럽과 같이 충분한 역사도시 기반이 없는 상황에서 어쩔 수 없었던 '차선책'이었고, 지리적·역사적으로 유사한 도시환경의 영향도 컸을 것이다. 어찌되었든 우리는 도시디자인에 있어서는 그 전철을 꽤 많이 '모방'하게 되었고 효과로 나쁘지만은 않았다.

〈그림2〉 싱가포르 가든 바이 더 베이
근대와 현재, 도시와 자연, 문화적 다양성을 작은 도시에 조화시킨 최고의 사례다

특히 2007년 제정된 경관법을 시작으로 확산된 정부주도의 경관 개선 사업은 기존의 무분별한 도시경관의 개선에는 매우 효과적인 작용을 했다. 고층 공동주택의 높이와 배치가 조정되었고, 가로와 녹지의 개선도 이어졌다. 역사적 경관에 대한 보존도 인식이 높아졌고, 그 과정에서 마을만들기와 같은 주민의 의식을 높이기 위한 활동도 주민의식의 향상에 크게 기여하게 되었다.

전국적으로 지자체의 경관사업과 선진사례 벤치마킹, 해외 답사, 경관교육 등이 활발하게 이루어졌다. 서울시에서는 청계천 복원사업과 한강 르네상스와 같은 초대형 도시디자인 개선사업도 시도되었다. 해외라면 10년 이상 걸릴 초대형 프로젝트를 우리는 '성공적'으로 단기간에 완성하게 되었고, 민간 차원의 아파트와 같은 공동주택도 독자적인 디자인을 만들기 위한 매뉴얼 수립도 진행된다. 그리고 뒤이은 세계적으로 전례가 없던 최초의 '공공디자인진흥법'도 수립되어 우리는 지자체에서 경관계획과 공공디자인진흥계획을 수립하고 위원회를 통해 관리하고 사업을 수행할 수 있는 제도적 장치를 가진 최초의 국가가 되었다. '공공디자인', '경관디자인', '환경디자인', '경관계획', '도시디자인' 등 디자인과 계획이라는 이름은 붙은 대다수의 사업이 건국 이래로 가장 활발하게 전개되었다. 이렇게 이야기가 마무리되면 정말 아름다운 러브스토리로 끝나기 직전의 상황이라고 할 수 있었다.

우리에게는 이제 개성적이면서도 쾌적하고, 역사와 문화적 특성을 가진 도시도 전역에 태동하고 주민들의 경관의식도 향상되어 주민주도의 경관조성과 도시디자인 사업이 확산되어 매력적인 도시들이 성장해야 했을 것이다. 그러나 부작용은 우리가 모르는 사이에 깊숙하게 도시 곳곳에 자리잡게 되었다. **문제는 우리가 너무나 빨리 모든 것들을 진행해 버렸다는 점이었다.**

〈그림3〉 서울 시청 앞 풍경

이전보다 더 매력적이지 않은 것은 나만의 시선일까

　우리는 주민참여 중심의 '도시경관' 조성을 위한 도시디자인을 해 왔다고 생각했고, 우리의 도시 수준은 충분히 '경쟁력'이 있으며, 우리가 모든 제도와 기반을 조성했다고 생각했지만 결과는 달랐다. 모든 지방 도시 시가지와 심지어 대도시의 중심부도, 구도심과 신도시도 모두가 비슷한 곳이 되어 버렸다.

　모든 가이드라인과 기본계획에는 도시의 디자인 요소를 '개성적'으로, '매력적으로', '차별화된' 모습으로 계획하라고 서술되어 있었는데, 개성을 저하시킨 정도가 아니라 아주 보기 좋은 비슷한 곳으로 만들게 되었다.

〈그림4〉 부산 감천마을 정경

이렇게 손을 안대고 남긴 덕분에 우리는 매력적인 도시풍경을 접할 수 있다.
능력이 없으면 손을 안대는 것이 최고의 디자인이다.

'획일화'라는 무서운 전염병이 전국적으로 국내 도시를 감염시킨 것이다.
물론 자세히 보면 아주 조금은 다르다. 상징물의 모양도 다르고, 가로
등도 조금 다르고, 간판도 조금 다르고, 벤치도, 건축물 소재도 조금 다
르고, 다리의 모양도 조금은 다르고, 공공청사의 모습도 조금은 다르
다. 그러나 그렇게 우리가 자세히 보지 않는 한 지역 이름만 가리면 그
곳임을 알기 힘들 정도로 비슷하게 되어 버렸다. 이것은 우리의 '도시
디자인'의 수준 탓인가, 아니면 그 사업을 추진한 사람들의 '의식' 탓일
까. 행정 전문가도 늘어나고 관련 업계전문가, 학계 전문가, 주민 공동
체들 등 모두 늘어났지만 우리는 비슷하게 되었다.

그리고 아파트와 같은 고층건물이 늘어났다. 우리의 도심 주거는 결국 아파트 아니면 연립주택이 되었다. 물론 아주 접근성이 떨어지는 개인주택을 제외하고는 말이다. 이것이 '격차의 도시풍경'을 만들었다. 모든 것이 극과 극, 이것 아니면 저것, 너 아니면 남, 다른 것과 우리 것과 같은 격차를 만들었고, 경제도 도시구성도, 도시경관도 격차를 만들게 되었다. 그리고 그 사이에는 엄청 높은 담이 만들어졌다. 우리 사회는 아니라고 하지만 그 격차를 인정하고 살아가는 사회로 성장했다. 그것이 우리 도시의 보이지 않은 담을 만들게 되었다. 그리고 퍼져 나갔다.

〈그림5〉 벤쿠버 수변 풍경
벤쿠버의 중심시가지의 스카이라인은 정말 훌륭하다. 높이의 균형이 있고
주변 자연경관으로 갈수록 낮아지며 조화되어 간다. 이러한 풍경을 단시간에 만들 수
없고 만들어지지도 않는다.

행정 전문가들의 많은 성장과 그 사이 진행된 도시디자인에 있어서, 그리고 마을만들기와 도시재생에 있어서 늘어난 주민주체의 성장도 결과적으로 '관주도'를 막지는 못했다. 도시디자인의 민주주의는 늘어난 기회만큼 더 행정의 지원과 지속성을 요구했고, 주민의 참여는 지속성이지 못했고 행정의 적절한 보조에 기대는 환경에 익숙해졌다. 관이 모든 것이 주도하는 체스판에 위에 주민이라는 '졸'이 앞에서 밀고나가는 모습이 정해졌다.

심각한 것은 그 과정에서 그나마 남아 있던 우리 도시의 과정을 알려주던 흔적까지도 이상하게 변경되거나 사라지게 된 것이다. '자원의 고갈'이라는 인류의 가장 심각한 폐혜가 우리 도시에서도 생겨나게 된 것이다. '정체성'과' 재생'을 하고 싶은데 그 기준이 되는 흔적이 없어져 버린 것이다. 인천 중구의 근대거리나 군산의 문화거리, 대구의 중구 근대문화거리는 정말 그러한 상황 속에서도 남은 가슴아픈 우리 도시디자인의 '긍지'이다. 이러한 모든 것이 모여 결과적으로 구도심은 손발과 몸통이 다르게 생긴 사람처럼 기형적인 도시가 되어 점차 늘어나게 되었다. 누구도 원치 않았던 결과였지만 우리 도시를 그 길을 차분히 걸어 들어 왔고 정착하고 있다. 그리고 알수도 있고 모를 수도 있지만 전문가들과 행정가들은 여전히 많은 일을 하고 있고 결과를 알 수도 모를 수도 있는 시행착오를 지금도 계속하고 있다.

그 속에서 '크리에이티브 시티', 지속가능한 도시', ' 스마트시티' 등 철학적으로 정의된 많은 도시 선언이 나타났다 사라지고는 반복하고 있으며, '커뮤니티디자인', '셉테드디자인', ' 유니버설디자인', ''친환경디자인', '그린디자인' 등의 수많은 방법론도 나타났다 사라질 것이다. 내년에는 또 다른 이름의 디자인 이론과 전문가가 나올 것이고 디자인 이론도 나오고, 사라져버린 것이다. 결과적으로 분명한 것은 우리의 도시는 많은 것을 시도했고 얻었지만, 그 '시행착오'의 과정에서 많은 것을 잃었다는 것도 분명한 사실이다.

03. 이제 우리는 무엇을 바라보고 무엇을 해야 하는가

　서울을 걷다보면 우리의 격동적인 역사만큼이나 다이나믹한 도시 풍경을 접한다. 개인적으로 '다이나믹 코리아'란 한때 우리 역사를 장식했던 구호는 정말 위대한 구호라고 생각한다. 무엇인가를 정의한다는 것은 어리석은 일일수 있지만, 힘과 이미지는 모으는 데는 최고라고 생각한다. 적어도 타고르의 '동방의 아름다운 아침의 나라'보다는 우리 도시의 이미지를 잘 표현한 것이라고 생각한다. 타고르는 대한민국에 와 본적이 없고, 위의 구호는 대한민국에서 살아온 전문가가 정한 것이니 더더욱 그럴 것이다. '빨리 빨리', '다이나믹'은 우리나라의 많은 사람들이 문제라고 생각하는 구호이다. '여유롭게', '천천히', '품위있게'라는 수준 높은 이미지보다 얼마나 낮아 보이는가를 생각하면 더더욱 그렇다. 그럼에도 우리는 그렇게 달려 왔다. 이 지구상 누구보다도 더 그렇게 치열하게 시행착오를 하고 도시를 망치고 획일화시키고, 그러면서도 경제적으로 풍요로운 격차사회를 누리고 살고 있다. 이게 21세기 우리 대한민국의 '도시디자인의 현 주소'이다.

　그럼 우리는(여기서 우리는 전문가 내지는 도시디자인에 관심있는 사람) 어떻게 살아가야 하는가. 답이 안보이는 역사문화를 찾아야 하는가, 고층 아파트에 갇혀 허우적거리는 도시재생의 끈을 보고 살아야 하는가, 개성없는 또는 국적없이 세련된 건축물과 시설물에 기대야 하는 것인가.

그리고 그 끝은 어디인가?

모든 전문가들이 그런 고민을 할 필요는 없겠지만 적어도 누군가는 그런 고민을 해야 지금의 대책없는 도시디자인의 반복을 막을 수 있거나 또는 막지는 못하더라고 고민을 던질 수 있지 않을까. 그리고 그렇게 하는 것이 전문가의 역할일 것이다.

우선 '우리 것'이라는 환상을 버려야 한다. '우리 것'이라는 것이 이미 없다. '모두의 것' 또는 '공공의 것'이 있을 뿐이다. 개성은 이미 지역과 장소는 떠난지 오래 되었다. 외형이 그것이 있을지라도 내면은 그 정체성의 또다른 형태의 일부로만 누군가에게 일정된 개념으로 남아 있다. 그것을 인정하는만큼 '새로운'이 들어올 가능성은 커진다. 제국이 지배하던 시대에서 문명이 교차하고 확산되어 뿌리내리던 모든 과정에서 우리는 그 역사의 일부에서 정체성을 이해했을 뿐이며, 20년 정도에 기간에 이해되는 인정된 과거를 가지고 우리 미래의 정체성을 생각했을 뿐일 수도 있다. 그것을 버리고 현재라는 도시의 물리적 '흔적'에 새로운 우리의 가능성이라는 미래를 더하면 도시의 디자인은 '가능성'이라는 또다른 '우리'를 찾는다. 그것을 누가 하는가?

그리고 '다양성 그 포용을 향하여', 이 구호를 잊지말자. 뻔한 용어, 뻔한 디자인, 뻔한 형식, 그렇게 만들어진 뻔한 도시는 어떠한 미사여구로 장식했더라도 결과적으로는 뻔한 도시 이미지가 만들어진다. 사람과 우리가 이해하지 못한 도시의 가능성과, 알았더라도 누군가 말해주기 전에 몰랐던 도시의 기억이 합쳐지면 더욱 증폭된 도시디자인의 혁신성이 나온다.

우리가 그 좋아하는 표현으로 '솔직히 공공디자인에 내 것이 어디 있는가'. '모두'의 것이면 그 '모두'가 누군가인지만 생각하면 아주 쉽게 결론이 나오지 않는가. 과거의 모두가 아닌 이제부터의 모두라면 우리는 틀을 깨고 그 모두에 해당되는 사람들을 위한 도시의 디자인을 고민하면 해결된다. 문제는 우리가 그 결심을 할 수 있는가만 남아 있다.

〈그림6〉 부석사 정경
이러한 위대한 풍경을 만들던 유전자는 어디로 사라졌는지 아쉽기만 하다

　이 포용성에 '미친 디자이너를 사랑하는 도시를 만들자'라는 말도 넣고 싶다. 틈을 열어야 한다. 그 틈이 좁고 길지라도 지금 당장이 아니라도 괜찮으니 가능성을 열고 지금의 '획일화'와 '비창의성'의 열쇠를 밀어 넣어야 한다. 우리가 해결하지 않으면 어떠한가. 그것은 후손들의 몫으로 남겨두면 된다. 그 후손 중에서 반지의 제왕과 같은 영화와 같은 '아라곤', 또는 '샘'을 만들면 좋지 않을까. 그 미치광이를 포용하는 나라가 가장 융성한 나라가 될 수도 있고 패망의 길을 걸을 수도 있겠지만, 구더기 무서워 장을 담그지 못한 정도로 우리가 허약하지는 않는다고 다들 인정할 것이다. 그리고 '누군가는 그 질긴 개발=아름다움=미래'라는 공식을 깨야 한다. 개발을 통한 경제적 성장은 중요하지만 균형을 가진 도시 전체의 미적 성장을 포기할 정도로 중요한지 여전히 고민할 문제이다. 도시디자인에 대해서 개발 측은 여전히 아주 하부의 하청의 하청에서 그림을 그리는 정도라고 생각하는 사람이 적지 않다.

〈그림7〉광화문 대로

역사적 상징거리인데 조화되지 못한 역사성을 가진 대표적인 거리가 씁쓸한 기분을 들
게 한다

실제 계획 구조도 그러하고, 그러한 구조가 현재의 획일적인 개발
중심 도시를 만들었음에도 누구도 그 문제를 이상하게 생각하지 않
는다. 아직도 우리는 주택보급이 중심인 1970년대의 도시정책의 연
장선에서 살아가고 있고, 도시의 미와 쾌적성은 사람의 화장 정
도로 생각하는 것이 정책가의 일반적인 사고이다.

그렇다고 도시디자이너의 삶이 획기적으로 바뀌길 기대하지는 않
지만, 적어도 누군가(행정의 책임자면 좋겠지만 그럴 가능성은 전
혀 없고)는 도시의 미가 도시성장 최고의 정점에 있다는 서구의 보
편적 진리에 대한 이해를 가진 사람이 운좋게 기대한다. 우리 행정가
들은 브라질의 꾸리찌바와 일본의 요코하마, 독일의 브라이브룩, 영
국의 브리스톨을 이야기하지만 절대 그렇게 도시디자인 정책을 하
지는 않는다. 앞에서 말한 '미친' 행정가가 나와 나의 이 고정관념을
깨주기를 진심으로 기원한다.

이제 마지막 기대이다.

'우리의 도시디자인은 우리가 결정한다'라고 생각하는 전문가와 주민 '행동가'의 출연을 기다린다. 이는 이미 있어 왔고 지금도 활동하고 있는 누구이다. 나는 그 사람들을 위해 박수를 치고 싶다. 빛나지 않지만 묵묵히 그 길을 걸어오고 있는 불나방들이 '나비의 꿈'의 송충이처럼 무모한 도전을 해주실 기대한다. 외국의 사례는 외국의 사례이고, 우리는 우리의 현실에서 춤을 추는 링 위의 도전자처럼 그들이 도시디자인의 도전을 불사르길 기대한다. 그 우리는 누구인가. 그것을 정의내리는 것이 미래 후손의 **가장 큰 과업이 되도록 만들어 나가자.**

04. 끝날 때까지
끝난게 아니다

이 정도의 도시디자인을 논할 정도로 우리는 성장했고 도시가 제대로 마쳐 보았다(물론 내가 한 것은 아니지만). 앞에서 이야기한 부정적인 이야기와 긍정적인 이야기는 아주 현실의 극히 일부분일 것이다. 분명한 것은 전 세계에서 우리 국내의 도시가 도시디자인의 최고의 실험실인란 점이다. 어느 정도 터트려야 버티는지, 어느 정도 빨리해야 변하는지 등 새롭고 창의적인 실험이 지금도 계속되고 있다. 그 종착점의 모습은 누구도 알 수 없다.

그럼에도 우리는 먹고 살기 위해, 누군가를 위해, 도시의 미래를 위해, 후손을 위해 이 도전을 해 나가야 한다. 다행스러운 점은 이러한 뒤죽박죽의 상황 속에서 만들어진 무더기 아래서 작은 성과가 자라고 있다는 점이다. 그것이 '혁신의 씨앗', '창의의 씨앗', 돌연변이의 출연이다. 예측하지 못한지만 그 존재들이 이러한 실험의 과정에서 탄생했고, 자라나고 있었다. 서구의 역사적 경관이 살아있거나 중국과 일본의 근대적인 도시풍경이 재현된 곳도 아니고, 심지어 싱가포르와 같은 체계적인 도시디자인을 조성한 곳도 아니지만, 그 나름의 변화된 독특한 장소들이 생겨나고 있는 점은 누구도 부인할 수 없다. 성수동과 같이 서울의 곳곳에도 그러한 장소가 명소라는 이름으로 생겨나고 있고, 각 지역에서도 처음에는 '모방의 산물'이었지만 새로운 모습으로 성장하고 있는 인천 중구나 군산의 항만과 같은 곳도 적지 않다. 그 성장이 기존의 도시 파괴에 비해 너무 미약해서 존재감을 과감하게 드러내지 못하고 있기 때문이기도 하다.

〈그림8〉 인천 중구 근대거리

초기에는 어슬픈 모방이었지만 지금은 나름대로의 개성과 매력으로 자리잡고 있다

　그럼에도 2030년에는 그러한 도시들이 우리 도시디자인 실험의 산물로서 성장할 것을 감히 기대한다. 우리의 20년간의 도시디자인의 역동성은 결과적으로는 도시개발의 한쪽에서 진행된 정비와 관광성 향상과 같은 작은 성과로 그쳤지만 모든 게임이 그렇듯이 끝날 때까지는 끝난 것이 아니며 우리는 새로운 도전으로 도시개발이 아닌 도시디자인으로 도시를 매력적으로 만들어 나가야 한다. 그러기 위해서는 새로운 개념도 필요 없다. 이미 모든 지자체에서 개발해 둔 가이드라인과 계획에 나온 '정체성', '다양성', '차별화'의 방법들을 훌륭한 전문가들에게 맡기고 일률적인 도시확장을 멈춰야 한다. 건축물도, 시설물도, 가로도, 색채도, 조명도, 조경도 이제는 찍어내지 말고 제대로 된 디자인이 되어야 한다.

더 이상 도시디자인은 도시개발의 부속품으로 여겨져서는 안 된다. 도시가 가진 문화적 배경에 대한 재조명과 해석도 필요하다. 도시는 사람과 같아 외모도 중요하지만 내면의 품격이 더 중요하며, 이는 도시가 성장할수록 그 가치가 더 높게 평가받아야 한다. 이를 밖으로 끌어내는 것이 전문가의 역할이다. 도시의 정체성은 그 속에서 나오는 것이지, 독특한 조형물과 구조물, 사인의 문구에서 나오는 것은 아니다.

〈그림9〉 마포문화기지 풍경

이렇게 역사적 흔적을 잘 해석해서 좋은 공간을 만든 사례가 곳곳에 나타나고 있다.
이 장소를 잘 보존한 혜택을 우리가 보는 것이다.

　우리 도심에서 이벤트가 아닌 오랜 역사를 가진 축제가 사라지고 있는 것은 그 공동체의 문화적 결속력이 약해지고 있는 것을 보여주는 증거이며, 정체성을 더욱이 외관에 치중하게 하는 오류이다.

　지금부터라도 시간이 걸릴지라도 그 문화를 키우고 다양성을 존중하는 분위기를 조성하는 것이 중요할 것이다. 백화점과 같은 쇼핑몰의 공간디자인 수준은 아주 높은 경지에 올랐음에도 그 성과가 외부 도시경관에서 발휘되지 않는 것은 전문가의 수준이 낮기보다는 민간의 도전보다 공공의 도전이 적극적이지 않은 영향도 크다. 전문가를 잘 활용하지 못하고 있기 때문일 수도 있다. 그렇기에 더욱 전문가의 역량을 믿어보는 것도 좋다.

　새로운 세대의 도시디자이너들은 생각보다 과감하고 독창적이다. 이제 미래의 우리 도시의 디자인은 그들이 이끌어나가게 될 것이고, 그들에게도 실험을 하고 도전을 할 수 있는 여지를 우리가 만들어야 한다. 그 결실을 적어도 우리 세대가 누리기는 어려울 수 있겠지만, 다음 세대는 우리보다 개성적으로 창의적인 도시경관 속에서 자라나길 기대할 여지라고 생기지 않겠는가. 적어도 지금과 같은 획일적인 생산적 도시디자인보다는 그렇게 성장할 가능성이 클 것이다.

〈그림10〉 요코하마의 수변풍경

요코하마의 다양하고 개성적인 풍경은 50년간의 진행된 도시디자인의 결실이다.
적어도 그 성과가 결실을 얻기까지 30년 이상 걸렸다는 점에 주목해야 한다.
정책의 지속성이 훌륭한 도시디자인의 원천임을 보여준다. 정책가들이 반성이 요구된
다.

그 흔한 요코하마의 사례에서, 50년 전 도시디자인실이 만들어지고
난개발을 멈추고 매력적인 도시를 만든 성과가 제대로 나타나기 위해
서는 적어도 30년 이상의 시간이 걸렸다. 사람이 성인이 되어 결혼을
하고 자녀는 가져 한세대의 가족을 만드는데 걸리는 시간과 거의 비슷
하다. 사람과 도시는 그렇게 비슷한 것이다.

우리의 도시는 도시로서 제대로 된 모습을 갖추기 위해서는 앞으로 10
년은 더 제대로 된 노력이 필요하다. 거기에 소요되는 비용과 노력, 갈등
과 시간을 결코 두려워하지 않을 인내심만이 우리에게 필요할 것이다. **모
든 도시디자인의 행정가와 전문가, 주민들의 도전을 기대한다.**

아이파장 – 파장동 안전마을 마스터플랜

01. 대상지 개요

〈마스터플랜 수립 개요〉

대상지 위치: 경기도 수원시 파장동 파장초등학교 일원

대상지 면적: 147,000㎡

계획수립 기간 : 1차년도 마스터플랜 수립 2014년

2차년도 핵심사업 기본설계 2015년

사업총괄계획가: 이석현 중앙대학교 교수

마스터플랜 수립 업체: 주)SE공간환경디자인그룹

추진협의체(참여주체): 파장시장 상인회 / 파장초등학교 어미니회 / 파장님 주 민주체

파장동은 수원시 북쪽 서울과 과천, 의왕시와의 경계에 접경에 위치 하고 있으며, 예로부터 수원시 북부 관문으로서 지지대 고개와 노송지대 등 뛰어난 자연경관과 휴식공간을 가진 곳으로서, 조선 제 22대왕 정조(正祖) 임금이 입도에 만석거를 축조하고 연과 파초를 심으면서 지명이 생 긴 역사적으로도 유서 깊은 곳이기도 하다. 그러나 1976년 경수산업도 로의 개통과 1981년 주거지역 일률적 택지개발로 획일적인 주거환경이 조성되고 확산되고 수원시의 신도시 정책에 밀려 불량주거지가 확산되 어 복잡한 도시경관과 쾌적하지 못한 생활환경이 조성되었다.

특히 파장초등학교는 1937년 파장공립보통학교로 출발하여 오랜 역사를 가지고 있으나 학교 주변이 복잡한 과밀 택지개발로 인해 주거 및 상업, 유흥시장이 혼재되어 있으며, 보행로와 휴게공간이 없는 위험하고 주거 안정성이 결여된 상태가 지속되고 있다. 특히 구도심의 파장시장 주변으로 산재된 유흥업소 사이로 초등학교 통학로가 복잡하게 형성되어 안전사고의 위험성이 매우 컸으며, 보행로가 없는 학교 주변의 불법주차로 인해 범죄나 교통사고의 위험도 매우 높았다. 학교 북측에는 경수산업도로가 있어 고속주행 차량으로 인한 교통사고가 실제로도 다수 발생하여 등하교시의 어린이들의 안전학교 생활이 위협받고 있었고, 어린이들뿐 아니라 주민들에게 있어서도 위험한 생활환경의 원인이 되고 있었다.

〈그림1〉 개선 전 현황사진

이러한 상황은 파장초등학교 주변 외에도 수원시 전역의 구도심에서 일반적인 상황이었으나, 파장동은 유흥업소와 시장의 장소의 중첩으로 인해 더욱 심각한 상황이었다. 따라서 파장의 구도심의 안전한 학교주변의 통학 및 생활환경 조성을 위한 도시디자인의 개선은 향후 수원시뿐만 아닌 전국의 구도심의 환경개선에도 중요한 의미를 가지고 있었다. 특히 수원시의 경우 서울에서 유입되는 인구들로 인해 구도심 곳곳이 슬럼화되고 있는 상황이었고, 국내의 많은 지역이 그러하듯 구도심의 공간개선보다는 매탄과 동탄과 같은 신도시의 개선을 선호하는 경향이 강했다.

그러한 구도심의 생활환경과 교육환경이 더욱 열악해지는 상황 속에서 수원시만의 어린이 교육과 관련된 공간환경을 안전한 보행로와 쾌적한 생활교류공간 및 휴게공간의 조성을 통해 개선하고자 한 시도는 지역 구도심의 새로운 가능성을 높이는 데에도 의미가 컸다. 파장동의 안전환경 통합마스터플랜 수립 사업은 이러한 상황 속에서 시작되었고, 우선 대상지에 대한 많은 논란이 있었지만 초등학교 어린이들과 주변 주민들의 안전보행환경과 주거환경개선과 관련된 초등학교 주변 및 세일어린이공원, 파장시장 일대를 대상지로 선정하게 되었다.

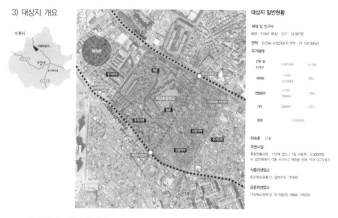

〈그림2〉 대상지 개요

02. 마스터플랜

02-1. 공간환경디자인의 지역특화와 주민참여의 프로세스

대상지를 선정하고 나서 우선 몇 가지 원칙을 정해야 했다. 구도심의 공간개선 계획의 실패를 보면 경관적으로 시각적인 부분을 중시하여 공간환경의 전체를 고려한 계획이 반영되지 못한 점이 많았으며, 그 장소가 가진 문제점을 제대로 파악하지 못한 단편적인 개선으로 그친 점에 우리는 우선 주목하였다. 또한 공간의 계획진행과정에서 전문가와 행정이 주가 되고 지역주민은 계획내용에 대한 찬성과 반대에 일부 의견을 제시하는 정도로 역할이 한정되는 문제를 해결하기 위해 계획의 초기단계부터 공간의 개선방향을 같이 고민하는 방법을 택하였다.

이는 많은 정부에서 보조금을 투여하는 계획의 결과물이 일시적으로는 성과를 보이지만 지속적인 유지관리가 부족한 점이 주민주도의 역할에 대한 참여가 부족한 점에서 기인한다는 점에 착안하여 공간의 계획과 유지관리를 시작단계에서부터 주민이 주도하도록 한 결과이다. 그로인해 파장동의 계획은 1년간의 계획기간 내에서 다른 계획에 비해 워크숍의 기간도 길었고, 주민의 합의를 도출하기 위한 차별화된 주민협의체 구성이 필요했다.

4) 사업추진 일정

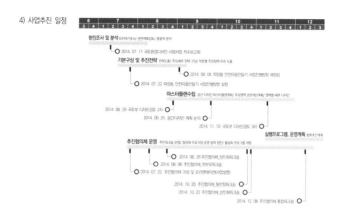

〈그림3〉 계획 추진 일정 -1

2) 추진내용 　참여주체 추진 일정

〈그림4〉 계획 추진 일정 -2

1) 추진협의회 구성

<그림5> 주민협의체 구성

　　파장초등학교를 둘러싼 공간사용자의 구성은 크게 대상지 우측의 파장시장 상인회와 학교의 학부모를 비롯한 초등학교 관계자, 학교 주변의 주민들 등 총 3개의 그룹으로 나누어져 있었는데, 이들이 학교 주변의 공간개선을 바라보는 관점은 서로 달랐다.

　　학부모와 어린이들, 교사들은 어린이들의 안전한 교육 및 통학환경의 조성이 가장 중요한 이슈였던 것에 비해, 파장시장 상인들은 상권 활성화를 위한 주차공간 개선과 마을의 특성화에 관심이 많았고, 지역 주민대표들은 주차장의 확보와 지역활성화에 주된 관심이 모여 있었다. 이로 인해 다 같이 워크숍을 진행하면, 대다수 논쟁으로 그치기 일쑤였다. 한정된 예산을 자신들과 관련된 부분에 집중되도록 계획을 진행하기를 대다수 요구했기 때문이었다.

결국 워크숍의 진행을 주민주체별로 진행하고 국내의 훌륭한 전문가 2분을 모시고 각각의 의견을 조정하고, 전체적으로 모여 의견을 조정하는 방식을 적용하였다. 그 결과 시작단계에서 나타났던 많은 문제점이 조정이 되기 시작하였고, 최종적으로는 가장 시급한 지역의 과제이자 본 계획의 초심이었던 어린이들의 안전한 통학환경과 쾌적한 지역의 생활환경 조성으로 방향을 모을 수 있었다.

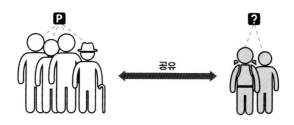

이를 위해서는 어린이 시점에서의 지역에 대한 문제를 명확히 할 필요가 있었다. 어른들의 시점에서 지역공간을 바라보면 안전이나 쾌적함이란 결국 주차공간으로 귀결되는 한계가 나타났었기 때문에 보다 낮은 시점에서 면밀한 공간의 분석이 필요했기 때문이었다. 몇 번의 워크숍과 초등학교 어린이 및 학부모와의 설문조사 및 현장조사를 통해 주요 공간의 보행 및 생활안전 문제점이 정리되었고, 그 결과를 지도에 나타내어 서로가 공유할 수 있게 되었다. 전체적인 마스터플랜과 계획방향도 그러한 서로의 요구를 모아 전체적인 지역의 삶을 높일 수 있는 방향으로 제시하였고, 고생을 했지만 다양한 조사분석은 계획방향의 객관성을 높여 주었다.

특히 공간 이용의 복잡성과 보행의 연속성이 확보되지 않는 문제, 지역주민의 교류를 위한 장소의 부족, 안전을 위한 시설의 부족, 차별화되지 못한 경관, 개방성이 확보되지 못한 가로의 환경 등이 주된 문제점으로 나타났다.

〈그림6〉 주민의견수렴 결과

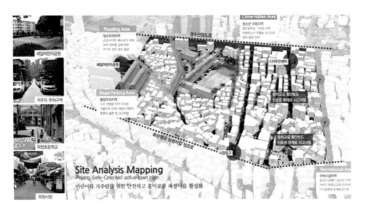

〈그림7〉 대상지 현황분석

02-2. 기본구상

어린이 시점에서의 조사와 다양한 현장의 워크숍은 계획의 방향을 명확히 제시하도록 하였다. 그 결과를 정리하여 대상지 공간환경디자인의 기본구상을 정리하였는데, 어린이의 관점에서 가장 안전한 공간을 만들고 지역 주민 모두가 공유할 수 있는 쾌적한 휴게공간과 보행공간에 지역에 만들어 나가는 것으로 되었다. 사실 이는 도시를 만들면서 지극히 당연히 제공되어야 하는 시민의 권리이지만 우리 주변의 구도심에서는 이러한 당연한 권리가 사치로 여겨지는 경우가 적지 않다.

어린이 안전보행환경 및 생활환경의 조성에 대해서는 기본적으로 '어린이들의 안전을 CCTV에 맡기는 것이 아닌 모두의 눈과 걸음걸이, 활동으로 확보하는 공간을 조성하자'는 것을 추진 관점으로 삼았다. 이는 안전생활환경의 조성의 논의가 시작되면 결국 감시카메라의 확보에만 신경을 쓰고 공간의 연속성과 개방성이 지역생활환경을 높이고 안전성도 높이는 점을 소홀할 수 있었기 때문에 나온 발상이었다. 결론적으로 모두가 책임지고 지역의 안전을 만들어 나가는 공간의 환경을 만들고자 하는 의지가 반영된 것이기도 하였다. 그렇게 정리된 계획의 방향이 '아이파장 – 파장동 안전마을만들기'였고 공동체의 문화로서 지역의 안전과 소통, 쾌적성을 만들어가는 것이었다. 안전공간과 관련해서는 보행로의 연속성과 도로의 정온화가 주된 내용이었으며, 구도심에서는 처음으로 학교주변의 보행로는 연속적으로 이어나가기로 하였다. 공유공간과 관련해서는 학교 주변의 은폐된 공간을 개방적인 공공공간으로 조성하여 다양한 사용자의 휴식을 제공하고 간접감시로서 안전을 확보하도록 하였다.

소통공간과 관련해서는 대상지 주변의 고령자와 어린이, 청소년 및 상인 등 다양한 주체가 교류하고 다양한 문화활동을 진행할 공간이 부족한 점을 고려하여 대상지의 주요 공간에 그러한 거점을 조성하는 계획이었다. 이를 통해 구도심에서도 보행과 쾌적성, 문화적 교류가 가능하도록 하여 어린이뿐 아니라 모두에게 지속적으로 살고 싶은 공간으로 만들고자 하였다.

1) 추진협의회 구성

〈그림8〉 디자인 계획 방향

〈그림9〉 학부모 개별 워크숍과 통합워크숍 사진

마스터플랜은 그러한 내용을 지역공간에 대한 조사결과를 반영하여 적용하여 수립되었다. 우선 구도심 파장동의 보행연속성과 생활 안전을 위한 4가지 보행과 관련된 축을 계획하였다.

첫번째 축은 파장초등학교 후문의 '파장 안전하 길'축으로서 초등학교 후문의 불법주차를 없애기 위해 보행로를 조성하고 도로선형을 시케인 기법을 활용하여 직선도로를 S로 변형하여 차량의 속도를 저감시키는 계획이다. 이를 통해 보행의 안전성이 선반적으로 확보되고, 여기에 힘프와 같은 도로 정온화와 단차 저감을 위한 유니버설디자인 적용으로 누구나 걷기 편한 환경을 조성하는 것이다.

두번째 축은 '파장 프롬나드'로서 학교 주변을 산책로와 같이 걸을 수 있도록 포장을 변형하고 기존의 주차장과 같은 가로는 보행이 우선되도록 각종 시설물을 적용하는 계획이다. 이를 위해서는 학교 담장의 개방성과 불법주차를 막기 위한 대안이 요구되었다.

세번째 축은 '파장시장 길'로서 학교 정문 앞에 조성된 전통시장을 개성적인 경관으로 조성하고 가로의 이미지를 변화시켜 어린이들이 안전하고 매력적으로 접근할 수 있도록 하는 계획이다. 네번째 축은 '안전문화 길'로서 학교 우측의 시장이 있고 유흥업소가 밀집된 공간을 어린이들이 통학하며 생기는 안전사고 문제를 해결하기 위해 주된 보행로에 대한 사인의 계획과 시간대별 차량출입을 통제하고 지역이 어린이들의 안전을 지키는 프로그램을 적용하는 계획이었다. 여기에 각 축에는 주요한 휴게공간과 안전대비로, 쉼터 등을 조성하여 걸으면서 교류를 위한 공간의 여지를 남겼다.

〈그림10〉 최종 마스터플랜

　대상지에는 지역주민의 교류와 문화향유, 어린이들의 교육을 위한 거점도 5곳 조성하는 계획을 세웠다.핵심거점 1은 대상지 우측 언덕에 조성된 세일어린이공원으로서 대상지 내에 유일한 공원이나 접근성이 떨어지고 시설 편의성이 낮아 사용성도 떨어지고 있었다. 이 공간은 언덕의 낮은 곳에 위치한 지형 특성을 이용하여 구도심 주민들의 숙원인 주차장을 조성하고, 주차장 위로 어린이공원을 재조성하여 공간의 접근성과 주차공간의 부족문제를 해결하기 위한 대안이었다. 어쩌면 지형의 한계와 어린이 체험공간의 부족이라는 지역의 여건이 있었기에 가능한 제안이었다고 할 수 있었다.

　핵심거점 2는 학교 북측에 있는 재활용센터를 활용한 주출입구 변경과 학부모 교류센터의 구축이었다. 이 공간은 그 당시 재활용센터로 인해 폐쇄된 학교 북측문을 정문으로 변경하고 교류거점을 조성하는 내용이었는데, 기존의 파장초등학교의 정문이 시장 골목에 위치하여 접근성과 안전성이 떨어지는 문제를 해결하기 위한 대안으로 제시되었다.

　핵심거점 3은 기존 주민센터가 파장동 북측으로 이전하고 남은 부지를 주차장과 청소년 공간으로 활용하는 계획으로서, 구도심 주차 문제를 해결하고 지역 청소년들의 문화와 교류를 위한 공간을 조성하여 지역에 활기를 가져오도록 하는 계획이었다.

　핵심거점 4는 대상지 내에 고령자가 많은 점을 고려하여 초등학교 서남측 교차로의 교회 부지를 활용하여 지역 도서관과 실버문화 커뮤니티를 조성하는 계획으로서, 대상지 남측의 문화공간의 부족과 대상지 남측의 좁은 도로 및 가로공간의 문제를 필로티를 조성하여 해결하는 방안이었다.

　이렇게 초등학교를 중심으로 한 구도심 전역에 보행자 중심의 가로를 조성하고, 휴게공간과 문화체험공간, 개방적인 쉼터와 매력적인 시장길을 조성하고자 하는 계획은 기존의 구도심 계획에서는 감히 접근하기 어려운 측면이 많았다. 우선 대상지 내에 사유지가 많아 협의의 어려움이 예상되었고, 시장상인과 지역주민, 학교 관계자 등 참여 주체가 이익에 따른 조성방안의 조정의 어려움이 예상되었기 때문이었다. 학교 주변의 보행로와 휴식공간 조성도 학교 부지의 사용과 옹벽의 철거 등이 필요하여 교육청 및 학교와의 험난한 협의가 예상되었다. 그럼에도 이러한 과감한 마스터플랜을 수립한 것은 부분적인 공간의 개선만으로는 어린이들의 통학환경뿐 아니라 지속가능한 구도심의 발전이 한계가 있었기 때문이었다.

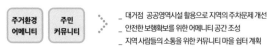

지역 주민을 위한 편의시설 및 어메니티 공간 계획

주거환경 어메니티 / 주민 커뮤니티
_ 대거점 공공영역시설 활용으로 지역의 주차문제 개선
_ 안전한 보행확보를 위한 어메니티 공간 조성
_ 지역 사람들의 소통을 위한 커뮤니티 마을 쉼터 계획

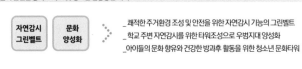

아이들의 안전한 통학로 확보 및 청소년 활동공간 계획

자연감시 그린벨트 / 문화 양성화
_ 쾌적한 주거환경 조성 및 안전을 위한 자연감시 기능의 그린벨트
_ 학교 주변 자연감시를 위한 타워조성으로 우범지대 양성화
_ 아이들의 문화 향유와 건강한 방과후 활동을 위한 청소년 문화타워

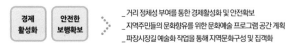

전통시장 활성화 및 지역주민을 위한 문화공간 계획

경제 활성화 / 안전한 보행확보
_ 거리 정체성 부여를 통한 경제활성화 및 안전확보
_ 지역주민들의 문화향유를 위한 문화예술 프로그램 공간 계획
_ 파장시장길 예술화 작업을 통해 지역문화구성 및 집객화

〈그림11〉 공간환경디자인 방향

사람이 사는 공간에는 단지 집만 있어서는 지속적으로 살고 싶은 마음이 들기 어렵다. 쾌적한 공원과 산책로, 휴식공간과 교류공간이 필수적이며, 안전하고 경관적인 매력도 요구된다. 오래되고 낡은 도시라고 해서 그러한 도시의 필수적인 편의성이 배제되어서도 안 되며, 문제가 있다면 장기적인 관점에서 풀어나가야 하는 것이다. 그렇지 않다면 결국 아파트와 같은 공동주택이 주거유형을 점령하게 될 것이며, 주거공간의 사회적 격차가 점점 커지면서 사회적 형평성뿐 아니라 커뮤니티 붕괴와 같은 사회적 문제도 가속화될 것이다.

그런 측면에서도 파장동의 공간계획은 고도의 밀집된 구도심 주거지역의 안전성과 쾌적성이 이렇게 조성될 수 있는가라는 가능성의 시험이기도 하였고, 진행방식에서도 철저한 주민참여를 통한 공간문제 해결이라는 과제를 풀어나가야 했다.

이 마스터플랜의 수립까지도 험난한 토론과 논쟁의 시간이 있었으며, 각자의 이익을 모두의 이익이 되는 공간의 방향으로 조정을 해 나가야 했다. 심지의 행정과 주민의 갈등, 학교와 지역의 갈등, 주민과 주민의 갈등 등의 많은 난관이 있었지만 결국 초등학교 어린이들을 중심으로 한 지역 모두에게 이익이 되는 지역 도시환경의 조성이라는 접점을 찾을 수 있었기에 최종 마스터플랜의 조정은 가능했을 것이다.

02-3. 주요 계획 내용

파장동 재생디자인의 기본은 보행공간의 연속성과 휴게 거점을 구도심 내에 조성하는 사업이다. 따라서 기본의 안전한 보행이 어려웠던 공간에 보행의 축을 만드는 것이 중요했는데, 그 대상지 중 가장 중요한 공간이 파장초등학교 후문에서부터 파장시장까지를 연결하는 것이었다. 그래서 진행된 계획이 파장 안전하 '길' 계획이었다. 이 공간의 핵심과제는 후문에서 파장시장까지 이어진 보행로가 없는 이면도로에 보행로를 만드는 것과, 학교 옹벽 일부와 학교 시설 일부를 이전시키고 휴게 공간을 만드는 것, 차로 선형을 변경하여 차량의 속도가 자연스럽게 줄어들도록 하는 것이었다.

Part 1 거리
거리1 파장 안전하 '길'

소요예산 104,000,000원

교통정온화 기법을 통한 안전도로확보

[조성방향] 1 보행친화 길 조성
2 도로정온화 기법의 적용
3 친환경적인 도로환경 조성

공간운영 프로그램
"걸음버스 커뮤니티 운영"
마을 주민과 학부형 주체의 도보 하교버스 운영
학교주변 안전사고 예방 및 소그룹 커뮤니티 활성화

[조성계획]
· 자연감시를 위한 차량 주차 재배치 디자인
· 안전스텝과 녹색 인지강화 노면사인 차량 속도 저감
· 시케인기법을 통해 만들어진 방지공간 활용

〈그림12〉 파장 안절하'길' 세부계획 내용

〈그림13〉 파장 안전하'길' 세부계획 조성 이미지

하지만 어느 것 하나 쉽게 계획이 진행되지 못했는데, 학교 부지에 보행로는 만드는 것에 대한 관련기관의 반발과, 차량 속도저감을 위해 차로의 선형을 시케인을 도입하여 S로 변경하는 것에 따른 주차공간이 일부 줄어드는 것에 대한 주변 주민의 반발이 컸다. 학교 관계기관의 경우, 학교 부지에 휴게공간을 조성하는 것에 대한 유지관리의 우려도 컸고, 지역 주민들의 경우 이러한 계획으로 변경되면 기존에 이면도로 양쪽에 불법으로 주차하여 확보되었던 주차공간이 줄어드는 것에 대한 우려도 컸다. 이러한 회의와 조정은 거의 계획 시작단계에서부터 기본 마스터플랜 마무리 단계까지 지속되어, 기본계획을 수립하고 실시설계를 진행하는 단계가 되어서도 어느 정도 조정이 되었다. 이러한 조정에는 주차공간의 문제에 대해 세일 어린이공원의 지하 공영주차장 조성과 구)주민센터 부지에 주차장을 확보하는 등의 기술직인 부분도 필요했지만, 공간적으로 주차공간의 우려에 대해 학교 측이 줄어드는 주차 대수를 일부 수용하는 것과 주민들이 어린이들의 안전을 위해 도로선형의 변경을 적극적으로 받아들이게 된 부분의 영향이 컸다.

이러한 결과는 계획의 진행단계에서부터 참여 주체의 토론과 협의를 지속적으로 해 나가던 과정에서 주민의 보행공간과 안전에 대한 인식이 높아진 점도 적지 않게 영향을 미쳤다고 생각된다. 계획이 초기 계획안은 기존에 차량이 연속적으로 주차를 하던 공간에 교행이 가능한 보행로는 만들고 도로의 선형을 시케인으로 변경하고 각 확보된 공간에 주차를 18대를 하도록 하였다. 그리고 학교 내부 담장에도 어린이들이 통학에 사용할 수 있는 별도의 보행공간을 조성하였다. 그리고 안내 사인과 원형 보행공간 인지표시를 바닥에 별도로 하여 어린이들의 안전통학로임을 표시하였다. 결과적으로 학교 내부의 보행로는 유지관리의 문제가 토지확보의 문제가 어려워 반영되지 못했지만, 그 외의 모든 계획 내용은 시공될 수 있었다.

그리고 학교 주변으로 어린이들과 지역 주민들이 일상적으로 활용 가능한 다양한 교류 거점 공간을 조성하였는데, 이는 물리적인 보행공간이 조성되더라도 자주 쉬고 이용할 수 있는 프로그램이 없으면 결국 기존의 상황으로 다시 돌아갈 수 있다는 우려가 반영된 것이었다. 사람의 피와 마찬가지로 가로도 지속적으로 정체되지 않고 움직여야 활성화되며, 따라서 공간의 거점과 활성화 프로그램을 이를 촉진하게 되기 때문이다. 특히 파장 초등학교 주변에는 녹지공간와 휴게공간이 부족한 점을 고려하여 주요 가로 결절부에 휴식과 녹색 친환경 교육이 가능한 공간조성에 주안점을 두었고, 그 결과 5곳의 교류거점 조성을 통한 생활안전을 위한 자연감시 및 교류활성화 등이 기대되도록 계획하였다. 그리고 우리는 구도심의 쾌적한 거리의 이미지를 반영하여 '파장 프롬나드'로 이름 지었다.

〈그림14〉 파장 프롬나드 계획 거점

학교 담장을 활용한 안전한 그린 범퍼공간 조성

[조성방향] 1 마을 활성화 보행산책길 조성
2 순환형 마을 그린로드 조성
3 다양한 사용자층을 유도하여 주변 안전 유도

[조성계획]
· 자연감시가 가능한 개방형 마을 산책로
· 테마가 있는 걷고 싶은 산책길 조성
보행친화 소재와 테마골목 조성

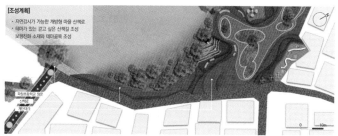

〈그림15〉 정문 우측 유치원 놀이공간의 재활용 계획

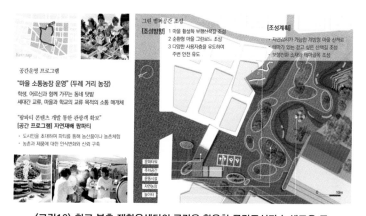

공간운영 프로그램

"마을 소통농장 운영" (두레 거리 농장)

학생, 어르신과 함께 가꾸는 동네 텃밭
세대간 교류, 마을과 학교의 교류 목적의 소통 매개체

"팜파티 콘텐츠 개발 통한 관광객 확보"
[공간 프로그램] 자연재배 팜파티

· 도시민을 초대하여 파티를 통해 농산물이나 농촌체험
· 농촌과 제품에 대한 인식변화와 신뢰 구축

그린 범퍼공간 조성

[조성방향] 1 마을 활성화 보행산책길 조성
2 순환형 마을 그린로드 조성
3 다양한 사용자층을 유도하여
주변 안전 유도

[조성계획] · 자연감시가 가능한 개방형 마을 산책로
· 테마가 있는 걷고 싶은 산책길 조성
· 보행친화 소재와 테마골목 조성

〈그림16〉 학교 북측 재활용센터의 공간을 활용한 공간조성과 녹색교육 프

로그램

이 공간에는 기존의 단절된 보행로와 거점의 공간계획 이외에도 마을 소통농장인 두레 농장이 운영을 통한 지역 교류에 대한 내용과 도시민의 일상생활에 활력을 줄 수 있는 공동체 운영 프로그램이 구상되었고, 정문의 협소함을 해소하도록 정문의 대체 역할을 할 수 있는 출입구도 계획되었다.

또한 파장 프롬나드의 가장 중요한 가로 교류거점과 관련해서는 후문 주변에 교류와 휴식이 가능한 단차가 있는 공간을 조성하였으며, 그 남쪽 교차로 결절부의 옹벽도 제거하고 휴게공간을 조성하는 안도 제시하였다. 이곳은 항상 불법주차와 쓰레기 투기, 좁은 골목길로 사고와 방치의 대표적인 공간이었기 때문에 반듯이 획기적인 대응이 필요한 곳이었다.

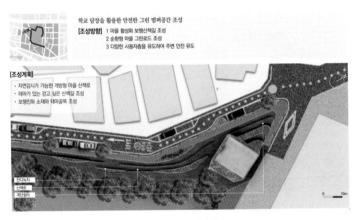

〈그림17〉 후문과 교차로의 휴게거점 조성계획

〈그림18〉 후문과 교차로의 휴게거점 조성계획

〈그림19〉 후문과 교차로의 휴게거점 조성 이미지

계획안에는 개방된 단차형 휴식공간과 녹지공간을 조성하였고, 조성방향도 대로변으로 하였는데 이는 일상적인 어린이 안전을 위한 간접감시가 가능하도록 하는데 목적을 두었다. 그리고 건축물과 녹지 휴식공간은 최대한 소재와 색채가 동일하도록 디자인하고자 하였는데, 이는 기존 파장동 구도심의 건축물과 시설물의 대다수가 통일성이 없어 가로의 이미지가 분산된 것을 고려한 것이다.

많은 사람들이 구도심을 피하고 아파트와 같은 공동주택을 선호하는 것은 좁고 복잡한 도심구조와 쾌적성이 부족한 원인이 크다. 그러한 구도심에 안전하게 걷고 쉴 수 있는 공간이 있다면 이러한 인식의 많은 변화가 생길 것이며, 그러한 도시의 이미지를 CCTV에 의지하지 않고 공간의 연속성으로 구현하고자 한 것이 파장동 도시공간디자인의 핵심이었던 것이다.

그리고 시장 연결로와 파장시장길에도 이러한 보행 연속성을 구현하고 차별화된 경관을 구현하기 위한 디자인 계획을 수립하였다. 이 대상지는 사업비에 편성하기 보다 향후 마을만들기와 같은 방식으로 추진하는 것으로 계획되었지만, 마스터플랜에 그러한 계획의 방향성을 명확하게 표현하지 않으면 향후 진행과정에서 계획의 통일성이 결여될 우려가 크다. 그리고 이러한 접근은 참여주체들의 추진 계획 방향의 미래상을 같이 공유하는 데에 크게 도움이 된다.

파장시장의 경우 오랜 역사와 저렴한 가격으로 널리 알려진 시장으로서 경관정비를 통한 정체성 강화를 거리의 활력강화에 도움이 되며, 이는 결과적으로 학교 주변의 활성화와 매력향상으로 이어질 것으로 기대하며 디자인을 계획하였다. 특히 경관적으로 기존의 시장 이미지를 과도하게 바꾸는 것이 아닌, 상부의 천막형 캐노피를 설치하여 거리의 활기를 더하고 복잡한 간판의 선형을 연속적으로 이어나가는 방식을 선택하였다.

〈그림20〉 후문과 교차로의 휴게 거점 조성계획 이미지

〈그림21〉 후문과 교차로의 휴게 거점 조성계획 이미지

그리고 학교 우측의 유흥업소가 가득한 골목의 통학로는 2곳으로 정리하고, 바닥의 유도사인과 종합안내사인의 설치를 통해 안전한 통학로를 조성하였다. 이는 물리적인 사인의 설치 외에도 학부모와 학교 측의 교육을 통해 지속적으로 전달되도록 하여, 등하교 시의 골목 사이에서의 안전사고 발전 요인을 최대한 줄이고자 하였다.

학교정문과 이를 연결하는 골목길에서도 기존의 불법 주차차량 대신에 녹지가 있는 휴게공간과 연속적인 보행로를 조성하였다. 그러나 이 골목의 이면도로의 경우 사유지가 대부분이라 주민과의 협의에서 난항을 거듭하였으며, 기존 주차장도 창고로 활용하고 있어 보행로로 활용하는 것에 대한 반발도 심하였다. 그리고 시장상인 역시 골목에 자가차량을 주차하고 영업을 하는 것이 일반적 상황이어서, 골목길의 쉼터 조성에 부정적인 입장을 가지고 있었다. 이는 기본설계 기간에도 의견이 정리되지 않았다가 설계 거의 막바지에 이르러서야 협의가 되었는데, 가로경관의 조성이 상권활성화에 미치는 영향과 도시안전생활에 대한 중요성을 강의와 워크숍 등을 통해 지속적으로 전달해 나간 결과라고 판단된다.

〈그림22〉 골목길 통학로 유도사인과 종합안내사인 조성 이미지

〈그림23〉 골목길 통학로 유도사인과 종합안내사인 조성 이미지

〈그림24〉 골목길 통학로 유도사인과 종합안내사인 조성 이미지

v그리고 주민과 상인들 역시 워크숍을 지속적으로 해 나가는 과정 속에서 가로경관의 이해가 높아지며, 파장동을 살고 싶은 곳으로 만들고자 하는 의견이 많아진 것도 협의에 큰 영향을 미쳤다고 생각된다.

핵심 거점 조성사업과 관련해서는 단차를 낮은 지형을 이용하여 지역의 숙원이었던 주차장을 조성하고 상부에는 체험형 어린이 공원을 조성시킨 세일어린이공원 계획과, 초등학교 북문 출입구 앞의 재활용센터의 공간을 활용하여 지역 주민 교류거점 및 청소년 문화센터를 조성하는 계획이 수립하였다. 이는 좁은 정문을 대체하는 기능적인 역할 이외에도 부족한 지역의 문화시설과 교류시설을 확장시킨다는 점에서도 중요한 의미를 가졌다. 세일 어린이공원 계획에서는 무엇보다 지역의 어린이 체험시설 확충과 주변에 살고 있는 고령자를 위한 휴식공간의 제공이라는 2가지 기능을 제공해야 했으며, 주차공간의 확보라는 과제도 해결해야 했다.

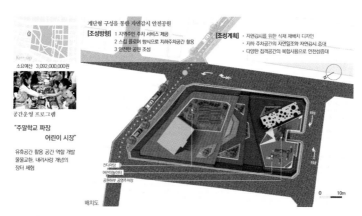

〈그림25〉 세일어린이공원 조성계획

〈그림26〉 세일어린이공원 조성 이미지

결과적으로 최종 제시된 계획안에는 그러한 주민들의 요구가 잘 반영되었으며, 높은 지형에서 파장동의 풍경을 볼 수 있도록 조망도 고려하여 지역 안의 작은 공원이 만들어졌다. 이러한 공간이 지역에 주는 여유와 쾌적함은 매우 크다. 구도심의 많은 소공원들이 폐쇄된 분위기와 휴식공간의 부족으로 인해 삶의 여유를 잃고 공간이 더욱 공동화되어 가는 것을 고려하면, 이러한 작은 안식처가 지역에서 확산되어 가는 것은 매우 중요하다. 단 조성하는 것 이상으로 이러한 공간의 지역 주체에 의해 관리되고 운영되어야 공간의 가치가 더욱 빛나게 된다. 이러한 점을 고려하여 지역 주민들과의 운영방안에 대해 논의된 결과를 최종 보고서에는 포함시키게 되었다. 그 외에도 초등학교 학생들뿐만 아니라 전 세대가 공유할 수 있는 마을거점에 대한 계획과 초등학교 남측 교차로의 고령자를 고려한 교류거점에 대한 계획도 반영시켜, 마을의 모든 주민들이 다양한 방식으로 쉬고 교류할 수 있는 방안도 제시하였다.

파장동 마스터플랜 수립계획의 또 다른 특성 중 하나는 공공디자인 영역에서의 디테일한 계획이었다. 우선 지역 전체의 차별화를 위한 아이파장, 즉 '어린이들을 지키는 파장동'이라는 브랜드를 구축하고 이를 활용하여 지역 공공사인과 통행로 유도사인 등을 통일적으로 계획하였다. 이러한 계획은 자칫 과하면 지역의 경관을 혼란스럽게 하는 요소가 되지만 파장동과 같이 지역경관이 복잡하고, 통일성이 없는 곳에서는 지역의 분위기를 잡아주는 특화된 요소가 될 수 있다고 판단되었다. 또한 지역이 전체적으로 어두운 점을 고려하여 대상지 전역에 야간조명을 추가적으로 설치하고 사각지대를 최소화하였는데, 불법주차가 줄어들고 공간들이 전체적으로 개방적으로 변하면서 조명의 효과가 더욱 커지게 되도록 하였다. 이러한 주민들의 사용성과 지역공간을 고려한 섬세한 배려와 조형성은 지역이 앞으로 보다 매력적인 공간으로 변모해나가는 작은 재미와 디자인 언어를 제공할 것으로, 이는 지역의 정체성에 기여해 나갈 것으로 기대하였다.

〈그림27〉 재활용센터 재생공간 조성계획

〈그림28〉 재활용센터 재생공간 조성 이미지

실버 커뮤니티문화 공간

[조성방향]
1 지역주민 공공서비스 제공 공간
2 실버 문화 커뮤니티 지원
3 건강도시 서비스 공간

[조성계획] 실버 지원을 위한 어르신 사랑방
저층부 개방성 강화로 시각차폐제거
청장부와의 공간 공유

소요예산 730,000,000원

"지역주민의 참여로 만들어 낸 안전통합서비스"
[공간 프로그램] 안전통합서비스 GSimap
• 안전분야를 나누어 생활과 밀접한 정보 제공
• 건강지킴이 / 안전지킴이 / 편리 도움이/ 미가 도움이/
어르신 보듬이/ 부모서 보듬이 등

MOM편한 공산 ㅣ 현황/정보제공 컨텐츠

〈그림29〉 재활용센터 재생공간 조성계획과 프로그램

Part 3 시설물 계획

조명계획

사고범죄 예방을 위한 안전한 야간환경계획

[조성방향]
1 CPTED 디자인 개념 도입으로 사고범죄를 예방하는 조화롭고 안전한 야간경관계획 실시
2 조명의 사각지대 제거를 위한 생활안전 마이크주동 조성
3 동일한 조도를 통해 틈에 방지

〈야행객이 안전성을 증대하는 조명설치〉

마을안전브랜드

[Spec]
Color

파장 안전그린
C 25 M0 Y100 K0

파장동의 사인 색체 : 친환경과 안전의 기능을 가진 그린칼라
빨강이라는 색이 낮에는 빨강계 보이지만 밤에는 검게 보인다
빨강에 비해 어두운 공간서 녹색 계통의 색깔은 밝아 보인다
자연에서 푸르고 녹색을 연상데요다
비상구가 녹색된 이유도 조명이 약한 공에서
더 잘 보이게 하기 위함이다

〈그림30〉 브랜드 아이덴티티 계획과 조명계획

03. 디자인 계획의 결실
그리고 새로운 가능성

    이렇듯 2년간의 긴 시간을 거치며, 파장동의 어린이들을 중심으로 한 지역주민이 안전하고 쾌적하게 지낼 수 있는 구도심의 미래상을 그린 마스터플랜이 수립되었으며, 그 과정에서 행정과 전문가의 노력도 컸지만 지역의 미래를 위해 끊임없이 참여하고 토론을 진행한 주민들과 학교 관계자들의 노고도 적지 않았다. 그러한 노력의 덕분이었던지 파장동 마스터플랜은 도시활력증진사업에 선정되어 마스터플랜의 많은 부분을 구체화시킬 수 있는 예산도 확보할 수 있게 되었다. 사실 많은 계획들이 단순한 계획수립으로 그치는 경우도 적지 않으며, 사업비가 확보되어 추진하더라도 처음 구상한 마스터플랜의 반도 구현되지 못하는 경우가 허다하다. 그런 경우 참여한 주민의 상실감이 무엇보다 크며, 향후 시간이 지나면서 처음 잡은 마스터플랜의 변경도 자주 발생할 수 있다. 따라서 계획 수립 이후에 전체 마스터플랜을 구현할 사업비의 확보는 무엇보다 중요한 역할을 하는데 그런 측면에서 파장동의 계획은 매우 운이 좋았다고 할 수 있다.

    그러나 사업비가 확정되면서 다양한 문제점이 나타나기 시작했다. 각 주체들이 어린이들의 안전한 통학환경과 쾌적한 구도심 조성보다 자신들의 숙원사업의 달성에 사업비를 쓰자고 주장하기 시작했고, 주차장 확보와 CCTV 확충, 회관 증설 등의 최초 마스터플랜에는 없는 내용들이 나왔다. 여기에 지역의 다양한 이익관계자들까지 가세하여 우리가 2년간에 걸쳐 힘들게 수립한 계획이 수포로 돌아갈 우려도 있었다.

다행히 전문가들과 학부모, 지역의 참여주체들이 처음 목표로 두었던 미래의 어린 세대들을 위한 구도심의 공간환경 개선의 방향으로 다시 돌아오면서 마스터플랜 실행을 위한 단계적 실행은 다음 단계로 들어설 수 있었다. 이러한 일련의 과정은 계획 수립과정에서의 주민참여의 중요성을 다시 한번 각인시키게 한다. 누구도 모르는 계획이 자신들도 모르는 사이에 전문가와 행정담당자에 의해 수립된다면, 그러한 계획에 동참하는 주민들은 많지 않다. 그러나 자신들이 조금이라도 그러한 계획에 참여하였고 내용에 대해 이해가 높다면 조금이라도 말을 할 수 있고 참여할 여지가 생긴다. 그 과정에서 시민의 의식도 조금씩 높아지고 지역의 지속적 발전의 여지도 커지게 된다.

〈그림31〉 파장초등학교 후문의 공사 전과 후 차이

3.1 1단계 추진사업과 성과

1차년도 사업은 파장동 마스터플랜의 가장 핵심 사업이었던 학교 주변의 안전한 통학로 조성과 휴식 및 교류 거점의 조성에 주안점을 두었다. 모든 계획에서 축과 거점의 조성이 시작되면 다른 활성화와 표피의 풍성함도 자연스럽게 따라오게 된다. 파장동 계획에서는 어린이들과 주민들의 안전을 사람들의 교류와 자연감시로서 유도하는 공간계획이 중요했으며, 이를 위해서는 누구나 안전하게 쾌적하게 걸을 수 있는 보행동선의 조성이 필수적이었다.

예상을 했지만 계획을 현실로 구현하기까지는 또 다시 많은 저항과 협의가 진행되었다. 무엇보다 학교 옹벽을 철거하고 보행로와 교류거점을 만드는 것은 만만치 않았는데, 초등학교 어머니들의 노력과 지속적인 협의로 전국에서 드물게 학교 부지로 보행로를 조성하고 도로선형도 직선에서 속도를 자연스럽게 줄이게 히는 S자 선형으로 변경할 수 있었다. 기본 계획에 포함되었던 학교 내의 보행로는 옹벽 구조상 설치가 무산되었지만 기본적인 보행로만으로도 충분히 어린이들과 지역주민들의 보행 안전성은 확보되었다. 또한 주요 결절부에 휴식과 교류를 위한 공간은 자연스러운 안전유도 효과를 가져오게 되었고, 학부모들이 자녀들을 좁고 위험한 차로에서 기다리는 것이 아닌 편하게 휴식하고 담소를 나누면서 기다리게 하는 여유로움을 가져오게 하였다.

교류공간에는 지역주민들이 가꿀 수 있는 적절한 식재로 조성하였는데, 무더운 여름에는 다소나마 햇살을 가리는 효과를 주었고 무엇보다 시각적으로 풍성함을 가져다 주었다. 이러한 보행로의 연결에 신경을 쓴 것 중 하나가 유니버설디자인이었다. 누구나 편하고 안전하게 걸을 수 있도록 단차를 제거하였고, 교차로에는 험프를 설치하여 차량은 속도를 자연스럽게 줄이게 되었고 보행자의 안전성은 더욱 높아졌다.

나아가 일렬 주차공간은 도로선형에 따라 4대씩 좌우에 배치되어 자연스럽게 차량 속도를 줄이고 불법주차를 할 여지를 주지 않도록 되었다. 이제 어린이들은 등학교길에 안전하게 걸으며 더 좋은 생각과 편안함을 느끼게 될 것이다. 아쉬운 점은 기존 계획에는 없던 1200 높이의 펜스를 설치하게 된 것인데, 초등학교들이 무단횡단을 하거나 담을 넘거나 하면서 생길 수 있는 안전사고를 미연에 예방하지는 학교의 요구를 반영한 것이며, 결과적으로 경관적으로 개방성은 다소 줄어들지만 안전성이 높아진다는 측면에서 더 좋은 결과로 이어졌다고 판단된다.

〈그림32〉 조성 후의 파장초등학교 후문 교류공간의 풍경

  실제로 최근 이곳을 이용한 주민들이 늘어나고 있으며, 전체적인 주민 만족도도 높아지고 있다. 일부 주민들은 차양막 설치를 요구할 정도로 잘 활용되고 있으며, 향후 자연스럽게 주민들의 교류의 장으로도 큰 역할을 하게 될 것이다. 그리고 이곳의 조성을 위해 학교 담장 위에 있던 체육시설 보관창고는 학교 안으로 이축시키게 되었는데, 학교 측의 협조에 감사하고 어린이들의 녹색환경 교육을 위한 차원에서 이축 후 남은 부지에는 다양한 식재와 식물의 정원을 조성하였다. 이러한 공간 조성의 성과를 다양한 주체가 공유하는 것은 향후 진행될 사업의 협력을 위해서도 매우 중요하고, 공사의 중간 과정에서 공간조성의 효과를 확인하여 자신감을 준다는 점에서도 의미가 크다.

  이러한 작은 성과가 이어지지 않으면, 주민들의 참여는 점차 식을 수 있기 때문이다. 휴식공간은 쉬고 교류하는 역할을 주로 하지만 교차로에 조성되어 있어 범죄 예방을 위한 자연감시 효과도 크다. 조성 당시만 해도 이 공간에 쓰레기가 다시 나오고 방치되어 이용자가 줄어들게 되는 점에 대한 우려가 있었지만 결과적으로는 주민들이 즐겨 찾고 공간으로 자리잡고 있다. 이것이 계획 과정에서 참여의 힘이 아닐까. 자신들의 의견과 협의가 반영된 공간에 대해서는 누구나 책임감을 가지게 된다. 이것이 공간을 지속적으로 유지 관리하게 하는 힘일 것이다. 또한 이러한 공간의 조성은 결과적으로 가로의 어두운 공간을 개방적으로 한다는 장점이 있다.

  개방감은 방치되면 도시의 혼란을 가중시키지만, 공간의 접근성과 안전성을 높여 모두가 이용할 수 있도록 하는 장점을 가지고 있다. 이러한 다양성은 다음 공간의 성장 가능성을 높이게 된다.

후문 주변뿐 아니라 정문 주변의 담장과 가로공간도 최대한 담을 없애고 개방적인 소재와 공간으로 조성하여 기존보다 훨씬 밝은 이미지를 만들 수 있게 되었다. 이러한 영향으로 정문 주변의 불법 주차도 많이 줄게 되었고, 청소년들의 우범지역이었던 공간이 보다 안전한 공간이 되어 보행 쾌적성도 향상되었다.

이것이 공간의 개방성이 주는 힘일 것이다. 아쉬운 점은 유치원 놀이터가 있는 골목 안쪽 담장을 열지 못한 점이었는데, 나중에 공간이 활성화되면서 유치원에서도 적극적으로 개선을 요구해 와 향후 3차년도 사업에도 추가적인 연결이 가능할 것으로 기대하고 있다. 긍정적인 효과가 지속되면 참여하는 사람도 늘어나게 된다는 교훈을 이번 사업의 성과에서 다시 확인하게 된다.

〈그림33〉 조성 후의 파장초등학교 교류공간의 풍경

〈그림34〉 조성 후의 파장초등학교 교류공간의 풍경

〈그림35〉 조성 후의 파방초등학교 정문 골목의 풍경

이 가로공간 개선의 효과가 가장 극적으로 나타난 곳은 학교 남측 공간이다. 이 지역에서도 가장 좁고 위험하고 지저분한 공간이 개방되고 쾌적한 공간으로 재탄생하게 되었다. 물론 학교와의 끈질긴 협의의 결과이기는 하지만, 구도심에 이렇듯 서로가 공간을 양보하여 모두를 위한 공간의 개선을 이룬 곳을 찾기는 쉽지 않다. 학교의 가각부 옹벽을 허물고 과감하게 쉼터를 조성한 것도 그러하며, 주차공간을 없애고 열린 광장과 같이 분위기를 연출한 것이 그러하며, 쓰레기를 투기하던 공간을 모두가 적절히 깨끗하게 관리하는 것도 그러하다.

이렇듯 협의와 조정을 통하면 어떤 공간이건 감추어진 최적의 선물을 우리에게 가져오게 된다. 단지 그것을 할 의지와 사람들이 있는가 없는가의 차이가 있을 뿐이다. 여기서 지역주민들은 주차 3대 분의 공간이 없어졌지만 쾌적하고 개방적인 휴식공간과 가로공간을 가지게 된 것이다. 그리고 무엇보다 깨끗하고 화사해진 경관의 변화라는 선물은 2년 이상의 보수가 없던 토론의 참여에 대한 보상으로서 부족하지 않았을 것이다.

〈그림36〉 파장초등학교 남측 교차로의 개선 전과 후의 풍경 변화

04. 우리의 성과와 과제

　파장동의 공간개선이 진행되던 과정에서도 주민들과 초등학교 어린이들과 우리는 지속적으로 거리의 안전한 문화를 만들기 위한 다양한 시도를 진행했다. 어린이들과 안전한 학교의 모습을 그려나가는 워크숍이 여러 차례 열려 어린이들의 바라는 지역의 모습을 지속적으로 모아 나갔다. 또한 지역의 개방된 공간에서 진행할 수 있는 다양한 파장동 댄스와 노래를 만들기 위한 교실도 열어 한 겨울에도 후끈한 지역의 열기를 모아 나갈 수 있었다. 어쩌면 파장동의 지금의 결실은 그러한 노력의 산물이라고 감히 이야기할 수 있다　　　　　　　　　　.

　물리적인 공간의 개선은 사실 돈만 있고 행정의 추진력만 있다면 그렇게 힘들지 않게 진행할 수 있었을 것이다. 이미 개발시대부터 국내의 많은 도시의 개발이 그러한 방식으로 진행되어 왔으며, 지금도 도시 곳곳에서는 그러한 방식으로 도시를 없애고 새로운 도시를 만드는 시도가 계속되어 오고 있다. 하지만 그러한 방식으로 만든 도시가 우리를 황폐화시키고 고립시켜 거대한 경제성장에 부합되지 않은 사건사고와 자살률과 같은 사회의 어두운 부분을 만드는데 기여했다는 점은 다시금 물리적 성장의 방식에 대한 반성을 하게 한다. 우리가 물리적 공간의 개선을 위한 노력 이상으로 지역주민 그리고 어린이들과 무엇인가 파장동의 정신적인 정체성을 찾기 위해 노력한 것은 그러한 오류를 극복하고 구도심의 재생을 그려나가고자 한 것이다.

〈그림37〉 파장동 안전문화를 만들기 위한 어린이들의 워크숍 모습

물론 눈에 보이는 성과를 실제로 그렇게 크지 않을지도 모른다. 6년 간 진행한 성과치고는 실제 공간의 개선은 지극히 소박하기 때문이다. 하지만 그곳에서 살아 왔고, 살면서 공간의 변화를 지켜본 사람들은 느낄 수 있을 것이다. 그리고 구도심의 이러한 공간의 개선을 위해 도전해 본 사람들도 느낄 것이다.

우리가 얼마나 대단한 성과를 만들어 왔는가를.

〈그림38〉 파장동 안전문화를 만들기 위한 어린이들의 댄스 연습 모습

2019년에는 그간의 노력을 인정받아 대한민국 국토대전에서 국무총리상을 받는 영광도 얻을 수 있었다. 물론 상 그 자체가 중요한 것은 아니다. 그러나 수원의 작은 동네의 골목에서 이러한 작은 변화로서 주민들과 어린이들의 삶의 기반을 변화시켜 낸 성과가 크게 인정받았다는 점에서 국내의 다른 구도심에 미치는 파급효과를 생각하면 그 가치는 진정 크다고 생각된다. 그러나 이러한 결실이 우리가 큰 3개의 갈등이란 고개를 넘어서 만들어졌다는 것을 잊어서는 안 된다. 첫째 고개는 주민과 상인, 학교 관계자간의 자신들의 이익을 중심으로 계획내용을 변경하고자 했던 과정에서 온 갈등이었으며, 두번째 고개는 시공에 있어 행정과 교육기관, 전문기관, 정치권 등과 같은 이익 주체들간의 힘겨루기였다. 세번째 고개는 실제 공사를 진행하는 과정에서 행정기관과 전문가 간에 기존의 주민과 협의된 계획을 계속 추진하고자 하는 입장과 험난한 협상을 피하기 위해 단순한 계획안으로 변경하고자 하는 입장에서 온 갈등이 있었다.

이 3개의 험난한 고개를 어찌 되었든 우리는 넘어섰다. 지금 돌이켜봐도 어떻게 그것이 가능했을까 신기하다. 논리의 힘이나 계획의 힘만이 아닌 것은 분명하다. 결국 그 열쇠는 모든 공간의 계획을 풀어 나간 참여 주체의 열정과 협의를 포기하지 않는 힘, 바로 그 사람의 힘 때문이 아니었을까. 이제 우리는 2차년도 세일 어린이공원 개선사업과 3차년도 거점 공간 조성 사업을 지속적으로 추진해 나갈 것이다. 지금도 주민과의 협의체의 협의를 지속되고 있고 여전히 회의는 난항을 겪고 있다. 그러나 지난 시간 동안 우리가 넘어온 저력은 앞으로의 이러한 작은 난간도 잘 극복하게 구도심의 새로운 가능성을 계속 그려나가게 할 것이다. 그리고 이미 파장동의 성과를 수원 전역으로 번지고 있으며, 많은 다른 지역의 도시에서도 파장동의 성과를 보기 위해 찾아오고 있다. 그러한 성과가 더욱 확산되도록 우리는 더욱 노력할 것이고 구도심에서도 충분히 안전하고 쾌적하며 여전히 살만한 곳이라는 것을 지속적으로 만들어 나갈 것이다.

Public Communication

이종혁_광운대학교 미디어커뮤니케이션 교수

Public Design 36 Essays.

PUBLIC DESIGN-ISM

공공 혁신을 디자인하는 공공 커뮤니케이션

Prologue. 공공 커뮤니케이션의 진화

공공 커뮤니케이션 원칙 1.

공공의 가치 추구

공공 커뮤니케이션은 인식 및 태도 변화, 행동 유도라는 사회과학 내 설득 영역뿐 아니라 공간, 시설물, 일련의 시각적 요소 등 일상의 모든 영역 내 우리와 공존하고 있는 의사소통, 다시 말해 공존을 위해 상호 교환해야 할 메시지와 관련한 일체의 행위를 의미한다. 수많은 행위 중 대표적 결과물로 우리에게 익숙한 것이 공공 캠페인이다. 따라서 공공 캠페인을 이렇게 정의해 볼 수 있다. 공공 캠페인 이란, '공공 목적(goal)을 기반으로 다양한 사회적 가치(social value)에 부합하는 목표(objectives) 달성을 위한 조직과 개인 간 관계를 통해 실행되는 전략적인 커뮤니케이션 디자인 활동' 이다.

전통적으로 공공 커뮤니케이션을 정의하는데 익숙한 용어들은 '특정한 기간, 다수의 사람, 미디어 활용과 메시지 전달, 조직적 활동, 바람직한 사회적 결과' 등이다. 특정한 대상을 규정하고 그에 부합하는 전략적 메시지와 효율적 미디어를 통해 효과적으로 수용자의 행동에 영향을 줌으로써 공공이익을 창출하겠다는 것이다[1]. 하지만 이런 전통적 접근방식에 더해 좀더 실존적 개념 탐색과 논의도 필요하다.

---

1) Weiss, J. A., & Tschirhart, M. (1994). Public information campaigns as policy instrument. Journal of Policy Analysis and Management, 13(1), 82~119.

이는 특정 시기에만 국한된 접근방식이 아닌 제반 커뮤니케이션 현상 전반을 바라보고 재정의해 나가는 접근법이다. 그 이유는 미디어와 그것을 이용하는 수용자 즉 공중(public)이 끊임없는 혁신과 진화를 거듭하고 있기 때문이다. 전통적으로 공공 커뮤니케이션은 조직이 정한 선한 가치를 확산하기 위해 공중(public)의 행동이나 의지를 변화시키려는 일방적 설득 모델을 당연시해왔다. 여기서 '일방적'이라 함은 구체적인 의제를 선정하고 그에 따른 실천 활동을 명확히 규정해 상대가 따르도록 권고하는 방식이다. 실제로 일방적 설득 모델은 산업혁명을 거치며 등장한 대중화 현상 속에서 필연적으로 직면하게 된 수많은 공공문제에 대응하는 가장 효과적인 커뮤니케이션 방식이었다.

공공커뮤니케이션 유형	사회 여론 조성형	공중 행동 유도형	공공 문화 촉진형
시기	1~3차 산업화		4차 산업화
협력 대상	언론	공공기관	민관협력/기업
활동 목적	공공 의제형성 (public agenda building) 및 문제해결 공중 의지 (public will) 형성 정도	참여 공중의 규모 동일 방식 실천 횟수	창의적 실천 프로그램의 다양성과 자기 주도적인 새로운 문제해결 방식 촉진 등 문화형성
활동 방식	대중 대상 구호 중심	공중 기반 이벤트 중심	지역 및 개인 기반 문제해결 중심
활동 목표	인지제고/ 태도변화	행동변화	자발적 문제해결 실천
공중특성	수동적		능동적
활용 미디어	페이드 (PAID) 온드 (OWNED) / 언드 (EARNED) 미디어	스폰서드 (SPONSORED) 인플루언서 업무협력 (Influencer engagement)	자발적/자생적/참여기반 공유 (SHARED) 미디어
사례	기업 CSR 정책홍보캠페인	전통적 기업 CSR 및 사회마케팅 (social MKT) 정부 공익 캠페인 (환경, 보건, 안전 등 규제와 제도 기반)	기업 CSV ESG 경영 촉진 활동 UN SDGs (지속가능발전 목표) 기반의 세부 실천 활동 작은외침 LOUD. (공중 주도 캠페인) 등

〈표1〉 공공 커뮤니케이션 유형별 특성 구분[1)]

사회학을 필두로 근대화 이후 마을공동체의 붕괴 과정을 겪으며 사회질서의 근원이 무엇인지에 관한 질문에 답을 찾기 시작했다[2]. 답을 찾았다면 어떤 식으로든 실천이 뒤따라야 했는데 그 대표적인 실천행위가 공공 커뮤니케이션이다. 그렇다면 이러한 상황 변화는 과거만의 현상일까? 전혀 그렇지 않다. 지금 우리는 급격한 ①산업 재편 속 자국 중심주의 대두, ②공동체 해체 속 개인주의 팽배 그리고 ③편의 추구 속 환경주의 압박 등 수많은 공공문제의 과제 앞에 놓여 있다. 이러한 공공문제 해결을 위해 필요한 것이 3C로 대변되는 사고의 전환이다. 3C란, 비판적(critical) 사고, 창의적(creative) 사고 그리고 협력적(collaborative) 사고다. 또한 〈표1〉의 공공문화촉진형 공공 커뮤니케이션 구현을 위해 개인에게 요구되는 세 가지 사고력이기도 하다.

공공 커뮤니케이션 원칙 2.
공공문화 촉진을 통한 문제해결과 상호이익 지향

정답이라고 생각되는 특정한 실천 방식을 일방적으로 강요하거나 주입하여 공동체의 획일적 행동을 유도하는 단방향 커뮤니케이션이 아닌 각자의 아이디어로 세상을 디자인함으로써 다양성이 발현되는 도전이 이어질 때 공공가치가 창출될 수 있다. 이러한 공공 커뮤니케이션 유형이 바로 공공문화 촉진형이다. 이는 민관 그리고 기업이 협력하여 창의적으로 문제를 해결해 가는 지역과 개인 기반 캠페인 활동이다. 공공 캠페인은 공유(shared)미디어의 활용 폭이 확대되고 기업의 CSV(creating shared value) 즉 공동체와 사회가 요구하는 공공가치의 중요성이 증대된 ESG 경영 환경에서 조직의 핵심적 활동이 되었다. 공중이 제안하고 정부나 기업이 채택, 확산하며 다시 공중이 참여하는 공공 커뮤니케이션의 새로운 유형이다.

---

2) 곽수근(2020.1.29). 익스텔리전스 시대 학생들, 사회문제로 뛰어들라. 조선일보, 피플면

이는 공공 커뮤니케이션의 두 가지 유형, 즉 사회 여론 조성형과 공중 행동 유도형의 융합 모델이다. 그렇다면 공공문화 촉진이 의미하는 바는 무엇일까. 그것은 유엔과 국제사회가 채택한 지속가능 발전목표(SDGs:Sustainable Development Goals) 17개 및 세부 169개 실천과제를 보면 알 수 있다. 개별 국가, 공동체 더 나아가 개별 단체와 개인이 이 실천과제를 재해석하고 실행 아이디어를 실현해 낼 때 공공가치가 발현될 수 있다. '공공문화 촉진을 통해 발현되는 가치'가 공공 커뮤니케이션에 요구되는 또 하나의 역할이다.

〈그림1〉 UN-SDGs : The 17 goals[2]

그러기 위해 자신의 주변을 창의적으로 디자인하는 공중, 즉 각 개인이 일상 속 공공 디자이너로서 역할을 인식하도록 해야 한다. 그래서 5s로 대변되는 커뮤니케이션 원칙을 바탕으로 2015년에 시작된 공중주도 방식의 캠페인이 '작은 외침 LOUD.'[3]다. 이는 자신(Self)이 공공문제라고 목격(Sighting)한 것을 단순한 아이디어(Simple idea)로 지금 시작(Starting)해 작은 변화(Small change)를 도모하는 것이다.[4]

---

3) 2012년 시작된 공공소통연구소의 공중주도형 소통문화 캠페인
4) 이종혁(2015). 공공소통감각. 서울:한경사. pp.21~25. 부분 인용.

　이러한 커뮤니케이션 원칙이 활성화되는 것이 공공문화 촉진형의 대표적 사례가 될 수 있다. 개인이 목격한 공공문제를 해결하는 실천 활동이 공유되고 다양한 자기주도적 커뮤니케이션 결과물이 넘쳐나는 사회에서 공공가치의 응집, 발현이 가능하다. 그것은 화려할 필요도 없고 삶의 현장에서 이웃과 작은 공감만 할 수 있으면 그만인 작은 외침들이다. 이런 공중주도 캠페인을 강조하는 것은 알랭 드 보통(Alain de Botton)이 지적했던 인지적 취약성, 즉 자기주도적 세상 바라보기의 한계를 극복하기 위함이다.

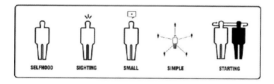

〈그림 2〉 작은외침 LOUD. 프로젝트의 5s

　이를 위해 우리가 직면한 공공문제 앞에서 그 해결책 모색과 함께 떠올려야 할 메시지가 있다. 바로 '꾸미지 않은 메시지'다. 이 꾸미지 않은 메시지가 화려하게 꾸며진(fancy-schmancy) 설득을 능가하는 시대[5], 다시 말해 가장 간단한 해법이 있음에도 그것을 깨닫지 못하는 현상[6]을 극복해 내도록 도움을 주어야 한다.

---

5) Leith, S.(2011). You talkin' to me? Rhetoric from Aristotle to Obama. London:Profile books.

6) Botton, A. D.(2014). The News: A User's Manual. 최민우 역(2014). 뉴스의 시대. 서울:문학동네.

시각적으로 화려한 디자인의 장벽에 가로막혀 세상을 디자인할 수 있는 단순한 접근 방법에 도전하는 시도 자체가 제한되면 안 된다. 이를 위해 공공 커뮤니케이션 유형 중 '공공 문화 촉진형'의 추진 방법을 학습할 필요가 있다. 그 학습 중 최선은 '사례를 통한 공공 커뮤니케이션 감각 습득'이다. 이를 위해 UN-SDGs에 기반해 공공 커뮤니케이션 캠페인 기획을 위해 공공소통연구소[7]가 재분류한 10개 영역별(인도주의, 사회 배려, 미래 세대, 생활 안전, 건강한 삶, 공동체 회복, 사이버 환경, 안전 인프라, 환경 보호, 우리 정체성)로 전개했던 200여 개 이상의 LOUD. 프로젝트 중 일부인 30여 개만 간략히 소개해 보고자 한다. 이는 한 개인이 비판적 사고에 그치지 않고 문제 해결을 위한 창의적인 커뮤니케이션 활동에 도전하면 누구든 실천해 볼 수 있었던 사례들이다.

이 도전의 결과는 "커뮤니케이션을 통해 세상을 착하게 디자인하는 방법"의 확산이다. 그 결과 공공문제에 찌든 일상 속에서 우리를 미소짓게 하는 덜 디자인된 요소가 세상을 유쾌하게 디자인하는 변화를 자주 접하게 될 것이다. 그것이 공공 커뮤니케이션 유형 중 공공문화촉진형 활동이 갖는 차별화된 가치다.

critical thinking '왜 이래야 하는가'
collaborative thinking '누구와 협력할 것인가'
creative thinking '어떻게 전달할 것인가'
communication '어떤 가치를 만들 것인가'

---

7) www.loud.re.kr

01. 인도주의

발포하지 말라 (don't shoot) 캠페인
약국 간판 색깔 바꾸기 대한적십자사 인도주의 실천 캠
페인

공공 커뮤니케이션 원칙 3.
공공의 가치 이해와 명확한 가치 공유 대상의 선정

거리를 걷다 보면 어렵지 않게 마주하게 되는 상징이 있다. 바로 적십자 (redcross)표장이다. 도대체 적십자 표장을 눈에 띄게 내건 곳은 어디일까? 바로 약국이다. 의외로 많은 약국 간판에는 이 적십자 상징이 부착되어 있다. 적색의 정사각형 다섯 개의 조합으로 완성된 적십자 표장은 전쟁 및 내전과 같은 무력충돌시 중립적 위치에서 공평한 원조와 부상자 보호를 위한 인도주의 상징이다. 실제로 제네바협약에 의해 무력충돌시 적십자 표장을 부착한 사람뿐만 아니라 건물과 물자도 보호받게 되어 있다. 다시 말해 적십자사의 허가를 득하지 않고 임의로 개인이나 단체가 적십자 표장을 사용할 수 없다.

적십자 표장은 1863년 10월 적십자사의 창설 모체인 제네바위원회에 의해 소집된 제네바회의에서 처음으로 제안되었다. 1864년 외교회의에서 채택된 제네바협약에 '흰 바탕의 붉은 십자'를 보호와 중립을 나타내는 공통된 식별 표장으로 명시함으로써 법적 효력을 지니게 되었다[8].

---

8) 대한적십자사 인도법연구소 표장기원발전 소개 내용 (www.redcross.or.kr/ihl/introduce/introduce_geneva.do) 인용.

〈그림3〉 호주 적십자사 Don's Shoot 캠페인 로고[3]

　그런데 이 내용을 제대로 알고 있는 사람은 많지 않다. 그러다 보니 약국을 비롯해 의료 관련 기관에서 상품이나 간판 등 설치물에 오남용하는 사례가 빈번하다. 적십자 표장 아래 "Don't shoot"라는 강력한 메시지를 넣은 캠페인 메시지는 1996년 12월 17일 국제 적십자위원회의 체첸 야전병원이 공격받아 6명의 적십자 직원이 사망한 이후 인도적 임무를 수행하다 사망한 모든 사람을 위해 만들어졌다. 호주 적십자의 이 캠페인 메시지는 인도주의 임무를 수행하는 적십자에 대한 공격을 멈출 것을 강력히 호소하고 있다.

　누구도 적십자 표장이 있는 시설이나 이동수단, 사람을 공격할 수 없다는 인도주의 실천 메시지다. 단순한 국제인도법 위반뿐만 아니라 인류 자체에 대한 공격이라는 의미다.

　"우리는 표적이 아닙니다"라는 메시지는 평소 적십자 표장을 올바로 보호하고 사용하는 일상 속 작은 실천을 강조하는 것이다. 이를 위해 평화가 유지되는 국가의 시민들 삶 속에서 적십자 표장이 갖는 인간 존엄성과 생명 보호라는 인도주의가 공유되고 있어야 한다. 그래야만 분쟁지역, 전쟁 상황 속에서 인도주의의 온전히 가치가 지켜질 수 있다.

이를 가능케 할 커뮤니케이션의 핵심 메시지와 실천과제는 무엇일까? "적십자는 인도주의 브랜드입니다"라는 메시지를 중심으로 적십자 표장의 오남용을 줄이는 것이다. 우리나라에서 이 문제 해결을 위해 단속이나 과징금이라는 강압적 방식이 아닌 "바로 당신이 인도주의 실천가"라는 '가치 공유형 커뮤니케이션'을 시도한 것도 이 때문이다.

일상 속 작은 인도주의 실천하기라는
슬로건으로 대한적십자사와 공공소통연구소의
작은 외침LOUD가 함께
적십자 표장 보호 캠페인을 추진합니다.

〈그림4〉 대한적십자사 적십자 표장 보호 캠페인 메시지 및 기본 소개[4]

대한적십자사의 적십자 표장 보호 캠페인은 약국을 대상으로 '일상 속 인도주의 실천하기'라는 가치를 창출한 사례다. 인도주의를 실천하는 것이 그리 거창한 것이 아니라 빨간색의 간판을 초록색으로 교체하는 것, 단순히 '색을 바꾸는 것'이 인도주의라는 거창한 인류의 가치를 공유하고 실천하는 커뮤니케이션이 될 수 있음을 보여주었기 때문이다.

〈사진1〉 [일상 속 작은 인도주의 실천, 당신은 '휴머니타리안'입니다.]

적십자 표장 보호 현장 캠페인[5]

02. 사회 배려

넛지 커뮤니케이션이 유쾌한 배려를 이끌다 :
버스정류장 괄호 프로젝트

공공 커뮤니케이션 원칙 4.

넛지 커뮤니케이션의 활용

남을 배려하지 않으며 질서를 지키고 있지 않습니까? 문장 자체가 어색한 질문이다. 하지만 이런 역발상의 질문을 던지면서 넛지 요소를 활용해 공중의 행동 변화를 이끈 대표적 사례가 버스 정류장 괄호 프로젝트다.

〈사진2〉서울 시청앞 광역버스 정류장에 설치했던 괄호 기호와 삼각형 화살표

©공공소통연구소

버스를 기다리며 보도 위에 줄지어 서 있는 사람들, 그러나 누군가의 길을 막고 있는 사람들, 그리고 그 틈을 뚫고 지나는 사람들. 그 틈을 뚫던 젊은 청년들은 작은 길을 만들어 내기 위한 일종의 공공장소인 보도 위 공공디자인에 도전했다. 그리고 그들이 채택한 해법은 넛지 커뮤니케이션이었다. 계도성 캠페인이 아닌 일상 속 다양한 배려의 존재감을 엿볼 수 있는 사회를 우리는 건강한 사회, 공중의 존재감이 돋보이는 사회라고 한다. 이러한 역할을 촉진시키는 커뮤니케이션 유형 중 하나가 '넛지 커뮤니케이션'이다. 탈탈러와 선스타인(Thaler, R. H. & Sustein C. R.)이 제시한 타인의 선택을 유도하는 부드러운 개입, 즉 넛지(nudge)[9]는 는 '자유주의적 개입주의(libertarian paternalism)'의 실천 이론이다. 정황과 맥락을 만들어 내는 자가 선택 설계자(choice architect)이며 이들이 행하는 커뮤니케이션 방식 중 하나가 가성비(cost-effectiveness, 價性比) 높은 넛지 커뮤니케이션이다.[15] 버스를 기다리며 보도 위에 줄지어 서 있는 사람들, 그러나 누군가의 길을 막고 있는 사람들, 그리고 그 사이를 뚫고 지나가는 사람들. 그 현장에서 젊은 청년들은 작은 길을 만들어 내기 위한 일종의 공공장소 위 작은 공간 디자인에 도전했다. 그리고 그들이 채택한 해법은 넛지 커뮤니케이션이었다. 계도성 캠페인이 아닌 일상 속 다양한 배려의 존재감을 엿볼 수 있는 사회를 우리는 건강한 사회, 공중의 존재감이 돋보이는 사회라고 한다. 이러한 역할을 촉진시키는 커뮤니케이션 유형 중 하나가 '넛지 커뮤니케이션'이다. 탈러와 선스타인(Thaler, R. H. & Sustein C. R.)이 제시한 타인의 선택을 유도하는 부드러운 개입, 즉 넛지(nudge)[10]는 '자유주의적 개입주의(libertarian paternalism)'의 실천 이론이다.

---

9) Richard H. Thaler, R. H., & Sunstein, C. R. (2008). Nudge: Improving Decisions About Health, Wealth, and Happiness. NY: Penguin Book.

10) 강준만(2017). 넛지 사용법:소리없이 세상을 바꾸는 법. 서울:인물과 사상사. pp.6~7.

정황과 맥락을 만들어 내는 자가 선택 설계자(choice architect)이며 이들이 행하는 커뮤니케이션 방식 중 하나가 가성비(cost effectiveness, 價性比) 높은 넛지 커뮤니케이션이다.[15] 넛지 커뮤니케이션은 커뮤니케이션학 분야 내 대안 연구 대상 중 하나다. 전문가 주의의 구속에서 벗어나 모든 인문사회과학을 포괄하면서 '일상 속 커뮤니케이션 문제에 집중하는 모델'이다.[11] 괄호 두 개와 삼각형 다섯 개만으로 막혔던 길을 열리게 했다. 사라졌던 배려의 공간을 복원시킨 것이다.

〈사진 3〉 괄호 기호와 삼각형 화살표가 만들어 낸 공간을 어린 아이가 지나는 모습

©공공소통연구소

괄호 프로젝트의 공공 커뮤니케이션 가치는 일상의 작은 문제를 의제로 다루었다는 점과 문제의 현장에 직관적 메시지를 투입하는 방식을 채택함으로써 간결한 기호 공식(버스정류장이 줄서기 기호 = 역 괄호와 화살표인 기표 + 길을 걷는 사람을 위한 배려라는 기의[12]) 을 만들어 냈다는 점이다. 프로젝트를 주도한 청년들은 이 공식을 공공장소에 적용하고 공중의 행동에 개입함으로써 새로운 선택의 결과를 이끌어냈다.

11) 강준만(2016). `넛지 커뮤니케이션의 방법론적 유형분류: 공익적 설득을 위한 넛지의 활용방안. 한국언론 학보. 60(6). 7-35.
12) 이종혁(2015). 공공소통감각. 서울:한경사.

한 줄을 넣으니 새로운 배려 문화가 만들어졌다 :
안내견 픽토그램

왜곡된 인식의 습관 교정

소수의 일상도 배려하자. 주요 건물과 상업 시설의 출입문을 관찰해 보면 각자 공간의 필요에 따라 서너 개의 픽토그램이 부착되어 있다. 그 중 대표적인 픽토그램 두 가지가 금연과 반려견 출입 금지다. 공공장소에서 자연스럽게 픽토그램을 접하면 그것은 기초질서 즉 공동체 내 '승인되지 않은 인식의 습관'으로 자리잡게 된다. 때로 공공질서를 위해 게시한 픽토그램이 '왜곡된 인식'을 초래하기도 한다. 그 결과 많은 이들은 일상에서 접하고 학습한 나름의 상식으로 세상을 바라보고 재단하는데 익숙해 지는데 그것이 사회적 편견으로 자리 잡곤 한다.

어떤 권리를 법으로 명시한다는 것은 일상에서의 편견을 예방하기 위함이다. 하지만 누구나 모든 법 조항을 암기하고 학습하는 것이 아니다. 그래서 늘 어떤 사건 사고와 같은 대중적 관심을 받는 사안을 통해 공동체는 의식 개선학습을 이어간다.

하지만 큰 대중적 관심을 받지 않더라도 평소 사회적 편견과 공중 인식개선을 위한 사전 예방 차원의 공공 커뮤니케이션은 늘 필요하다. 그래야만 대중적 관심이 집중된 사건이 발생했을 때 단기적 문제해결뿐 아니라 중장기적 의식개선을 위한 공공디자인 차원의 해법을 제시할 수 있다. 사전 예방적 차원의 공공 커뮤니케이션 가치를 깨닫게 해준 대표적 사례가 '안내견 픽토그램' 캠페인이다. 획일적인 '반려견 출입금지' 픽토그램 대신 문장 한 줄 붙이기 제안과 함께 안내견 출입 픽토그램을 개발해 확산시킨 활동이다.

〈사진 4〉 반려견 출입금지 픽토그램 아래 '안내견은 예외'라는 문장 한줄 붙이기

©공공소통연구소

장애인 안내견은 모든 공공장소 출입이 가능하다. 장애인 복지법 제40소 제3항에는 '보조견 표지를 붙인 장애인 보조견을 동반한 장애인이 대중교통수단을 이용하거나 공공장소, 숙박시설 및 식품접객업소 등 여러 사람이 다니거나 모이는 곳에 출입하려는 때에는 정당한 사유 없이 거부할 수 없다'고 되어 있다. 그런데 승인된 관습은 찾아볼 수 없고 승인되지 않은 인식만 반복적으로 노출되고 있는 공간 중 하나가 상업 시설 출입문의 '반려견 출입금지' 픽토그램이었다. 시각 장애인 안내견 뿐만 아니라 청각 장애인과 동행하는 보청견도 있는 현실 속에서 보조견과 동행하는 장애인이 공공 및 상업 시설에서 출입을 거부당하는 것은 일상이 된지 오래다.[13]

당연히 "한국 스타벅스에는 없고 미국 스타벅스에는 있는 것?"이라는 자조적 질문도 등장했다. 이 질문에 답을 하기 위해 2019년 "반려견 출입금지 대신 안내견만 출입"이라는 공공 커뮤니케이션 프로젝트를 국민권익위원회 국민생각함[14]에 전달했다.

---

13) 임소현(2021. 8. 23.). 내 귀가 되어주는 너...청각장애인 생활돕는 보청견 아시나요. 매일신문.17) 이종혁(2015). 공공소통감각. 서울:한경사.

14) https://www.epeople.go.kr/nep/thk/splc/selectSpclClsfDetailList.npaid

〈사진 5〉 국민권익위원회, 보건복지부, 한국 장애인개발원, 삼성안내견학교
등이 공공소통연구소와 협력해 제작한 [안내견 출입] 픽토그램

그 결과 안내견 픽토그램 개발 및 확산 프로젝트는 2020년 6월 국
민권익위원회, 보건복지부 등과 함께 하는 공식적인 공공 캠페인이
되었다. 같은 해 11월 한 마트의 매니저가 안내견 훈련 중인 퍼피워
커의 출입을 거부한 사실이 알려지면서 대중적 비판이 거세게 일어
났다. 이후 우리는 주요 마트와 카페에서 이전보다 빈번하게 '안내견
은 예외'라는 한 줄의 문장, 또는 안내견 출입 가능 픽토그램을 마주
할 수 있게 되었다. 시간이 지나면 더 확산되고 일반화되면서 승인된
관습으로 자리잡고 배려 문화로 정착될 것이다. 공공 커뮤니케이션
은 사건 사고 중심의 사후 반응적 학습이 아닌 '사전 예방 차원의 인
식개선'에 초점을 둘 때 그 가치를 높일 수 있다.

　법과 제도가 있음에도 배려받지 못하던 누군가를 배려하자는 일상 속 상식적 메시지는 기존 픽토그램 아래 문장 한 줄, 또는 개선된 픽토그램 하나만으로도 우리 사회 배려 문화를 한 단계 성숙시킬 수 있었다. 그 숫자의 많고 적음보다 이들을 배려하자는 일상 속 메시지는 기존 픽토그램 아래 문장 한 줄, 또는 간단한 픽토그램 하나만으로도 우리 사회 배려 문화를 한 단계 성숙시킬 수 있었다.

공공 공간 속 나와 마주하는 순간 남을 위한 배려를 실천하다 : 백팩허그 캠페인과 종이거울 뒷사람 문 잡아주기

공공 커뮤니케이션 원칙 6.

개인실천 기반의 공동체 문화 조성

　지하철 안에서 칸을 옮겨 가기 위해 걷다 백팩(backpack) 장벽과 마주한 경험은 그리 낯설지 않다. 때로는 누군가의 백팩에 신체 일부를 가격(?)당한 기억도 있다. 그런데 이런 사례가 지하철 내에 국한되는 것일까? 전혀 그렇지 않다. 다른 대중교통은 물론 엘리베이터 안에서도 마찬가지다. 백팩족의 행동 변화를 이끌기 위해 고안된 공공 커뮤니케이션 캠페인 중 하나가 '백팩허그(backpack hugs)'운동이다.[15]　다른 사람을 배려하기 위해 좁은 공간에 누군가와 함께 있을 때 자신의 등 뒤에 가방을 잠시 안아 보자는 제안이다. 이를 위해 대중교통의 창문에 직관적으로 실천해야 할 행동을 캠페인으로 만들어 제시한 것이다.

〈사진 6〉 지하철 3호선에서 가방 브랜드 로우로우 협업을 통해 진행된 백팩허그 실험 캠페인[6]

©공공소통연구소, photo by 안태영

---

15) 김경미(2015.7.19.). 안아 주세요. 당신의 배낭…버스, 지하철이 편해집니다. 중앙 SUNDAY.

어떤 문제를 발견했다면 현장에 적용 가능한 공공 커뮤니케이션 캠페인 아이디어는 끊임없이 이어진다. 일종의 진술 미디어(tactical media)를 통한 현실 개입 운동이 가능해지기 때문이다.[16]

스크린도어 양쪽 문에 각각 백팩을 메고 있는 사람을 배치하여 다른 사람을 위해 공간이나 길을 열어주자는 백팩 허그 운동의 메시지를 전달하자는 아이디어도 흥미롭다. 뒤에 있는 누군가를 배려하는 작은 실천 중 하나가 모든 출입구의 문을 열고 드나들면서 뒷사람이 있는데도 문을 잡아주지 않고 휙 가버리는 경우 아닐까. 바로 뒤에 오던 사람이 힘이 없는 어르신이나 아이여도 예외는 아니다.

〈사진 7〉 백팩허그 실험 캠페인 지하철 스크린도어 광고 아이디어

ⓒ공공소통연구소

공공장소 출입문의 눈높이에 작은 '종이거울' 한 장을 붙여 보면 어떨까? "왜 문을 잡아 주지 않는가"라는 비판보다 그냥 뒤에 오는 사람이 보이도록 공공장소에 자신과 직관적으로 커뮤니케이션하도록 한 것이다. 이런 단순한 행동변화 실험에 도전하는 주체들, 변화가 필요하다고 생각되는 공간에 과감히 메시지를 투입하는 행동가가 공공 디자이너다.

---

16) 이종혁(2015). 공공소통감각. 서울:한경사

공공장소에 누군가를 배려하기 위해 요구되는 새로운 관습을 투입하는 커뮤니케이션이 실천주의에 기반한 공공 커뮤니케이션이다. 공공장소에서의 이러한 '실천적 커뮤니케이션'은 소셜 미디어와 전통 미디어를 새롭게 '재매개'하는 방식, 즉 가장 전통적 방식으로 접근하지만, 공중의 공감을 얻어 그들의 소셜 미디어로 전파되면서 주목을 받고 다른 사람의 동참을 유도하기도 한다. 공중주도의 배려 확산은 이런 실험이 이어질 때 가능한 것이다.

〈사진 8〉 광화문 교보문화 출입구에 행동변화 실험을 위해 설치했던 종이거울 스티커

ⓒ공공소통연구소

03. 미래세대

담배는 해로운 몬스터에요. 어린이 담배 경고 광고

공공 커뮤니케이션 원칙 7.

수용자의 관점(view point) 이해

미래세대를 공공의제로 다루고자 한다면 가장 먼저 주변 아이들에게 시선을 돌리고 그 아이들의 관점에서 세상을 바라보는 소통이 우선이 되어야 한다. 주변 편의점에서 우리 아이들이 과자 한 봉지를 산다고 가정해 보자. 아이들은 물건을 살 때마다 바로 눈앞 1m 이내 거리에서 담배광고에 노출되고 있다. '담배 판매 친화적 공간'[17] 이라 해도 과언이 아니다. 이는 공공 공간에서 표출되는 세대별 '커뮤니케이션 불평등'의 한 예일 뿐이다. 그렇다면 공공의 균형성을 회복시켜 주는 것 또한 공공 커뮤니케이션의 주요한 역할 중 하나가 될 수 있다. 아이의 시선에서는 담배의 유해성을 알려주는 공익광고가 노출되도록 하고 어른의 시선에는 기존 편의점 담배광고가 노출되도록 하는 것은 현실성에 기반한 '커뮤니케이션 균형 회복'의 시도다. 편의점 내 광고 개선을 위한 실험으로 렌티큘러 인쇄 광고를 활용해 어른과 어린이 시선 차이에 따른 노출 메시지를 차별화한 실험 프로젝트의 균형 회복이란 무엇일까. 그것은 편의점의 영업 이익이라는 현실과 어린이 유해환경 개선이라는 두 가지 과제를 동시에 해결하기 공공 커뮤니케이션의 제한적 역할 수행을 의미한다.

---

17) 박태희·김경미(2015.1.3.). 편의점 담배 광고판. 2만원이면 어린이 눈엔 '담배=몬스터'로. 중앙SUNDAY.

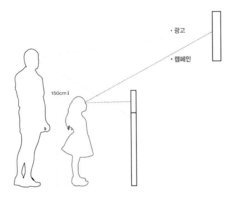

・광고

・캠페인

150cm

〈사진 8〉 편의점 매대에 담배 광고의 공공성 회복을 위한 렌티큘러 방식 적용 제안 아이디어

©공공소통연구소

〈사진 9〉 담배광고의 공공성 회복 프로젝트 실험 사진

©공공소통연구소

조금 시선을 낮춰 아이를 바라보자. : 112 줄자 프로젝트

공공 커뮤니케이션 원칙 8.

공중에 요구되는 시선의 가치 탐색

아이들에게 시선을 고정해 보자? 잠깐의 기억과 잊힘이 반복되는 안타까운 사건. 어린아이들의 이름만 잠시 기억될 뿐 아동폭력의 연속선 위에 공동체 내 약속된 공공 커뮤니케이션 활성화는 요원한 것이 현실이다. 반복되는 사건 사고의 현장에서 공중이 행해야 하는 커뮤니케이션은 '명확하고 단순하며 일관적'이어야 한다. 그래야만 하나의 관습이 되고 문화로 이어지며 궁극적으로 제도와 연결되기 때문이다. 아동폭력 예방이라는 공동체 내 깊숙이 자리잡고 있는 공공문제해결을 위한 개인의 행동 변화는 무엇일까? 그것은 일상에서 늘 주변 아이들에게 관심을 갖고 시선을 잠시 고정하는 습관이다. 기억과 습관을 연결시킬 수 있다면 그 자체만으로도 의미있는 공공 커뮤니케이션의 메시지가 만들어질 수 있다. 지난 2016년 초 부모의 학대로 숨진 키 112㎝ 몸무게 15kg의 7살 어린이도 우리 기억 속에서 잊힌 지 오래다. 또 다른 이름의 아이들이 희미해진 기억 속에서 스쳐 지나갈 뿐이다. 그렇다면 공공 커뮤니케이션의 역할은 학대로 숨진 7세 아이의 이름이 아닌 그 아이의 신장 112㎝(5~6세 아동 평균신장) 아닐까. '112'라는 숫자를 사건의 기억과 시선으로 연결시켜 112는 우리가 '바라봐야 할 높이'라는 단순한 공공 커뮤니케이션 메시지로 디자인할 수 있다. 이렇게 직관적으로 디자인한 것이 '112줄자 프로젝트'다.

대한민국 5~6세 아동 평균신장 112 / 아동학대가 의심될 때 112 LOUD. × POLICE

〈그림 6〉 112 줄자 스티커 이미지

ⓒ공공소통연구소

주변 아이들에게 관심을 갖고 잠깐이라도 시선을 고정시켜 보자는 실천 제안은 '줄자'라는 현장형 미디어를 통해 공공 캠페인의 모습을 갖출 수 있다. 예를들어 지역 공동체 내 많은 사람들이 가장 유심히 무언가를 관찰하고 내려다 보는 곳이 어딜까? 지역의 마트 진열대에도 적용해 볼 수 있고 동네 놀이터의 그네 기둥에 부착해 놓으면 자신의 아이를 돌보며 자연스럽게 이 메시지를 접할 수 있다.

우리 주변 사람들이 바라보는 곳, 그들이 살펴보고 사진을 찍는 곳에서 이 줄자 스티커는 경찰과 함께 아동폭력 예방 캠페인을 전개하는데 소중한 매개체로 활용되었다.

〈사진 10〉 112줄자 상징물을 활용한 어린이날 행사 모습

©경찰청x©공공소통연구소

19세 미만 주류 노출 예방을 위한 편의점 쇼케이스 반투명 스티커: 주류 업계 ESG?

공공 커뮤니케이션 원칙 9.

당연하게 목격되는 것의 문제점 인식

청소년의 시선으로 주변을 바라보자. 19세 미만 청소년에게 금지된 술과 담배 판촉에 있어 가장 큰 책임성이 요구되는 공공 커뮤니케이션의 핵심은 일상 속 다른 제품 구매를 위해 방문한 매장에서의 '노출 최소화'다. 기존 대중매체에서 담배 및 술 광고의 규제가 존재하는 것도 이 때문이다. 노출되지 않는 것, 즉 자극받지 않는 것이 최선의 예방적 조치임은 누구나 알고 있다. 그래서 주요 선진국들의 음주 관련 규정은 매우 엄격하다. 우리나라도 선진국 대열에 올라선 현실에서 그 어느 영역보다 공공 커뮤니케이션의 많은 과제를 안고 있는 영역이다.

잠시 우리 주변의 공공장소를 떠올려 보자. 어렵지 않게 삼삼오오 음주하는 사람들 사이에 뛰노는 아이를 목격하는 것이 어렵지 않다. 주요 선진국의 공공장소에서 어른들이 거리낌 없이 음주하는 행위를 목격하기는 어렵다. 법과 조례가 촘촘하고 강력하기 때문이다. 그중 대표적인 법이 오픈컨테이너법(Open Container Law·주류개봉금지법)이다. 술을 마시는 것은 물론이고 개봉된 술을 들고 공공장소를 산책하는 것 자체가 불법이다. 미국 뉴욕주(州)에서는 1,000달러 이하의 벌금, 6개월 이하의 징역이라는 강력한 제재를 받게 된다. 캐나다도 대부분 주의 공공장소에서 사전 허가를 득한 예외적인 상황을 제외하고 이 법이 적용되고 있다.[18]

---

18) 권승준·이지은(2012. 6.29). 「술에 너그러운 문화, 범죄 키우는 한국」 美 뉴욕써, 공장소에서 술 마시면 벌금 110만원. 호주·英, 음주 가능하지만 취하면 바로 경찰 제재. 조선일보. 사회면.

공공장소에서의 행동을 통제하는 법 이전에 주류 판매 시점 광고 자체가 원천적으로 차단되는 경우가 대부분이다. 그 이유는 주류 구매가 일반 소매점이 아닌 별도의 주류 판매점에서만 가능하기 때문이다. 어린아이들의 시선에 화려한 주류의 패키지 등 노출이 최소화될 수 있다. 청소년 음주 예방을 위한 공공 커뮤니케이션의 두 가지 '최소화 조건'이 충족된 셈이다. 첫째 주류 제품 자체에 대한 노출 최소화, 둘째 공공장소에서의 음주 행위 노출 최소화다.

이 최소화의 원칙을 갖고 접근만 하더라도 흥미로운 공공 커뮤니케이션 아이디어를 제안해 볼 수 있다. 물리적으로 '보이는 것을 최소화'하는 직관적 커뮤니케이션 아이디어가 편의점 내 '주류 쇼윈도 냉장고 반투명 스티커 부착'과 19세 금지 픽토그램의 부착이 그것이다. 최소화 과정에 있어 공공 커뮤니케이션의 창의적 결과물이 늘 새로운 무언가를 만드는 것이 아니라 직면한 문제를 해결하는 '물리적 조치'만으로도 실현될 수 있음을 보여주는 사례다.

〈사진 11〉 편의점 내 주류 판매 쇼윈도 반투명 스티커 부착 아이디어 예시

©공공소통연구소

공공장소에서 마케팅과 공공 커뮤니케이션이 힘 겨루기하던 시기에 이런 아이디어는 이상적 논의에 그칠 수밖에 없다. 하지만 어느새 유통 및 주류 업계 등 모든 기업은 ESG (Environmental, Social and Governance) 경영 환경에 직면해 있다. 이런 환경 속에서는 마케팅과 공공 커뮤니케이션의 교집합 영역이 넓어지기 마련이다. 이제 팔려고만 하면 덜 팔릴 것이다. 책임의 영역을 넓히는 것이 시장을 확대하는 것이다.

04. 생활 안전

양옆을 살펴요 : 유치원에서 배운 첫번째 가르침

공공 커뮤니케이션 원칙10 .
상식적인 메시지 활용

'LOOK RIGHT / LOOK LEFT' 영국이나 캐나다의 거리를 걸으며 마주하게 된 이 문구가 한 젊은 연구원의 시선을 끌었던 이유는 무엇일까? 늘 길을 건너기 전 시선이 머물던 '익숙한 공간'에 '상식적인 메시지'가 표기되어 있었기 때문이다. 주목을 이끄는 커뮤니케이션의 기본 조건인 '익숙함'과 '상식'이라는 조합이 오묘하게 적용됨으로써 오히려 가장 창의적인 커뮤니케이션을 가능하게 했다. 또한, 쉽고 간결한 메시지를 전달하라는 원칙에 가장 충실한 접근방법이기도 하다. 이러한 커뮤니케이션이 가장 절실한 공공장소는 스쿨존이다. 횡단보도 앞 아이들의 모습이 잘 보이도록 노란색으로 벽면을 도색하거나 반사판으로 가로등 불빛의 구조물을 만드는 물리적 접근도 중요하다. 이러한 접근이 운전자를 위한 안전 조치라면 스쿨존의 주인공인 아이들과도 교통안전을 위한 커뮤니케이션이 이루어져야 한다.

〈사진 12〉 스쿨존 어린이 교통안전 캠페인

ⓒ경기남부경찰청x공공소통연구소

　막상 스쿨존을 살펴보면 운전자에게 전달하는 메시지는 넘쳐나지만, 아이들의 주의를 환기하는 메시지는 많지 않다. 실제 스쿨존 교통사고 중 갑자기 뛰어나오는 아이19)로 인한 사고 또한 빈번히 발생하고 있다. 그래서 민관이 협력하여 스쿨존 횡단보도 양쪽 보도에 설치한 것이 '노란 발자국과 양옆을 살펴요' 라는 메시지 조합형 공공 캠페인이다.

---

19) 최기성(2021.9.11.) '갑툭튀' 스쿨존 어린이에 '가슴 철렁'…'패가망신' 걱정에 운전 두렵다면, 매일경제.

이 캠페인의 특징은 각 학교의 구성원이 직접 참여해 설치하는 것이 가능하다. 그 결과 2016년에 2천여 경기지역 전체 초등학교의 스쿨존에 설치되는 성과를 거둔 바 있다. 이후 서울지역 더 나아가 스쿨존이 아닌 도심 속의 횡단보도에 적용되기도 했다.

도심 속 횡단보도 앞에 서 있는 성인들에게 유치원에서 교통안전을 위해 익히는 "양옆을 살펴요'라는 메시지를 전달하는 것이 낯설 수 있다. 하지만 공공 커뮤니케이션은 너무 '당연한 메시지를 반복하는 단순함'만으로도 충분히 가치가 있음을 보여주는 대표적인 사례. 하지만 공공 커뮤니케이션은 너무 '당연한 메시지를 반복하는 단순함'만으로도 충분히 가치가 있음을 보여주는 대표적인 사례다.

픽토그램 하나의 실험, 새로운 조례가 되고 표지판이 등장하다. 스몸비 픽토그램

공공 커뮤니케이션 원칙 11.
새로운 행동의 일반화 경계

앞을 보지 않고 걷는다? 잠재적 사고 발생자라 해도 과언이 아닌 위험한 행동이다. 그런데 이런 행동이 일상 속에서 자연스러운 모습이 된다면 대중은 애써 그 모습을 외면하려 들 것이다. 자신 또한, 예외일 수없어 그런 불편한 상황인식에서 벗어나고 싶기 때문이다.

이런 과정이 반복되면 결국 극단적 사건이나 사고가 발생하게 된다. 하지만 극단적 사례는 예외적 상황이라는 자기방어적 논리로 스스로 잘못된 행동을 개선하는 것에는 인색하다. 이런 왜곡된 현상의 반복이 산업 발전을 통한 삶의 행동 방식 변화 속 지속적인 공공문제의 발생 원인이다.

'스몸비 예방 픽토그램'은 이러한 반복에 제동을 걸기 위한 차원에서 시도된 공공 커뮤니케이션이다. 이미 존재하고 있는 보행자 픽토그램의 머리 위치를 아래로 조금만 조정하고 작은 직사각형, 즉 스마트폰을 상징하는 픽토그램을 추가하니 '스몸비 예방 픽토그램'이 완성되었다. 도로와 보행로 사이의 경계석을 가장 소통하기 적합한 장소로 판단하고 각 횡단보도 입구 12곳에 20*20센티 크기의 픽토그램을 부착했다.

〈사진 13〉2016년 서울시와 공공소통연구소가 실험 캠페인 차원에서 제작
했던 스몸비 예방 픽토그램(좌) 2016년 서울시청 주변에 시범 설치했던 스
몸비 위험 표지판(우)

©공공소통연구소 ©경기남부경찰청x공공소통연구소

도심의 거리에서 짧은 시간 신호대기 중 명확한 메시지를 전달해
야 하므로 화장실의 남녀 구분 픽토그램과 같이 비교가 가능한 픽토
그램을 활용했다. '걷는 사람, 스마트폰을 보며 걷는 사람'을 대비시
키고 스마트폰 보행자에 금지 마크를 표기하여 대중 속 일반화된 일
상 속 모습을 비정상적인 모습으로 각성시키려고 시도했다. 누구나
이 새로운 픽토그램을 이해할 수 있었던 가장 큰 이유는 단 하나다.
디자인이 아닌 '일반화된 현상을 직관적으로 전달'했기 때문이다. 민
관이 협력했던 공공 커뮤니케이션 프로젝트는 때로 단기적인 실험에
그치는 경우도 많다.

하지만 커뮤니케이션의 여운은 이어지기 마련이다. 실험 후 2년
이 지난 2018년 3월 당시 서울시의회에서 발의된 '서울시 보행권 확
보와 보행환경 개선에 관한 기본 조례 일부 개정 조례안'에 '보행 중
전자기기 사용주의'를 당부하는 조항이 신설됐다.

강제력이 있는 조치는 아니지만 이런 조례안 개정으로 서울시는 2016년부터 시청 앞 등 5곳에 설치한 스마트폰 사용 위험 표지판과 보도 부착물을 설치했었는데 이를 더욱 확대하는 계기가 되었다. 이런 과정을 거치게 되면 좀 더 개선된 디자인의 스몸비 예방 표지판과 간결한 픽토그램이 등장하게 될 것이다.

공공 메시지의 가치와 격을 높이자.
사람이 보이면 일단 멈춤

공공 커뮤니케이션 원칙 12.
공공 메시지의 시각적 오남용 경계

도로 위에 수많은 안전 메시지가 넘쳐난다. 그만큼 개선되어야 할 교통안전 요소가 많음을 암시하는 것이다. 그중 운전 문화를 개선해 교통안전을 도모하자는 차원에서 "언제나 보행자, 가끔은 운전자"라는 메시지 하나를 상상해 보자. 보행자 중심의 도로문화를 만들자는 것[20]은 위 메시지를 되새기면 분명 타당하다고 느껴질 것이다. 구체적인 사례를 언급하지 않았지만 이런 느낌을 받는 이유는 우리가 모두 차를 피해 걷고 있기 때문이다. 신호등의 설치 여부와 무관하게 횡단보도를 건너면서도 차가 사람을 피하는 것이 아니라 사람이 차를 피해야 하는 것이 현실이라는 것에 대한 동의나 마찬가지다. 이런 현실에서 조금만 문제의식을 갖고 있다면 누구든 운전자를 향해 전하고 싶었던 메시지 하나가 '사람이 보이면 일단 멈춤'[21] 일 것이다.

---

20) 김지헌(2019.5.30.). 서울시, 보행특별시 만든다. 5년간 6천420억 투입. 연합뉴스.
21) 공공소통연구소 LOUD. 경찰청 주도의 대국민 교통안전 캠페인 메시지

〈그림 7〉 '사람이 보이면 일단 멈춤'이라는 동일한 메시지를 개별 조직이 재각각 활용하면서 오히려 메시지의 집중도를 떨어뜨리는 문제해결을 위해 이를 시각화해 본 이미지

©공공소통연구소

〈사진 14〉 경고와 권고이 메시지를 상징하는 빨간 선과 기존 픽토그램 프레임을 조합하는 단순한 구조로 '사람이 보이면 일단 멈춤'이라는 메시지를 시각화하여 맥도날드 드라이브 스루에 적용한 사례

©공공소통연구소

그런데 메시지에만 집착하다 보면 캠페인 개발과 확산은 고려하지 않은 채 커뮤니케이션을 전개함으로씨 본래 목적을 달성하지 못하는 경우가 많다. 공중주도의 캠페인을 전개할 때 가장 중요한 것이 개별 활동의 가치 하나하나를 통합적으로 담아낼 수 있는 '물리적인 메시지 프레임'의 활용이다.

〈그림 8〉 사람이 보이면 일단 멈춤, 5030 안전속도 등 보행자 중심의 교통 문화 확산을 위한 활동에 필요한 메시지를 일관된 구조 내에서 해석해 본 이미지 예

©공공소통연구소

이는 공공의 메시지를 지속 가능한 캠페인으로 만드는데 필요한 필수 요소로 비주얼 커뮤니케이션을 위한 기본 프레임 구축에 해당된다. 하지만 이 과정이 생략되는 경우가 많다. 대표적인 예가 전국 곳곳 지자체와 경찰이 제작해 게시한 플랭카드와 안전 캠페인에 등장하는 '사람이 보이면 일단 멈춤'이라는 메시지다.

분명 여러 주체들이 안전생활 문화 개선을 위해 수많은 실천 활동을 전개하고 있음에도 머릿속에 어떠한 이미지도 떠오르지 않는다. 따라서 '사람이 보이면 일단 멈춤'이라는 문장 자체를 변형 가능한 형태로 만들어 통합된 캠페인으로 활용될 수 있도록 하였다. 이를 우리는 소소한 디자인을 통한 공익적 가치의 공유와 확산이라고 설명할 수 있다. 맥도날드 드라이브 스루의 진입로에 세워져 있는 표지판에도 이 프레임 구조를 활용해 제작된 것이다.

이렇게 하나의 구조에 동의만 할 수 있다면 개별 활동의 힘을 모으고 확산하는데 크게 도움이 된다. 또한, 이후 전개되는 활동에도 얼마든 적용 가능하다. 안전속도 5030과 같은 교통안전 캠페인도 마찬가지다. 실제 법이 바뀐 상태에서 일반 도로를 달리는 자동차 어디에 이러한 메시지를 적용하면 도움이 될까. 당연히 시내버스나 택시 등 도로 위 대중교통 수단이다. 통합 캠페인 메시지 프레임을 적용하여 살짝 숫자만 넣어 본다면 규정 속도와 사람이 보이면 일단 멈춤과 같은 필요한 메시지를 일관된 구조에서 전달할 수 있다. 이것이 물리적 메시지 프레임이 필요한 이유다. 그런데 지금 대중교통이나 도로에서 접하게 되는 속도제한 또는 교통안전 캠페인 메시지는 동일한 메시지임에도 그 모양은 너무 각양각색이다. 도로 위를 달리는 이동수단이 공공 디자인 사각지대나 마찬가지다. 그 해결책은 [시각적 메시지 프레임을 활용한 통합 캠페인] 만으로도 충분할 것이다.

05. 건강한 삶

건강은 나와 남을 위한 배려다.
계단 오르기에서 1층 배달받기 운동까지

공공 커뮤니케이션 원칙 13

공공의 이익이 개인의 이익이 된다는 논리 활용

외식이 늘어나고 더 나아가 배달문화가 일상이 된 결과가 가져온 생활문화의 변화 중 하나가 걷기 실천율의 감소다.[22] 정부의 국민영양관리기본계획 등과 같은 서창한 정책과 무관하게 변화된 생활 환경에서 복원시켜야 할 생활문화를 찾아내고 커뮤니케이션하는 것 또한 공공 영역 내에서 누군가가 수행해야 할 의무이자 역할이다. '사고(思考)의 복원'이라는 커뮤니케이션 목적에 부합되도록 어떤 메시지를 전달하는 것이 타당할지 고민하는 것이 공공의 의무라는 말이다.

지난 2016년 공영방송인 KBS가 '계단을 오르면 건강이 올라갑니다'라는 국민건강 캠페인을 전개한 것이 좋은 예다. 당시 이 캠페인의 핵심적인 상징으로 활용되었던 계단으로 안내하는 픽토그램은 '공짜운동'이라는 계단이용을 촉진하는 습관변화 프로젝트를 위해 제작되었다.

---

22) 한미희(2017.6.15.). "외식 늘고 덜 걷고"국민 신체활동 감소, 에너지 과잉 섭취. 연합뉴스.

〈사진 15〉 KBS 국민건강 캠페인 티저 영상 캡처

©KBS

　습관을 변화시키기 위해 개인에게 전달해야 할 메시지는 '사적 이익'에 기반을 두어야 한다. 상식의 복원이라는 것도 개인에게 조금 불편하더라도 이렇게 행동을 개선하면 좀더 많은 이익을 얻을 수 있다는 제안을 할 때 가능하다. 그 제안의 주체가 공공기관이나 조직일 뿐이다. 공익적 목적의 제안이 사적 이익과의 교집합을 확대할 때 작은 생활문화 캠페인이 퍼져 나갈 수 있다. "우리는 그동안 계단 이용하기를 주장하면서 너무 큰 담론을 논의의 대상으로 삼은 것은 아닐까"라는 성찰적 접근을 통해 도출한 메시지가 '공짜운동'이다. 그리고 작은 메시지를 엘리베이터 출입문의 눈높이에 부착했다.

　엘리베이터 앞에서 기다리는 사람들에게 전달하는 직관적 메시지로 가장 적합했기 때문이다. 지하 및 1층 '엘리베이터 주변(문과 버튼)'만을 특정해 메시지를 전달하면 커뮤니케이션 효율성 및 참여율을 높일 수 있다는 장점도 있다. 작은 하트는 계단을 오를 때 개인이 느끼게 되는 직관적 가치를 상징화한 것이다. 칼로리가 얼마나 소비되었는지 알기는 어렵다. 하지만 누구나 자신의 가슴이 쿵쿵 뛰는 것은 느끼게 된다. 계단을 오르면 바로 알 수 있는 운동했다는 느낌, 심장이 뛴다는 그 자체의 만족감을 그대로 상징화한 것이다.

그 이유는 간단하다. 그동안 우리는 멋스러움을 더하기 위해 계단 이용하기에 '환경'이라는 거대 담론으로 포장했다. 당장 체감되지 않는데 너무 기계적인 느낌을 주는 '칼로리' 소비의 구체적인 수치를 제시하기도 했다. 때론 기부라는 거창한 구호까지 활용했다. 그런데 이 모든 것은 개개인의 계단이용이 활성화된 이후 가능한 제안들이다. 그래서 조금은 이기적이고 직관적 소통을 통해 계단 이용하기 문화 확산을 위한 메시지와 스티커를 제작한 것이다.

〈그림 9〉 KBS 생로병사의 비밀-계단, 건강을 오르다 편과 함께 기획하여 배포했던 캠페인 스티커

©공공소통연구소

2021년 서울시의 '서울산 오르듯 계단이 좋습니다' 캠페인도 이러한 원칙에 입각해 개발된 메시지다. 개인의 일상을 계단에 투영시키면서 공짜운동이 '경제 이익'을 강조한 것이라면 주말에 산 오르듯 계단이 좋다는 메시지는 '시간 이익'에 초점을 맞춰 행동 변화 유도에 도전한 사례다.

〈사진 16〉서울시 2021 계단오르기 캠페인 [서울산 오르듯 계단이 좋습니다]

©서울시 x 공공소통연구소

금연을 알리는 커뮤니케이션 본질 찾기.
픽토맨과 금연 종이컵

공공 커뮤니케이션 원칙 14.

필수적인 매체나 소재를 통한 핵심 정보전달

효과를 반감시키는 커뮤니케이션이 반복된다면 어떤 결과가 초래될까. 그 대표적인 예가 금연 안내문이다. 지난 2016년 9월부터 국민건강증진법 제34조에 따라 실내외 금연구역이 확대되었다.

이후 나타난 변화가 버스정류장, 지하철역 입구를 비롯한 공공장소 곳곳에 빨간색의 금연 안내문이 게시되었다. 그 핵심 내용은 금연구역 내 흡연시 과태료를 부과한다는 내용이었다. 그런데 지자체별로 금연 안내문을 제작하다 보니 같은 시 단위 지자체 내에서도 구 단위로 각양각색의 금연 안내문이 공공장소에 넘쳐나게 되었다. 과태료 부과 여부가 핵심적인 정책 변경의 내용이며 흡연자 입장에서 가장 주목해야 하는 요소인데 해당 내용은 자세히 관찰해야 볼 수 있도록 제작된 안내문이 대부분이었다.

〈사진 17〉 버스정류장에 설치된 픽토맨 금연 안내문

©공공소통연구소

〈그림 10〉 2016년 국민건강증진법 제34조에 따라 실내외 금연구역이 확대
되고 과태료가 부과되면서 이를 강조한 부천시의 통합된 금연 안내문

©공공소통연구소x부천시

 새로운 정보를 전달하는 방법'이 아니라 기존에 익숙한 메시지
만을 반복함으로써 커뮤니케이션 효과를 반감시키는 결과를 초래
한 것이다. 때로 익숙함은 수용자의 주목도를 낮추고 유사 메시지
의 무질서한 반복은 시각적 피로도만 높일 뿐이다. 당시 "금연안내
문 때문에 오히려 거리가 지저분해 보인다"는 공중의 반응[23]은 예
측 가능한 반응이다. 이런 문제해결을 위해 기존 금연 마크를 의
인화한 픽토맨을 매개로 과태료를 강조한 것이 당시 부천시 보건
소가 시 전체에 적용했던 금연 안내문이다. 기본 요소인 금연 마
크를 친근감 있게 표현함으로써 과태료라는 저항 요소가 포함된 메
시지의 수용도를 제고시켰다.

---

23) 김경미(2016.7.13.). 제각각 금연 안내문, 픽토맨으로 통일해요. 중앙일보.

반대로 공공 캠페인 중 특정한 문제해결을 위해 필요한 상담전화 번호(금연 상담전화 등)와 같이 대상이 되는 누군가에게는 꼭 필요한 도움을 줄 수 있는 정보는 반복 노출을 통한 암기에 이르도록 해야 한다. 이 경우 일상의 습관적 행동 안에 반복적으로 메시지가 노출되도록 기획되어야 한다. 동일 금연 메시지를 흡연자의 작은 습관 하나에 주목해 제작한 것이 금연상담전화서비스(1544-9030) 테이크아웃 커피컵이다. 흡연자들이 커피를 마시며 담배를 태우고 빈 컵에 꽁초를 버리는 습관에 주목해 컵 안쪽에 캠페인 메시지를 인쇄했다.

'혹시 이 컵에 흡연의 흔적을 남기고 있다면 1544-9030으로 상담해 보세요. 오랫동안 건강하게 아메리카노 한 잔의 즐거움을 이어가기 위해'라는 메시지를 적었다. 인체에 무해한 친환경 잉크를 사용했고 글씨를 인쇄한 후 한 번 더 코팅을 입혀 잉크 성분이 새어 나오지 않도록 했다. 이런 기술적 방안 이외에 컵 바깥쪽에 있던 메시지를 안쪽으로 옮긴 것이 공공 커뮤니케이션을 위해 디자인한 유일한 요소다. 일회용 컵 바깥 면에서 안쪽 면으로 메시지 위치를 바꾸고 나니 공공 캠페인이 되었다.

〈사진 18〉 금연 독려 메시지 인쇄 종이컵. 2016년 당시 국립암센터를 비롯해 현대자동차 공장 등 다양한 민관 조직들이 이 아이디어를 채택하여 캠페인을 전개했음

©공공소통연구소

소금 반 스푼만 넣어 드세요.
나트륨 줄이기를 위한 약 봉투

공공 커뮤니케이션 원칙 15.

공공가치에 부합하는 소재 발굴 및 활용

우리 식습관 중 정부가 나서 문제해결을 위해 애쓰고 있는 과제 중 하나가 '나트륨 줄이기'다. 김치나 젓갈 등 전통적인 반찬뿐 아니라 배달음식 또는 가정 간편식의 증가는 나트륨 줄이기를 어렵게 만드는 요소 중 하나다. 따라서 식품에 포함된 나트륨 함량을 확인하도록 하는 추가적인 행동습관을 학습시켜야 하는 중장기적인 공공 커뮤니케이션의 과제. 이런 과제일수록 실제로 목격하거나 경험하는 현장에서의 작은 캠페인 콘텐츠가 매우 유용한 '설득 소재'로 기능할 수 있다.

　　나트륨 줄이기라는 거창한 구호 보다 실제로 소금을 직접 넣어 식사하는 식당에서 사람들이 소금에 대해 한 번 정도 생각하도록 하는 방법만 찾는다면 흥미로운 캠페인 사례가 만들어질 수 있다.나트륨 줄이기와 관련한 커뮤니케이션 주체는 주로 의료인들이다. 결국, 건강을 생각해서 덜 짜게 먹자는 것이다. 누구나 병원에 다녀오게 되면 늘 손에 쥐는 것이 하나 있다. 바로 약 봉투다. 이 약 봉투에 반 스푼 정도 소금을 넣어 보면 어떨지 생각하게 된 것도 이러한 맥락 때문이다.　그렇다면 어디에 이 약 봉투에 든 소금을 놓아두면 나트륨 줄이기를 위한 행동 변화를 이끌고 공공의제 임에도 부드러운 개입을 통해 거부감을 최소화할 수 있을까.

　　소금을 직접 넣거나 바로 앞 누군가의 소금 섭취를 목격하게 되는 장소. 그 중 대표적인 곳이 바로 설렁탕 전문 음식점이 아닐까. 탁자 위에 놓여 있는 소금 그릇 대신 약 봉투에 '소금 용량은 줄이고 건강은 높이자'는 메시지를 표기하여 놓아둔다면 어떨지.

　　실제로 반 스푼 소금 봉투는 현장에 적용되었고 해당 업소의 사장님 반응도 좋아 아예 해당 업소만의 건강 캠페인이 되었다. 공공 커뮤니케이션은 늘 새로운 것을 만들기 이전에 수용자의 일상을 관찰하고 전달하고자 하는 메시지와 주변 여건을 고려한 '맥락을 활용하는 것'이다. 설렁탕 전문 음식점 탁자 위 소금 통은 모두가 공감할 수 있는 나트륨 섭취라는 행동을 상징하는 직관적 소재다. 이 소재를 찾았다면 그 소재를 다른 무언가로 대체해 보는 시도가 때론 가장 창의적 커뮤니케이션의 결과로 이어지곤 한다.

06. 공동체 회복

메시지 하나가 공공문제 해결을 위한 봉사활동이 되다 : 안녕하세요.

공공 커뮤니케이션 원칙 16.

공공문제 해결을 위한 관계의 기본 요소 활용

아파트 층간 소음문제가 심각한 공공문제로 자리잡았다. 아무리 건축 기술이 좋아진다고 해도 그 안에서 생활하는 사람들의 배려와 상호 관계를 통한 합리적 논의가 없다면 쉽게 해결되기 어려울 것 같다.

〈사진 19〉 서울 연남동 소재 봉쥬르 밥상에 실제로 적용된 약봉투 소금 반 스푼 캠페인

ⓒ공공소통연구소

공동체 내에서 커뮤니케이션을 통해 해결할 주요한 과제 중 하나라는 의미다. 공공문제 해결을 위한 방법 중 하나가 공동체 내 구성원 간 '관계의 개발, 촉진과 복원'이다. 문제해결에 있어 최선의 해법은 사람 간 관계 개선이다. 지극히 단순한 이 해법을 실제 구현하는 것은 생각보다 어렵다.

방법이 어려워서가 아니다. 이게 무슨 해법이냐는 제시된 아이디어에 대한 주변의 인색한 평가 때문이다. 하지만 공공문제 대부분이 결국 사람 문제라는 본질적 질문에 동의할 수 있다면 오히려 단순하고 간단해 보이는 해법이 더 요긴하게 쓰일 수 있다.

'안녕하세요' 인사말 한마디가 절실히 필요한 공간이 어디일까? 그 인사말 한마디가 층간 소음문제를 해결하는 묘책이 될 수도 있음을 직감할 수 있을 것이다. 그래서 고안된 공공 캠페인이 '아파트 엘리베이터 안녕하세요 인사말 풍선'이다. 아파트와 같은 공동생활 시설에서 이웃이 엘리베이터에서 인사말 한마디를 나누는 문화가 온전히 자리 잡을 수 있다면 층간 소음으로 인한 갈등을 조금은 줄일 수 있지 않을까.

〈사진 20〉 엘리베이터 안녕하세요 인사말 풍선 캠페인 이미지

ⓒ공공소통연구소

이렇게 시작된 공공 커뮤니케이션 프로젝트 '안녕하세요. 인사말 한마디'는 전국 단위의 자원봉사활동으로 발전되었다. '안녕하세요'라는 인사말 하기가 개인이 오늘 하루 실천할 수 있는 작은 봉사활동이 된 것이다. 이는 자원봉사에 관한 시각을 전환시켜 주기도 했다. 우리 사회에 긍정 에너지와 배려의 에너지를 전달하는 개인의 가치 있는 작은 봉사가 분명하다.

〈사진 21〉 2017 서울시 정책박람회의 서울시자원봉사센터가 안녕하세요 캠페인을 시민들에게 알리고 있는 모습

©서울시자원봉사센터

공공문제를 해결하는데 요구되는 커뮤니케이션 해법은 본질적인 구성원 간 관계 복원을 위한 실천에 초점을 맞추는 것이 효과적이다. 그런 측면에서 보면 '안녕하세요 캠페인'은 문제해결을 위한 '사전 예방적 차원의 공공 커뮤니케이션 촉진'이 왜 중요한지를 알려준 주요 사례 중 하나다.

작고 귀엽지만 크고 강력한 저항.
테디베어의 작은 외침

공공 커뮤니케이션 원칙 17.

친근하고 익숙한 메신저의 중요성 인식

임산부 배려석의 필요성을 부각하면서 초기 임산부의 존재감을 알리는 결정적 역할을 한 소재가 하나 있다. 바로 테디베어 인형이다. 공공 커뮤니케이션을 위해 필요한 요소 중 하나가 조금은 경직될 수 있는 '공공의 문제에 저항의 메시지를 전달할 수 있는 메신저'다. 공공의제는 많은 경우 누군가 나서서 의제화 하는데 부담을 느낀다. 대부분 의제가 비판이나 갈등에서 자유롭지 못하기 때문이다. 또 정해진 규범이나 제도가 있음에도 잘 지켜지지 않는 현실 앞에서 아무도 나서지 않을 때 침묵하던 다수를 대변해 주기도 한다.

임산부 배려석 테디베어 이전에 강력한 저항의 메신저로서 테디베어가 존재감을 드러낸 사례가 있었다. 2012년 7월 두 명의 스웨덴의 광고전문가 토마스 마제티와 한나 프레이는 소형 비행기를 이용해 벨라루스 50m 상공에서 낙하산을 단 테디베어 인형 879개를 투하시켰다. 당시 테디베어는 벨라루스의 인권탄압에 항의하기 위해 벨라루스 국민의 인권보호를 지지하는 메시지를 달고 지상으로 낙하했다.[24]

〈사진 22〉 2012년 당시 벨라루스에 투하된 테디베어 인형

©GOOGLE IMAGE

---

24) 유현진(2012.8.2.) 테디베어가 장군을 해고시켰다는데 이유는?. 문화일보.

이 소식은 곧바로 외신을 타고 전 세계로 퍼져 나갔다. 무엇보다 탄압이 두려워 제대로 독재에 대한 비판과 저항이 위축된 상황에서 테디베어는 벨라루스의 문제에 관심을 갖도록 유도하는 주요한 메신저 역할을 수행했다.

저출산 국가라는 거대한 담론의 과제 앞에서 임산부 배려석에 주목했던 대학생들은 아기인형 놓아두기 실험 아이디어를 제안했다. 그 제안 이후 캠페인의 수정과정에서 테디베어로 소재를 교체한 배경에는 이 벨라루스의 선례가 큰 영향을 주었다. 임산부 배려석에 올려놓았던 테디베어는 우리 주변에 있지만 보지 못하던 존재, 초기 임산부를 볼 수 있도록 매개해 주었다.

관심이 없던 곳에 관심을 두도록 하거나 보지 못하던 존재를 볼 수 있도록 해주는 역할, 이것이 공공 커뮤니케이션에 있어 메신저 역할이다. 테디베어는 그러한 역할을 수행했던 대표적 소재 중 하나다. 그 이유는 누구에게나 친근한 느낌을 주기 때문이다. 무겁게 느껴지는 공공 문제를 다루는데 있어 한 번쯤 관심을 갖도록 유도하는 힘을 갖고 있다는 의미다. 또한, 누구나 쉽게 접할 수 있는 소재다. 무언가를 제작하거나 새롭게 그리거나 인쇄를 할 필요도 없다. 자신이 전하고 싶은 메시지만 출력해 대신 들고 있도록 하면 그만이다. 디자인의 완성도나 디테일보다 누구나 동참하는 일종의 '캠페인 패러디'가 가능하다. 이는 오히려 공동체 내 변화를 이끌고자 하는 주체들의 '진정성'을 상호 확인할 수 있게 해준다. 참여와 확산 그리고 공감의 선순환을 만드는데 주요한 초기 커뮤니케이션 발화점에 위치할 수 있는 존재가 진정한 메신저. 이 메신저가 핑크 카펫의 존재감을 다시 부각해 주었다.

〈사진 23〉 지하철 임산부 배려석이 온전히 비워져 있지 않은 현실 속 초기 임산부의 메신저 역할을 했던 테디베어 인형_ LOUD. 임산부 배려석 캠페인 영상 화면 캡쳐

©공공소통연구소

말풍선 하나로 공공문제 말 걸기 :
신중한 반려견 입양문화 만들기

공공 커뮤니케이션 원칙 18.

참고/고려/유의사항의 능동적 전달

삶의 방식이 바뀐다는 것은 늘 새로운 시장이 만들어지고 소비가 확대됨을 의미한다. 소비 확대를 위해서는 소비자의 욕구를 자극해야 하며 그 결과는 단순한 구매가 아닌 충동 구매라는 결과를 가져온다. 충동 구매가 나쁜 것은 아니지만 그 대상이 생명체라면 소비로 이끄는 설득의 방식이나 그 과정에 필요한 메시지에 공공성이 추가되고 강조되어야 함은 지극히 당연하다. 최근 반려동물 양육 가구가 지속적으로 증가하고 있다. '2020년 동물보호에 대한 국민의식조사'에 따르면 2019년 기준 638만 가구다. 그런데 '2020 반려동물 보호·복지 실태조사 결과'를 보면 2019년 기준 13만401마리의 반려견이 버려졌다.[25]

이런 반려견 증가율을 앞서는 유기견 증가율은 새로운 공공문제의 과제를 제시해 주고 있다. 소비의 과정에 유의 및 고려사항이 생략되어 있음을 알 수 있다. 물건을 고르는 것이 아니라 생명체와 교감하며 대화하는 지극히 '자연스러운 커뮤니케이션 과정을 조력하는 활동'이 필요하다.

---

25) 김동욱·최다인(2021.9.20.). 하루 357마리 길거리로… 인력·자금난 허덕이는 유기견 보호소. 머니S.

〈사진 23〉애견샵 쇼윈도에 반려견을 위한 말풍선 메시지를 부착하자는 캠페인 제안 합성 이미지

공공소통연구소 블로그

그래서 고안된 것이 단순한 말풍선 안에 고지해야 할 유의사항을 표기해 보고 이를 쇼윈도라는 가장 상업적 사물의 벽에 게시해 보자는 공공 커뮤니케이션 프로젝트가 '애견샵 쇼윈도 말풍선 캠페인'이다.

07. 사이버 환경

아무것도 디자인하지 않았다.

주의와 경고의 빨간 원

공공 커뮤니케이션 원칙 19.

공유할 메시지와 상징의 직관적 단순화 유도

몰카와 같은 범죄를 예방하는데 필요한 공공 커뮤니케이션의 역할 중 하나가 '주의 환기'다. 공중이 특정한 문제에 주목하고 문제해결 까지는 아니더라도 예방을 위해 경계심을 갖고 주변을 살피거나 주의하겠다는 의지를 상호 주고받도록 동의를 이끄는 것이 핵심이다. 지난 2017년 주의 환기를 위해 고안한 스마트폰 카메라 렌즈 둘레를 감싸는 빨간색 원 스티커는 경기남부경찰청에 의해 공식적인 공공 캠페인으로 완성되었다. 애초 기획 의도와 같이 '빨간원 프로젝트'는 시민들에게 몰래카메라 범죄의 심각성을 환기시켰다.[26]

길에서 쉽게 접하는 제한 속도 교통 표지판의 빨간 색 원은 경고와 주의를 의미하는 픽토그램의 기본 프레임 중 하나다. 그런데 오히려 이 안에 아무것도 넣지 않고 그냥 카메라 주위에 부착하면 "카메라를 주의하라"는 경고 메시지가 만들어진다. 이것이 빨간원 프로젝트의 공공 커뮤니케이션 성공요소 중 하나였다. 누구나 자신의 스마트폰에 스티커 하나를 부착하고 인증하는 것만으로도 상호 독창적인 메시지 전달이 가능했기 때문이다.

---

26) 김민욱(2017.10.29.). "난 안보겠다" 몰카 범죄 막을 빨간원 고안한 교수. 중앙일보.

〈사진 24〉 빨간원 프로젝트는 디자인을 한 것이 아니라 픽토그램의 콘텐츠를 제거함으로써 캠페인의 상징이 완성된 사례

©공공소통연구소

가장 단순한 빨간원, 다시 말해 픽토그램의 빨간 외곽선 이미지만을 전달했지만 그 안에 수많은 사람들의 카메라가 위치하면서 몰카에 대한 주의를 환기시킬 수 있었다. 아무것도 아닌 듯하지만 빈 공간을 감싼 빨간원은 심각한 사회문제 해결을 위한 나름의 의지를 표명하는데 적합한 캠페인 소재였던 셈이다.

2017년에 시작된 이 공공 캠페인은 이후에도 경기도 지역의 대학생, 도민 등 지역사회가 중심이 되어 꾸준히 추진되었다. 심지어 대학 주변에 빨간원 거리가 생기기도 했고 지역 상인들이 참여해 가게를 찾는 손님들에게 몰카 예방을 위한 캠페인 참여를 독려하는 새로운 문화가 만들어지기도 했다.

〈사진 25〉빨간원 캠페인에 참여한 다양한 국민들의 인증샷

©경기남부경찰

잠깐 위를 바라보세요. 지하철 거북목 예방

공공 커뮤니케이션 원칙 20.
직관적 신호로 행동 개선 유도

　지하철 전동차 안을 떠올려 보자. 만약 10명의 승객이 있다고 가정해 보면 그들의 공통점을 찾기는 어렵지 않을 것 같다. 바로 모두가 스마트폰을 보고 있을 가능성이 크기 때문이다. 대부분 고개를 푹 숙이고 영상을 시청하거나, 게임, 채팅 또는 정보검색에 집중하고 있을 것 같다. 어느 순간부터 너무 익숙한 이 모습과 무관해 보이는 듯하지만 '거북목'이라는 용어 자체가 전혀 낯설지 않다. 그 원인은 알겠는데 이런 문제를 해결하려는 공공 커뮤니케이션의 노력이나 시도는 찾아보기 힘들다. 그리 대단한 노력도 필요 없다. 늘 하던 행동을 잠시 멈추고 특정한 공간 안에서 조금 다른 개선된 활동과 경험을 유도하면 그만이다.

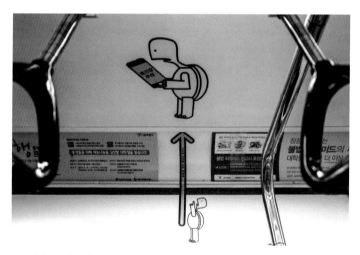

〈사진 27〉 서울 지하철 전동차 내에 시민의 반응을 실험해 보기 위해 부착했던 '시민의 건강을 위한 화살표'와 거북이 캐릭터

ⓒ공공소통연구소

이를 통해 잠시 경직된 것으로부터 탈피해 이완되면 그 안에서 공공의 가치를 찾을 수 있다. 장난스럽지만 지하철 전동차 내에 거북이 캐릭터와 함께 '시민의 건강을 위한 화살표'를 부착해 본 실험은 '직관적 행동 유도'를 위한 것이었다. 지하철을 타고 가는 몇 분의 시간 동안 잠시 경직된 목 관절을 위해 스트레칭을 하고 지친 눈을 잠시 감아 보자는 수용자 행동 디자인은 공공 커뮤니케이션뿐 아니라 공공디자인의 새로운 과제다. 이는 특정한 공간 내에서의 메시지 효과를 극대화하여 새로운 것을 선택하도록 유도하는 행동 유도에 관한 것이다.

테이블 위 작은 A형 입간판 "Laptop free'

공공 커뮤니케이션 원칙 21.
공동체 내 커뮤니케이션의 균형감 유지

캐나다 토론토의 '핫블랙 커피'라는 카페가 2017년 시도했던 'No WiFi' 구역 만들기는 당시 매우 화제가 되었다. 이 카페는 고객들 간 많은 대화를 장려하기 위해 WiFi를 제공하지 않는다고 했다. 오히려 불평보다 이런 취지에 공감하는 손님들의 발길이 이어졌다.[27] 대화의 공간인 카페에서 목격되는 또 다른 모습은 오랜 시간 앉아 업무를 보는 것이다. 이 또한 새로운 카페 문화로 자리 잡았다. 하지만 누군가 테이블에 앉아 업무를 보기 시작하면서 오히려 대화를 나누려고 카페를 찾은 손님들의 대화는 또 다른 이들에게는 업무 방해 요소가 되어버렸다. 카페 업주에게도 여러 고민거리를 안겨주었다.

카페의 본질이 대화하는 곳인데 어느 순간 일하는 곳이 되었다. 그래서 몇 개의 테이블 중 하나 정도는 오롯이 대화를 위한 테이블로 만들자는 시도도 있다. 강제하기 쉽지 않기에 매우 조심스럽게 넓은 테이블 위 편한 대화가 가능토록 작은 A형 입간판 하나가 놓여졌다. 카페 입구에 세워놓는 중대형 입간판이 아니라 손바닥 사이즈의 작은 입간판에는 "Laptop Free Zone(휴대용 컴퓨터 사용 금지)"이라고 쓰여 있다. 테이블 위 꼬마 입간판은 마치 "대화할 분들은 이리 오세요"라고 말을 거는 듯하다. 물론 카페는 편하게 인터넷을 사용하고 업무를 처리하는 최적의 공간임이 분명하다. 동시에 누군가에게는 대화가 필요한 공간인 것도 사실이다. 상호 방해하지도 방해받지도 않으면서 공간을 공유하는 현명한 방법 중 하나가 '공간 공유와 나눔의 지혜로운 커뮤니케이션' 아닐까.

---

27) Mele, C.(2017. 5.9.). Coffee Shops Skip Wi-Fi to Encourage Customers to Actually Talk. The New York Times.

〈사진 28〉 카페 내부 공용 테이블 한 곳은 일하는 사람에게 방해를 주지 않고 대화를 나누는 사람들은 일하는 사람의 눈치를 보지 않고 편하게 대화할 수 있는 랩탑프리 테이블. 이는 공동체 구성원 간 상호 배려를 위한 것임

©공공소통연구소

카페에서 가장 넓은 공유 테이블을 '휴대용 컴퓨터 없는 테이블'로 정해 대화하는 사람들을 위한 작은 배려를 전하는 것도 필요한 때가 된 듯하다. 한 사회가 무언가를 필요로 할 때, 그것을 실천하는 가장 빠르고 효율적인 방법이 당장할 수 있는 커뮤니케이션을 실천하는 것이다. 상식적인 메시지 선택과 합리적인 채널을 연계하는 방안은 우리가 직면한 수많은 문제해결을 가능하게 해준다. 카페 테이블 위 꼬마 입간판이 그 가능성의 상징이다.

08. 안전 인프라

소화기 1개가 소방차 10대? 골목길 소화기 갤러리

공공 커뮤니케이션 원칙 22.
문제를 해결할 솔루션과 협력자 발굴

공공 커뮤니케이션에 요구되는 역할 중 협력적 사고를 바탕으로 한 창의적 캠페인 만들기는 새로운 것을 만드는 것이 아니라 이미 존재하던 사물이나 제품, 서비스를 새로운 공간에 놓이게 함으로써 공공가치(public value)를 창출하는 것이다.

공공가치를 창출한다는 것은 거창한 어떤 것이 아니다. 사실상 이미 우리가 알고 있던 기본 가치의 제자리 찾기나 마찬가지다. 예를 들어 화재 예방에 있어 소화기의 중요성은 모두가 알고 있다. '소화기 1개가 소방차 10대'의 가치를 갖는다는 표어에도 익숙하다.

〈사진 29〉 35도를 넘는 폭염의 여름날 좁은 골목길에 화재신고를 받고 출동한 소방관의 모습.

소화기는 공공재(public goods) 이전에 사유재(private goods)라는 인식전환과 실천이 공공가치를 창출하는 실천이 될 수 있다.

©공공소통연구소

137

그런데 현실을 보면 소화기는 늘 공간의 바닥 구석에 놓여 있거나 최대한 눈에 띄지 않도록 어딘가에 치워 놓는다. 먼지가 소복이 쌓여있는 소화기를 만나는 것은 낯설지 않다. 가장 눈에 잘 띄어야 하는 안전 도구이지만 제자리를 찾지 못하고 있는 현상을 개선하는 것 자체가 지속가능한 사회를 만들어 가는데 필요한 가치를 복원하는 것이다. 이러한 활동을 공중이 긍정적인 방식으로 수용하고 문화로 확산시키도록 조력하는 것이 공공 커뮤니케이션의 주요한 역할이다. 우리는 늘 기업이 한 사회 내에서 긍정적 영향력을 발산하는 것만 지속가능성을 위한 전제조건으로 삼는 데 익숙하다. 하지만 기업 이전에 한 개인 또는 소수의 깨어있는 작은 공동체가 상식을 깨닫는 것이 우리 삶의 지속가능한 환경을 만드는 데 중요한 필요 요건이다. 우리는 이들을 공공디자이너 또는 공공 커뮤니케이터라고 명명할 수 있다. 이들의 특성은 비판적으로 바라본 현상을 협력을 통해 기존에 있던 창작물 등을 활용하여 아주 쉽게 180도 다른 해법을 제시한다.

〈사진 30〉 시흥시 주택가에 설치했던 소화기 갤러리

©시흥시x공공소통연구소

　디자인 소화기라는 참신한 제품은 공공 커뮤니케이션에 있어 소화기에 관한 인식개선에 명확한 솔루션을 세시해 준다. 2017년 시흥시의 주택가 골목에 실험적으로 설치해 보았던 '소화기 갤러리'[28]는 '공공재(public goods)의 본질 가치 복원'이라는 공공 커뮤니케이션의 역할 중 하나를 목격하게 해준 사례다. 이미 디자인되어 있는 무언가를 활용하여 가치를 복원하거나 디자인과 무관하다고 인식하던 사물에 디자인 요소를 넣어 전혀 다른 모습으로 탈바꿈시킴으로써 본질의 가치를 복원시키는 접근법을 말한다.

---

28) 마커스랩(www.markerslab.com)의 디자인 소화기와 콜라보를 통해 시흥시가 전개한 디자인 실험

소통의 사각지대 채우기, 아파트 비상계단 픽토그램

공공 커뮤니케이션 원칙 23.
커뮤니케이션의 사각지대 보완

우리 사회에서 안전이 문제가 되는 주요한 이유 중 제반 안전 인프라를 제외하고 일상 속 비상식의 상식화, 다시 말해 나쁜 관습 때문인 경우가 많다. 벌칙금 등 제재를 하더라도 쉽게 개선이 어려운 경우는 이런 나쁜 관습이 사적 공간에 뿌리내리고 있는 경우다. 그 대표적인 공간 중 한 곳이 아파트 비상계단이다. 뉴스에서 대형 화재 참사를 목격하면서도 바로 우리 집 비상계단은 살펴보지 않는 무관심 때문이기도 하지만 사적 공간으로 인식되는 공유 공간 내 구성원 상호 간 배려 부족, 다시 말해 이기적 편의주의가 가장 큰 문제다. 이를 해결하기 위해서는 공유 공간 내 요구되는 상호 간 예절과 안전 규칙을 반복적으로 알려주는 커뮤니케이션을 활성화해야 한다. '커뮤니케이션 사각지대'를 채워가는 활동이나 마찬가지인 셈이다. 엘리베이터, 에스컬레이터는 물론이고 공공장소 어디에서든 쉽게 접하는 픽토그램도 포함된다.

하지만 천편일률적인 메시지만을 전달하는 똑같은 의미를 담은 픽토그램은 자칫 무한의 메시지를 담아낼 수 있는 절제되고 단순한 언어체계를 매우 제한적으로만 활용하고 있음을 돌아보게 한다. 이러한 '자성적 현상 관찰'은 자연스럽게 공공의 영역 내 커뮤니케이션 사각지대를 발견하게 해준다. 아파트 비상계단 입구에 건물 출입구와 마찬가지로 필수적으로 요구되는 픽토그램이 가장 절실하다는 사실을 깨닫는 순간 "왜 이곳에서 커뮤니케이션을 하지 않았을까" 자문해 보게 된다. 아파트의 높이는 50층 이상으로 높아지고 있는데 의외로 그 공간을 완벽히 비워둬야 한다는 사실을 모르는 경우가 많다.

그래서 만들어진 것이 '아파트 비상계단 픽토그램'이다. 수원시의 '화재로부터 안전한 아파트 만들기, 4Safety(세이프티)'사업에 이 비상구 픽토그램이 포함되기도 했다. 실제로 현장 관찰을 통해 비상구 계단 곳곳에 놓여 있는 적치물을 확인해 보고 그 사물에 사선 하나만 추가하면 당연히 표기되어야 할 픽토그램들이 완성된다.

〈사진 31〉 아파트 비상계단 픽토그램 설치 사례

© 공공소통연구소

진짜 셉테드는 경찰이 몇 미터 이내에 있는지 알리는 것. 폴리스팟

공공 커뮤니케이션 원칙 24.

알려야 할 것과 필요한 것을 최우선으로 제시

좀더 간단하고 실용적이며 실효적인 범죄예방디자인은 없을까? 매일 범죄 현장을 누비던 한 경찰관이 예산으로부터 좀 자유롭고 범죄예방이 필요한 현장에서 빠르게 적용하고 확산시킬 수 있는 방법이 절실하다는 의견을 전해왔다. 오히려 전문가의 개입이 지금 당장 공공 커뮤니케이션이 필요한 장소에서 작은 실천 가능성을 저해하는 것은 아닐까.

〈사진 32〉'우리 동네 파출소를 제대로 알리자'는 '파출소가는 길 프로젝트'

©공공소통연구소

디자인의 완성도가 요구되는 거창한 범죄 예방 디자인 사업보다 범죄 현장에서 활동하는 경찰이 주도할 수 있는 캠페인 아이템 하나를 만드는 것이 범죄예방에 더 도움을 줄 수 있다는 '공공 커뮤니케이션을 위한 디자인의 간소화'에 주목해 보았다. 그래서 제안한 것이 '우리 동네 파출소 알리기' 프로젝트다. 유흥가 술집 앞, 우범지역 때로는 모텔 주변에 '00파출소 이곳에서 00m'라는 명확한 표시를 해보자는 정보전달형 캠페인이다.

파출소는 일상의 안전을 책임지는 핵심적인 공공 안전 인프라다. 그런데 우리 기억 속에 '파출소', '지구대'의 존재감이 크지 않았다. 어떤 일이 생겼을 때 가장 먼저 신고를 받고 출동하는 곳이 파출소와 지구대다. 따라서 이곳의 존재감을 부각시키는 것은 안전 및 신고의식 도모, 범죄 예방 등에 큰 도움을 줄 수 있다. 같은 정보라도 '사건 사고 다발구역'이라고 표기했다고 가정해 보자. 오히려 불신의 커뮤니케이션으로 평가받게 될 것이다. 따라서 공공장소에 '정보성' '신뢰성' '친밀성'을 고려한 소통 메시지와 방식을 고려하여 제안한 것이 '파출소 가는 길'이라는 메시지다.

〈사진 33〉 경기남부경찰청 x LOUD. [현재 위치에서 가장 가까운 파출소 알리기]

직접적인 이해관계자 그룹인 경찰 스스로가 디자인을 수정하면서 캠페인을 확산시키도록 동기를 부여했다. 위치를 알리는 심볼만 제시하는 커뮤니케이션 방식이 범죄 예방 디자인의 소재가 되어 더 많은 곳으로 확산되는 결과를 가져왔다. 경기남부경찰청의 파출소 알리기로 시작되어 서울경찰청의 '폴리스팟'으로 이어지는 범죄 예방 캠페인 브랜드로 자리잡았다.

〈사진 34〉 서울경찰청 폴리스팟 포스터 이미지

©서울경찰청

09. 환경보호

쓰레기통이 되어 버린 거리의 빗물받이, 비점오염원 스마일 프로젝트

공공 커뮤니케이션 원칙 25.

외면받는 장소와 의제에 긍정적인 감성 요소 투입

도심 도로변에 설치된 '빗물받이'에 투입되는 청소비 예산이 줄어들지 않고 늘어만 가고 있다. 한해 수십억의 돈을 지출하는 이 빗물받이 안에서 가장 많이 발견되는 쓰레기가 담배꽁초다. 담배꽁초를 버리다 보면 누군가는 휴지를 버리게 되고 거리의 모든 쓰레기는 결국 하천으로 흘러들어가게 된다. 때로는 빗물받이가 막혀 장마철 도심 범람의 원인이 되기도 한다. 이렇듯 빗물받이가 도심 속 쓰레기통이 된 것이다.

청소의 문제를 떠나 미세플라스틱인 담배꽁초가 바다로 흘러 들어간다고 생각하면 도심의 바로 그 현장에서 단순한 말 걸기가 필요하다는 누군가의 제안은 그 자체만으로도 훌륭한 공공 커뮤니케이션 아이디어다. 공중과의 커뮤니케이션을 위해 '지저분한 하수구', '쓰레기통'같이 인식되던 곳에 금지명령 또는 환경과 같은 거창한 구호 보다 감성적인 커뮤니케이션 요소가 더 절실할 수 있다. 단순 명료한 상징을 활용한 캠페인 실험은 잠깐 스쳐 지나가듯 마주하게 되는 '순간 주목도'를 이끌기 위한 최선을 방법이기 때문이다. 도심 속 빗물받이 현장을 관찰하던 젊은 청년들의 눈에는 자연스럽게 빗물받이가 사람의 웃는 입으로 보였을 것이다.

그래서 "웃는 얼굴에 침 못 뱉는다"는 평소 어디서든 들을 수 있
는 일상의 언어로 공중과 대화를 시도해 본 것이다.

이렇게 시작된 공공 커뮤니케이션 프로젝트가 바로 비점오염원, 즉
빗물받이 환경 개선을 위한 "씩~웃는 스마일 프로젝트"다. 상시적인
문제로 본질이 훼손된 공공장소의 현장은 늘 공중에게 외면받기 마
련이다. 공공의 영역은 그곳을 청소해야 되는 대상, 금지하고 단속해
야 하는 문제의 공간으로 규정하고 대응하게 된다. 당연히 그 공간은
완전히 다른 기능을 하게 된다.

😠 😁 웃는 얼굴에 담배꽁초와 침을 뱉으시겠습니까?

〈그림 11〉 빗물받이 스마일 프로젝트 기본 상징과 메시지

ⒸCopy공공소통연구소

〈사진 35〉 서울 시청앞 주변에 시민의 반응을 관찰하기 위해 시범적으로 설치했던 빗물받이 스마일 스티커 예

ⓒ공공소통연구소

그래서 대단한 방법은 아니고 장난스러워 보이지만 일단은 말 걸기라도 필요하다는 취지에 부합하는 이런 공공 커뮤니케이션이 중요하다. 문제를 해결한 것은 아니지만 적어도 빗물받이에 대한 문제의식에 주목하도록 한 효과만으로도 커뮤니케이션을 통해 창출해 낼 수 있는 공공가치의 실체를 보여주었다.

환경을 위한 봉사와 교육, 노란 물고기, 밀랍 랩

공공 커뮤니케이션 원칙 26.
교육과 봉사로 이어지는 공동체 활동 연계

공공 커뮤니케이션 프로젝트가 하나의 교육과 봉사활동으로 지속되고 있는 노란 물고기 캠페인 사례는 앞서 제시했던 수많은 실험적 프로젝트의 지향점을 제시해 준다. 1972년 캐나다의 담수 생태계와 수자원을 보존하고 복원하기 위해 설립된 비영리기관 'TUC: Trout Unlimited Canada' 굳이 해석하자면 송어가 넘쳐나는 캐나다(?) 그만큼 수자원을 보호하자는 의미를 담고 있는 기관이다. 이 기관에서 1991년 'Yellow Fish Road'라는 청소년 대상의 교육 프로그램 일명 '노란 물고기' 캠페인을 시작했다. 송어를 상징화한 노란 물고기 모양을 비점오염원 즉 빗물받이 옆에 도색하는 활동과 교육을 병행하는 공중주도의 자발적인 공공 소통 프로젝트였다.

〈사진 36〉 캐나다 밴쿠버 지역의 비점오염원에 표기된 노란 물고기 이미지

©공공소통연구소

그 결과 Yellow Fish Road ™ 교육 프로젝트는 캐나다는 물론 전 세계에서 주목하고 참여하는 수자원 보호 캠페인이 되었다. 이 활동은 사람들에게 하수구가 강, 호수 그리고 개울의 출입구임을 인지하도록 고안된 단순한 디자인 요소를 활용한 공공 커뮤니케이션 캠페인이다. 참가자들은 빗물받이 옆에 작은 물고기를 도색하는 간단한 캠페인 활동을 통해 수자원을 보호하는 일상 속 작은 실천행위의 가치를 경험하게 된다. 이 프로그램은 유치원부터 초등학교 저학년의 아동을 대상으로 한 교육 캠페인 브랜드로 자리매김했으며 지역사회 봉사자들의 자발적 환경 캠페인과도 협력하고 있다.

〈사진 37〉 캐나다 밴쿠버 지역의 노란물고기 이미지는 같은 구역 내에서도 조금씩 모양에 차이가 있다. 학생들의 봉사활동 차원으로 이루어진 활동의 공공적 가치가 더 크며 일부 모양이 다른 것은 사실상 아무런 문제가 되지 않는다.

©공공소통연구소

또 다른 예로 밀랍랩 사례를 들 수 있다. 남은 음식을 보관하거나 용기 뚜껑 대신 어느 순간부터 우리 삶 깊숙이 자리 잡은 비닐랩. 그 앞에 '크린' 또는 '위생'이라는 용어가 붙으면서 아무런 문제의식 없이 사용되고 있는 일회용품 중 하나다. 클린과 위생을 내세우는 이 제품의 원료는 폴리에틸렌이다. 생활 편의용품 사용을 줄이면 불편하지만 오히려 좀더 세련되고 멋스러움을 추구하면서도 공공가치를 나눌 방법이 있다면 좋은 대안이 될 수 있다. 또한, 기존에 갖고 있던 디자인 자산이 있다면 그 요소를 대안이 되는 소재와 결합해도 된다. 그러면 이전에 없던 새로운 결과물을 얻을 수 있다.

이 결과물을 만드는 과정이 쉽고 간단하다면 작은 봉사활동으로 기획하여 공동체 내에서 청소년들이 환경교육을 받으면서 직접 만들어 보고 이를 배포하는 활동으로까지 이어질 수 있다. 서울의 강남구가 제작했던 '밀랍랩'은 이런 선순환의 과정을 잘 담아낸 작은 실천 사례 중 하나다.

〈사진 38〉 강남구 공공가치 더하기(+) 프로젝트, 미미위 밀랍랩

© 강남구

일회용 컵 사용 줄이기, 카페 개인 텀블러 사용 문화 확산

공공 커뮤니케이션 원칙 27.

공동체와 개인의 공통 이익 강조

2018년 5월 커피전문점이나 패스트푸드점에서 개인 텀블러 사용 시 가격을 할인해 주는 제도가 시행되었다. 그런데 커피전문점 메뉴판을 보면 사이즈별 가격과 샷 추가 가격은 있지만, 텀블러 사용시 할인에 관한 안내문이 포함되어 있지 않은 경우가 많다. 공공 커뮤니케이션 차원에서 주요한 과제가 하나 부여된 것이다. '카페 메뉴판 디자인 수정하기' 가 그것이다. 카페 메뉴판에 적극적으로 텀블러 사용을 독려하거나 사용자에게 주어지는 혜택을 강조하는 디자인 수정을 제안했다. 텀블러 사용자 대상의 할인제도를 시행하고 있지만 소비자 입장에서 제대로 인지하지 못하는 경우가 많다. 특히 명확하게 가격이 비교될 수 있도록 메시지를 제시해 소비자가 정확한 혜택과 제도를 인지하도록 도움을 주는 것 자체가 공공가치의 공유행위다.

〈사진 39〉 위트러스트 북수원점이 메뉴판에 텀블러 사용시 500원 할인 혜택을 표기한 메뉴판을 사용하고 있는 모습

ⓒ WE TRUST COFFEE 북수원점

　　카페의 이러한 시도는 국민 모두가 공공디자이너가 되고 그들 나름의 동참을 통해 '세상이 새롭게 디자인되는 선순환의 동력'과 같다. 공공 커뮤니케이션에서는 "무엇을 하라"가 아니라 "무언가를 하자"고 제안한다. 동의를 득하고 자발적인 참여를 유도해야 확산이 가능하기 때문이다. 현장에서 공중 간 커뮤니케이션이 활성화되며 상호 이익이 공유되도록 독려하는 것이 공공 커뮤니케이션의 핵심 가치다. 그런 의미에서 텀블러 혜택을 강조하기 위해 '카페 메뉴판 수정하기'라는 제안은 세상을 디자인해 나가자는 취지에 잘 맞는 사례다. 같은 텀블러 사용 유도를 위한 행동 디자인 아이디어지만 종이 또는 디지털 쿠폰 여부와 무관하게 텀블러 사용자를 위한 쿠폰 활용은 기존에 무료 음료 쿠폰에 표기되는 아이콘을 10개 간격에서 5개 간격으로 줄여 보면 어떨까? 그리고 텀블러 모양의 이미지를 활용해 텀블러 사용 독려 캠페인을 연상케 하는 새로운 커피음료 쿠폰을 디자인해 볼 수도 있다.

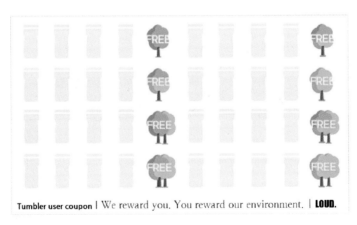

Tumbler user coupon ┃ We reward you. You reward our environment. ┃ **LOUD.**

〈그림 12〉 평균 10개 단위가 일반적인 커피 무료 쿠폰을 텀블러 사용자에게는 5개로 간격을 줄여 제작한 '텀블러 사용자를 위한 쿠폰' 이미지 예

©공공소통연구소

10. 우리 정체성

조그만 태극기 붙이기 프로젝트

공공 커뮤니케이션 원칙 28.

공공가치 복원 및 확대

　광복 70주년이었던 2015년. 전국적인 태극기 달기 운동과 함께 대형 태극기가 주요 건물 전면을 장식했다. 어느 순간부터 국경일 태극기 게양은 굳이 하지 않아도 되는 일이 되어 버린 것이 현실이다. 이런 현실은 한 국가의 지속가능성 제고를 위한 국민 개개인을 대상으로 한 장기적 차원의 공공 캠페인 과제임을 의미하는 것이다. 공공 영역에서 메시지를 전달하는 방식을 보면 꾸미지 않은 방식과 꾸며내는 방식이 있다. 전자는 작고 소박하며 호흡이 길다. 후자는 크고 화려하며 호흡이 짧다. 단기간의 국민운동은 후자에 속한다. 대형 태극기로 퍼포먼스하고 관심을 유도하는 것은 그럴듯해 보이지만 관심은 곧 사라진다. 태극기를 일곱 번의 국경일 외에도 연중 자연스럽게 접할 수 있어야 하는데 일상의 연결고리가 약하기 때문이다.

　태극기가 365일 국경일에는 외면받고 오히려 4년에 한 번 스포츠 이벤트 때만 부각되는 것도 이 때문이다. 자기암시요법 창시자 에밀 쿠에(Emile Coue)가 강조했던 ['긍정적 상상의 힘'으로 애국심을 묘사해보자. 불안과 좌절, 의욕 상실의 시대에 중요한 것이 '자기암시'다. 애국심은 자존감을 느끼는 국민이 국가 안에서 긍정적 자기 역할을 상상하는 것이다. 이런 시민의식 함양을 위해 필요한 자기암시 매개 소재가 국기다. 이는 어느 국가나 마찬가지다.

〈사진 40〉 도로명 표지판 위에 붙인 조그만 태극기 스티커

©공공소통연구소

한국인 최초로 메이저 골프대회를 우승한 양용은 선수가 들어 올린 태극기가 부착된 캐디 백, 메이저리그 중심 타자로 우뚝 선 추신수 선수가 배트 끝에 붙인 작은 태극기를 떠올려 보자. 이후 프로 선수들의 개인 장비에 작은 태극기를 부착하는 것은 일상이 되었다. 그들은 태극기를 자기 정체성을 드러내는 일상의 도구에 붙였다. 그리고 끊임없이 긍정적 자기암시를 했을 것이다. 대한민국을 대표한다는 행복한 상상이다.

〈사진 41〉 전국 곳곳에 적용해 보았던 조그만 태극기 붙이기 인증샷 모음

ⓒ공공소통연구소

 특정일에 국기를 달거나 외면하는 수동적 행동에서 벗어나도
록 하는 것과 평소 개인이 사용하는 도구와 일상 공간에 작은 태극
기를 붙여 보자는 제안이 '조그만 태극기 붙이기'라는 공공 커뮤니
케이션 프로젝트다. 스스로 '대한민국을 대표하는 국민'이란 행복
한 상상에 관대하도록 조력하는 것이 프로젝트의 목표였다. 이런 긍
정적 자기암시에 태극기를 활용해 보기 위해 도로명 주소판 위 조그
만 태극기가 부착되었다. 2015년 당시 군복에 태극기를 붙이자는 제
안 또한 같은 맥락이다. 군복에 태극기를 붙이는 순간 그들에게 '국
가대표'라는 말을 쓰는 것이 어색하지 않아졌기 때문이다.

〈사진 42〉 군복 태극기 부착 결정 후 제작된 육군 포스터

©대한민국 육군

모두가 공감할 수 있는 보훈 상징 찾기.
끝까지 찾아야 할 태극기

공공 커뮤니케이션 원칙 29.

역사성, 현장성 그리고 미세한 차별성에 주목

2020년은 6·25전쟁 70주년이 되는 해였다. 70년의 시간 동안 국민들은 무엇을 기억하고 있었을까? 공공 커뮤니케이션은 특정한 시점에 찾아야 할 상징을 찾아내고 그것을 공유하는 행위를 통해 '공공 가치를 보존'하는데 일조하는 것을 활동 목표로 한다.

매년 6월에 공유해야 하는 공공의 가치는 보훈의 의미를 되새기는 것이다. 그렇다면 보훈의 의미를 공유하고 나누는데 어떤 상징이 그 역할을 수행하고 있을까. 대중매체를 통해 우리 사회 의견지도자의 왼쪽 가슴에 달린 '나라사랑 큰나무' 배시가 내표적일 것이다. 그런데 일반 국민은 온전히 상징을 이해하거나 다른 이와 그것을 공유하는 경우가 드물었다. 이런 문제를 인지했다면 세대를 관통하면서 공중의 참여와 직관적인 가치 나눔이 가능한 상징을 찾아내 동의를 구하는 도전이 이어져야 한다. 그래야만 보훈의 의미 그 이상의 가치를 확산시킬 수 있기 때문이다. 특정한 누군가만 달고 다니는 보훈의 상징이 아닌 젊은이들도 달고 다니거나 친구들과 나누고 싶어할 무언가를 찾고 지속적으로 이어갈 수 있어야 한다.

그 상징 안에 스토리를 담아내야 공감을 얻을 수도 있다. 이를 위해서는 추상적인 가치를 상징에 담아내려고 시도하기보다 현장과 현상을 관찰하고 발견하려는 자세가 요구된다. 그래서 찾은 상징이 미래 세대들도 계속 찾아야 할 태극기, 다시말해 '끝까지 찾아야 할 태극기'라는 개념이었다. 대한민국이 존재하는 한 앞으로 수백년 동안 계속 찾아야 할 태극기를 찾는 작업 자체가 공공 커뮤니케이션의 본질적 취지와 맞물려 있었다.

국민이 발견한 공공디자인 요소를 국가보훈처가 그대로 수용해 대국민 캠페인으로 완성해 낸 것이 '122,609 끝까지 찾아야 할 태극기'다. 태극기의 숫자는 122,609(2020.4.기준)는 6·25전쟁 당시 전사한 호국 용사 중 아직도 시신이 수습되지 못한 유해의 숫자였다.

국방부 유해발굴감식단은 지금도 전국 주요 격전지에서 호국 용사의 유해를 발굴하고 있다. 그 유해의 수습 현장 모습 속에서 보훈의 상징이 될 수 있는 또 하나의 태극기를 발견했다. 현재 진행형인 유해발굴 현장에서 유골함에 태극기를 도포한 이후 경의를 표하며 내려다볼 때 우리의 시선이 마주하게 되는 태극기의 모습이 바로 그것이다. 그 시선에 들어오는 태극기 자체를 고스란히 상징화했다. '다시 찾은 태극기', '세대를 관통하는 존경의 태극기', '정치를 뛰어넘어 모두가 역사를 통해 국가의 소중함을 깨닫게 하는 국기'에 관한 인식 제고와 의식 회복에 충분히 역할을 했다.

〈사진 43〉 122,609 끝까지 찾아야 할 태극기 뱃지

©보훈처x공공소통연구소

나만의 독도 바라보기. 창문 속 독도 프로젝트

공공 커뮤니케이션 원칙 30.

꾸밈없는 진짜 콘텐츠의 활용

〈사진 44〉 작품명: 독도(2014)

ⓒ김우일 사진작가

　독도 사진 작품 하나가 있다. 독도의 날 우리가 가상 다양하게 공유할 수 있는 가치있는 커뮤니케이션 활동은 무엇일까. 독도 그 자체를 자신만의 방식으로 공유해 보는 것 아닐까.

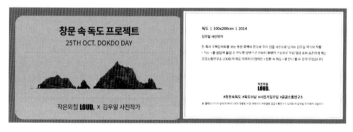

〈그림 13〉 〈창문 속 독도〉 스티커 디자인

ⓒ공공소통연구소

공중의 시선 위에 작품 하나를 가져다 놓으니 모든 창문 속에 진짜 독도가 놓이고 창 자체가 새롭게 디자인되었다. '현실적 상상을 디자인하다'라는 명제에 부합되는 캠페인이 만들어진 것이 독도의 날(10월25일)에 제작했던 독도 스티커다. 그런데 이 스티커는 동일한 단 하나의 스티커지만 누가 어디에 어떻게 붙이냐에 따라 자신만의 독도 콘텐츠를 만들 수 있다.

또한, 작은 스티커지만 사진 작품을 활용한 실사 스티커였다. 그 결과 누군가에게는 하늘이 동해가 되었다. 지하철 창문을 통해 한강이 동해로 보이기도 했다. 독도 사진 한 장이 수많은 사람의 상상을 기반으로 현실에 투영될 수 있도록 했다.

〈그림 14〉 〈창문 속 독도〉 스티커 디자인 적용 예시

ⓒ공공소통연구소

일상 속에서 진짜 독도를 만나고 바라볼 수 있도록 한 '창문 속 독도' 캠페인은 일상에서 독도를 만날 수 있는 간단한 실천 방법을 제시해 주었다. 명망 있는 작가와의 협업프로젝트였지만 화려하지 않은 겸손한 작품 공유의 철학을 실천한 사례다. 그래서 공공 커뮤니케이션에 요구되는 작가와의 협업 자세의 좋은 선례가 될 수 있다.

〈사진 45〉 독도 스티커를 사무실 창문에 붙이고 찍은 인증샷

ⓒ공공소통연구소

Epilogue. 공공가치를 디자인하자
Designing Public Value

공공소통연구소의 LOUD. 프로젝트 사례를 활용해 공공 커뮤니케이션의 30가지 원칙을 제시해 보았다. 그 과정에서 도출한 결론은 "공공의 가치를 디자인한다"라는 본연의 역할 확인이다. 공공 영역에서 늘 다수가 만들어 놓은 구체적인 선한 행동을 이행하는 방식의 접근은 오히려 캠페인이라는 명분 때문에 획일적인 공동체 의식 만을 강조하는 부작용을 낳기도 했다. 또한, 선한 행동에 동참했던 개인들도 막상 자신들의 행위가 어떤 공공가치를 갖는지 고민하기보다 단순히 참여하는 데 의미를 두는 경우도 많았다. 하지만 이제 각 개인의 공공가치 지향성향이 증대되고 사회적 책임에 따른 각자의 자존감을 중시하면서 '창의적 공동체 의식 창출'이라는 새로운 과제에 직면하게 되었다. 개인이 속한 공동체를 인식하는 정신작용 즉 공동체 내 문제를 바라보고 지적하며 배려를 목적으로 타인과 자신의 의견을 나누고 공감을 이끄는 지극히 개인적인 행위가 오히려 주목받고 있다.

한 사람이 소유할 수 있는 세 가지 힘(power)이 있다.

'자본을 창출하는 힘', '정치력을 발휘하는 힘', 이상 두 가지는 '타인에게 과시되는 힘'이며 누구나 다 소유하는데 '한계'가 있다. 마지막 힘은 '사고력을 발전시키는 힘'(thinking power)이다.

다시 말해 개인이 '생각하는 힘'이다. 어려운 철학자의 지식을 습득하자는 것이 아니지만 그래도 생각을 위해 인문학[29]에 대한 관심을 갖고 끊임없이 철학적 소양을 배양시키면서 새로운 실천활동을 이어가야 한다. 그것은 세상을 '주관적으로 해석'해 낼 수 있는 능력을 가다듬는 것이다.

'일반적 행동에 대한 질문', '비상식적 관습의 극복', '문제해결의 주체로서 자각' 등 자기 변화 관리에 집중해야 한다. 그래야만 공동체를 중심으로 한 새로운 공공 커뮤니케이션 프로젝트, 즉 '대안적 캠페인'의 활성화가 가능하다. 대안적 캠페인이란, 관이나 기관, 단체가 아닌 '공중주도'의 활동이라는 점, '협력적 캠페인', '실천 우선주의', '단순한 문제 제기와 아마츄어리즘' 입각해 전개하는 공공가치 추구 행위를 통한 협력적 방식의 공공 커뮤니케이션이다. 자본, 정치, 사회 권력이 공중과는 거리감을 갖는 대상이 되어 버린 불균형 상황을 극복해 보기 위한 일종이 착한 저항인 셈이다.

---

29) Pastreich, E. & Yaerin, K. (2017.1.9.). Words of Warning and Encouragement to South Korean Student Protesters. Foreign Policy In Focus. "대한민국이 처한 현실을 고려할 때 인문학은 정치적 혼란을 극복하는 데 절대적으로 필요함. 만약 청년을 중심으로 한 공중들이 어떻게 권력을 견제하고, 책임 있는 시민의식으로 무장하며, 독재적 통치의 위협으로부터 벗어나고 싶다면 플라톤과 공자, 베버와 맑스를 읽고 그것을 읽는 방법도 익혀야 함." 본 글에서 제시하는 사고력의 중요성을 뒷받침하기 위해 필요한 작은 실천으로 인문학 학습에 관해 강조한 글을 각주로 인용하였음. 출처_ http:// thetomorrow.kr/archives/353

미주

1) 홍종필(2010). 공공커뮤니케이션 캠페인의 체계적 개발 및 평가를 위한 프레임워크
   에 대한 고찰. 헬스커뮤니테이션연구. 2(2). 31-97. p.36. 참조 후 본 저자 연구 내용
   을 포함하여 재구성

2) www.un.org/sustainabledevelopment

3) Australian Red Cross (www.redcross.org.au)

4) 대한적십자사 [일상 속 작은 인도주의 실천하기] 적십자 표장 보호 캠페인 카드뉴스
   인용

5) 대한적십자사 캠페인 유튜브 영상(https://youtu.be/mnzoiTbqRio) 캡쳐

6) 사진 : 공공소통연구소 LOUD

Public Design 36 Essays.

PUBLIC DESIGN-ISM

Public Design Value

이현성_홍익대학교 공공디자인전공 교수

공공가치를 디자인하는 공공디자인

공공가치를 디자인하는 공공디자인

01. 공공디자인의 가치
Public Design Value 1.

"사회를 위한 공공디자인, 함께하는 공공디자인"

1. 시대정신과 디자인

업화 시대에 맞는 전통적 디자인 개념은 모양과 형태 중심의 도안과 장식에 관한 내용이 중심이었지만 현재에 이르러서는 그 역할이 광범위해지고 다양해지면서 사용자를 위한 '사람'중심, 사회문제 해결을 위한 '사회'중심, 소통과 공유를 통한 '공동체'중심의 디자인으로 변해가고 있다. 예쁜 형태의 결과만을 수행하던 디자인이 문제 해결을 위한 과정을 수행하는 역할을 통해 우리 사회에 공헌하기 시작하였다. '공공디자인'은 바로 그 중심에서 선도적 임무를 수행하고 있으며 앞으로 우리 사회에 닥칠 많은 문제는 '디자인'이 상당 부분 해결할 것이고 삶의 한 문화로 함께 공유할 것이다.

디자인은 이제 공공영역의 공공가치를 발견하고 부가가치를 공유하여 시민의식 향상 및 삶의 질을 향상시키기 시작하였다. 디자인에 대한 개념은 하나로 고정된 것이 아니라 시대적 환경과 요구 및 그것을 정의하는 주체의 관점에 따라 유연하게 다중적으로 인식되어 왔다. 르네상스 시대에 처음 출현한 디자인이라는 용어는 미술활동에서 파생되어 제품의 미적 가치향상을 위한 장식, 산업제품의 양질화를 위해 고안된 조형, 경제적 이윤을 얻기 위한 마케팅과 스타일링에 대한 측면으로 이해되어 왔는데 20세기 후반부터는 다양한 분

디자인의 역할   포장 중심

야에서 전략이자 수단으로 활용되기 시작하였다.

    즉, 근대 산업화 시대에는 디자인의 역할이 제품이나 산업 관련 시설들의 구매 가치향상을 위한 '포장'에 집중되어 있었고 소위 시감적인 측면의 유형적 요소가 디자인의 중심이다. 우리나라의 디자인학과도 광복 직후 태생될 때는 '도안과'였으며 현 한국디자인진흥원도 과거 시작할 때는 포장개발원이었다. 디자인은 사회의 필요한 부분이나 목적을 위한 유용한 수단으로 진보되어 왔고 복지, 인권, 안전 등 시대가 추구하는 의제에 맞게 디자인의 목적 또한 그에 맞게 변해왔고 경제의 문제, 환경의 문제, 안전의 문제 또한 디자인을 통해 해결하려는 노력이 시작되었다. 디자인은 사회의 수요에 맞게 변화되어 가는 것이고 현재의 디자인은 과거 시감적인 모양과 기능이 아닌 문제의 해결방법론으로서 그 임무를 수행하고 있으며 결과적으로 단순히 외형의 미적 측면을 구현하는 수단으로부터 치밀하게 계획된 설계, 비즈니스를 위한 창조적 아이디어, 또는 일상생활 양상을 포함하는 한 국가의 정체성을 다루는 문화에 이르기까지 매우 포괄적이고 복합적으로 변천되어 가고 있다.

    '디자인' 단어를 광의적 관점에서 살펴볼 때 여러 정의와 주장들을 살펴볼 수 있는데 문화체육관광부에서 발간한 「문화의 시대, 디자인 정책의 새 패러다임」이란 연구자료에서는 디자인의 정의를 '디자인이란 새로운 경험을 불러일으킬 수 있는 새로운 생각이다', '생각을 효과적으로 실현할 수 있도록 하는 과정의 계획이나 설계이

DESIGN

다', '계획되거나 설계된 것의 적절한 조형적 표현이다', '문제 해결을 위한 통합적 전 과정이다'라는 내용으로 표현하고 있다.

디자인은 디자인 고유의 영역뿐 아니라 각 산업의 기획과 초기 제작에 참여함으로써 융합되고 있는 각 산업의 연결 및 조정의 역할을 담당할 수 있는 코디네이터의 역할을 하는 방법론으로 적용될 수 있다는 것과 디자인의 정의가 확장됨에 따라 디자인 산업의 수용시장 범위와 역할 또한 제품의 기능이나 경제적 가치창출을 목적으로 하는 제조 분야를 넘어 무형적 가치를 창출하는 분야로 확대되고 있는 소프트웨어적인 가치적 측면을 가지고 있다.

과거의 디자인이 민간 분야의 제조·서비스 산업 혁신에 이바지하여 기업의 경제적 가치창출을 유발하는 산업이 전통적 디자인 산업의 범위라고 본다면 새로운 확장된 디자인의 개념은 민간 및 공공서비스 분야의 문제점을 디자인을 통해 해결함으로써 국민의 삶의 질을 향상시키는 대안적 가치를 지니고 있다고 볼 수 있다.

2. 공공디자인의 시작

'공공디자인'이란 무엇일까? 공공디자인의 기본 개념은 디자인의 목적이 유형적인 기능성에 목적을 두는 것에 더하여 공공영역에서의 공공가치 창출에 목적을 두는 디자인이다. 기존 디자인의 유형이 건축, 시각, 제품처럼 명확한 목적과 기능, 형태를 다루는 역할을 하였다면 공공디자인은 추구유형이 '공공'으로써 보편성과 공익의 문제점을 해결하려는 공공성과 가치 달성에 목적을 두고 있다.

전세계에서 유일하게 법적 기반을 가진 우리나라의 '공공디자인'은 많은 비판과 찬사 속에 공공환경에 대한 주체적인 비평 속에 탄생하였고 대부분의 디자인 이론이 외부에서 들어온 것에 비교해 우리 스스로 용어를 만들고 또 디자이너뿐 아니라 정책, 행정, 공학들의 다양한 분야에서 동시에 한자리에 모여 논의되었다는 사실은 매우 혁신적인 사건이었던 것은 확실하다. 그 시작은 2005년 문화체육관광부 산하에 공간문화과가 신설되고, 공공디자인학회와 국회 공공디자인문화포럼이 창립되면서 공공디자인과 관련된 정책이 본격적으로 추진되면서부터이다. 각계의 전문가분들이 국회에서의 조찬 세미나를 통해 우리나라의 공공환경에 대한 논의와 고민을 토론하며 공공디자인은 공식적으로 시작되었다.

그 이후 이러한 정책에 발맞추어 행정조직도 대응하게 되는데 가장 먼저 서울시의 경우 디자인을 담당하는 전담기관을 조직하고 이어 전국 15개 지자체에 3~21명으로 구성된 디자인 업무 담당 부서가 조직되며 행정영역에서 적극적으로 공공디자인을 수용하게 되었다. 이러한 흐름에서 각 지자체는 공공디자인 사업의 대표적 과업으로서 공공디자인 가이드라인을 먼저 개발하고 시행해왔으며 당시에는 근거가 되는 모법이 존재하지 않아 그 실행력과 연속성에는 문제가 많았지만 단위 사업별로 파편적으로 운영되던 우리나라 디자인사업에 대한 큰 변화를 가져왔고 결과적으로 전체적인 도시공간환경 디자인의 하향화를 방지하는 역할을 수행하였다. 물론 이러한 과정에서 여러 가지 문제점도 동시에 노출되었는데 초기 대다수의 공공디자인 가이드라인이 선두 개발 지역의 분석 및 가이드라인 방식의 틀을 그대로 답습함에 따라 지역의 특수성을 반영하지 못하고 있다는 점에서 가장 큰 문제점들이 제기되었다.

하지만 공공디자인의 가장 대표적인 사업인 공공디자인 가이드라인은 공공영역에서의 디자인 통합과 표준화를 제시하는 중요한 기능을 담당하였고 합목적적이고 보편적 디자인의 중요성을 알리는 역할을 하였다. 그러나 각 지역의 기후·지형과 같은 자연적 조건과 역사·문화와 같은 사회적 조건, 정책적인 상황을 고려하지 않는다면 적용 및 완료 후의 지속성에 문제가 발생할 수 있음을 점차 알게 되었고 다른 지자체의 선행 결과물과 보편적 가치를 기초로 하되 이의 장단점을 분석, 보완하여 해당 지역의 특수성을 반영하고 보다 실행력 있는 공공디자인 가이드라인을 실행하는 단계로 발전되어 갔다. 공공디자인 계획들이 초기의 엉성한 모습과 다른 법정계획을 모방하는 차원에서 기본계획을 거치고 진흥법 기반이 진흥계획으로 단계를 거치면서 점차 '공공디자인'다운 계획들이 속속 나타나고 있는데 자연스러운 성장통을 거치며 우리나라의 공공디자인이 진화되어 가고 있다.

3. 공공디자인의 특징

우리나라 공공디자인의 현실과 그에 대한 대안을 광의적으로 살펴보자면 몇 가지 특징을 살펴볼 수 있다. **첫째는 공공 및 사적 영역에서 디자인에 대한 여러 이해의 격차가 존재한다는 것이다.** 디자인을 외형적인 포장이라 생각하고 디자인이 개인적이고 기호적 관점에서 사적인 취향과 의장에 대한 소비 행위라는 이해를 하고 있는 것이 현실이다. 우리 사회에서 디자인은 산업적 가치에 대한 역할에서 시작되어 왔기 때문에 공공적 가치 구현의 수단으로 디자인의 인식은 배려받지 못해온 것이 사실이다. 이러한 전반적인 의식을 바탕으로 디자인을 공공성의 관점으로 발전시킨다는 것은 많은 희생과 시간을 필요로 한다.

물론 공공성의 결여는 단지 디자인 영역에 국한된 것이 아니라 빠른 성장을 이뤄야 했던 우리나라 근대화 과정에 대한 전반적인 현실이다. 요컨대 산업과 경제 중심의 근대화 발전 과정에서 민간중심의 사적 영역의 디자인은 산업화의 힘을 빌려 빠르게 발전하였고 공공영역의 디자인은 리더십 부재와 가치 인식의 저하로 방치되어 왔고 주요 논의대상과 정책에서 빠져 있던 것이 어쩔 수 없는 현실이었다. 디자인이 발전한 나라들은 대개 철학과 문학, 문화가 함께 발전되어 왔다. 디자인 선진국들의 사회 전반적인 측면들을 보면 공공영역과 사적 영역의 디자인이 고르게 발달되어 있음을 알 수 있다. 즉, 선진국들이 인권과 복지를 중요 의제로 다루는 것처럼 공공성의 가치가 디자인 영역 속에 밀접히 접근해 있다. 디자인 영역에서 공공성의 가치 구현이 가능한 것은 공공영역에 대한 사회적 합의를 바탕으로 국가와 공공 주체가 체계적인 접근과 일상생활 속에서 문화로 편재하고 있기 때문이다.

우리나라는 디자인 영역에서 공공성에 대한 인식이 뒤늦게 공공디자인을 통해 발현되기 시작하였으며 국가 정책 주도로 공공환경의 디자인에 대한 정책적 대응이 시작되었다. 이러한 과정을 통해 공공 및 사적 영역에서 디자인이 각자의 특징을 가지고 양립하며 발전되고 공공디자인은 단지 디자인 영역의 발전을 뛰어넘어 하나의 현상으로 공공성에 대한 가치 환산과 진정한 '인본'과 '복지'의 현실적인 우리 사회에 대한 적용 전략의 수단 가능성도 존재한다. 앞으로 공공디자인은 공공문제 해결에 대한 대안과정을 제시하는 디자인 씽킹 'Design Thinking'에 근거한 효율적인 전략으로 발전 진화할 것이다.

둘째는 각종 도시공간에 대한 공공사업에서 디자인적인 접근이 부족하다는 것이다. 가장 큰 문제 중의 하나는 '디자인'이란 항목의 인건비 근거도 존재하지 않았다는 것이다. 이는 공공영역의 사업에서 '디자인'이 필수적인 질적 요소이거나 독립적인 창조와 가치 행위로 인정받는 것이 아니라 다른 주요 업무의 보조적인 한 항목으로 인정되었기 때문이다. 이러한 상황은 우리의 공공환경 디자인의 질적 저하를 가져오는 결과를 낳았다. 대부분의 공공과 관련된 사업들이 단순한 시설 사업이나 기능적 장식 중심으로 진행되어 디자인의 가치를 적용할 기회와 방법을 놓쳐온 것도 사실이다. 물론 일부 기관과 영역에서 디자인에 관심을 둔다 해도 그에 대한 인식이 아직도 모양과 형태에 대한 물리적 측면에 맞춰져 있는 현실적 문제도 존재하고 있다. 다행스럽게도 공공디자인의 진흥에 관한 법률 등이 통과된 후 각종 행정 계약들이 '디자인'의 가치를 인정해 주는 쪽으로 발전하고 있어 앞으로 우리 사회에서 공공디자인의 역할이 증대될 것으로 보이지만 아직 행정적으로 정책으로 실무적으로 보완되어야 할 내용이 많다. 단지 이런 것들이 디자인 종사자들의 이익을 보장하자는 것만이 아니라 디자인의 가치를 적용할 수 있는 제도적 기반이 마련되어야 한다는 것이다. 우리가 겪고 있는 또는 마주치게 될 여러 문제에 대한 대안으로서 공공디자인의 가치를 발견한다면 이것은 영역의 문제가 아닌 우리 사회 전반적인 새로운 문화에 대한 것이 될 수 있다. 기존의 방식과 내용을 부정하는 것이 아닌 새로운 대안으로서 '공공디자인'의 가치를 인식하고 전략으로서 인식되어야 한다.

셋째는 공공환경을 회복시킬 수 있는 전략으로써 공공디자인이다. 여기서 얘기하는 지역 환경 회복은 단순한 물리적 환경에 대한 정비만을 말하는 것이 아니다. 지역을 이해하고 그 지역에 맞는 특화 대안을 발굴하고 민원 등의 지역 문제를 해결하는데 공공디자인이 그 역할을 해야 한다. 지역 환경, 지역산업, 지역특화상품 등의 이미지 차별화는 단순히 형태적이고 시각적인 차원의 변화가 아니라 그 지역이 가지고 있는 숨은 정체성을 발굴하여 유형화하는 작업이다. 이를 위해 지역 기존 공공매체, 공공시설, 공공공간, 공공환경, 공공 컨텐츠 연구와 공공공간의 효율성과 연계성 향상 등 공공거버넌스 구축 등 기존 계획으로 진행하기 어려운 새로운 전략의 구축이 필요합니다. 지역 공공사회의 회복을 위한 공공공간 전략, 공공공간의 주체와 사용의 조화 추구, 공공공간의 개선대상과 강화 대상 연구, 도시디자인 문제를 해결하기 위한 '공공디자인 실험, 실증' 등이 그 실천적인 내용입니다. 이는 각 지자체의 활성화를 위한 필수적이면서도 기초적인 작업이며 실질적인 공공가치 구축을 도출할 수 있다.

넷째, 공공디자인은 지역경쟁력 향상과 국가 경쟁력 강화 수단으로 활용되어야 한다. 앞서 기술된 것처럼 디자인은 형태에만 국한된 것이 아니다. 공공디자인은 심미적, 상징적, 기능적 가치를 균형 있게 추구하여야 하며 이는 지역민 삶의 질 향상과 지역 균형발전에 이바지할 수 있어야 한다. 이를 위해서는 공공관리 관점에서의 문제점 탐구와 해결방안 연구, 환경디자인을 통한 범죄예방과 안전한 지역 개발 추구, 지역 커뮤니티와 참여를 위한 시스템의 연구, 지역 자산의 가치 보전 및 개발 연구 등이 공공디자인 관점에서 진행되어야 한다. 지역 공공디자인 기반구축에 따른 지자체 도시 공공환경 여건 개선은 국가 진흥시책에 부응함과 동시에 전체적으로는 국가 경쟁력 강화에 직접적인 요소로서 역할을 수행할 것이다.

국가적 차원의 경쟁력을 위한 사업실현을 위한 내용으로는 지역 개발 선행계획 성책 조사 및 연계싱 연구와 중앙, 지역 정부의 목적 공유를 위한 지자체와의 공공디자인 정책연구, 공공디자인 관련 계획 결정의 유연성을 위한 규제 완화 계획 연구, 수행사업에 대한 수익성 및 지원책 연구 등이 있다. 나아가 공공디자인의 컨설팅, 감시, 홍보, 관리를 위한 독립적인 지역공공디자인위원회 설립, 공공디자인 사업시 위험요소 체크를 위한 위기관리 실행정책, 지자체 단위의 단계별 발전 연구 계획 수립, 솔루션과 콘텐츠 그리고 지역 전략이 함께 융합적으로 이루어지는 공공디자인전략과 기초사업계획 수립, 재원 조달방법과 사업을 위한 파트너쉽 연구 등이 공공디자인 관점에서 국가 경쟁력 강화를 위한 주요 전략이다.

덴마크 코펜하겐대학 Peter Duelund교수는 '컬쳐노믹스'라는 용어를 주창하였는데 이는 문화(culture)와 경제(economics)의 합성어로서 도시경쟁력 부분에서는 '문화를 원천으로 고부가가치를 새로 마련하고 도시의 경쟁력을 높이는 것'을 의미한다. **우리 사회가 겪고 있는 여러 문제는 공공디자인을 통해 이러한 문화를 기반으로 하는 융합적 관점의 전략으로 해결할 수 있다.**

디자인은 직접적인 해결이 아닌 대부분 지원적 성격을 지닌 간접적 가치로서 그 역할이 수행 가능한데 예를 들면 유럽에서 19세기 콜레라가 창궐했을 때 의료계에서 백신 개발을 통해 병을 낫게 하려고 노력하는 동시에 상하수도 시스템을 개발하여 적용한 도시디자이너들의 아이디어에 의해 근원적으로 개선되었다는 것과 같은 것이다. 공공디자인은 디자인이 하나의 의장 작업이 아니라 문제점을 찾으려는 공동의 협업작업으로 진행되며 하나의 사회적 양식으로 인식하게 하는데 촉매 역할을 하고 있다. 이제 공공디자인은 전문가만의 작업이 아니라 사회 구성원 사이의 협력과정이자 양식이며 공공문제를 해결하기 위한 전략으로써 활용될 준비가 되어 있다.

02. 공공디자인의 미학

Public Design Value 2.

"일상미학(Everyday Aesthetics)의 공공디자인"

1. 일상미학과 공공디자인

일반적으로 디자인(Design)이란 '대상물을 만들기 위한 계획(a plan for the construction of an object)을 뜻한다. 하지만 이러한 사전적 의미 외에 다양한 해석들이 존재하는데 특히 '계획'과 '과정'에 더 큰 의미들을 두게 되는 경향이 있다. 따라서 작금의 디자인의 추세는 유형적 분류범주들 즉, 제품디자인, 건축디자인, 시각디자인과 같은 분류에서 지속가능디자인(Sustainable Design), 유니버설디자인(Universal Design), 인클루시브 디자인(Inclusive Design)과 같은 형이상학적인 개념적 분류로 나뉘며 디자인의 해석이 넓어지게 되었다.

이는 디자인의 목적이 대상물의 완성에만 있는 것이 아니라 그 대상물이 영향을 미치게 될 환경, 사용자, 사회, 경제와의 맥락을 고려하는 것이 중요하게 되었기 때문이다. 2005년부터 우리나라에서는 '공공디자인'이라는 용어로 이러한 개념들 일부가 발현되었는데 2016년 제정된 공공디자인진흥법에서는 문화적 공공성과 심미성 등 좀더 형이상학 측면에 가치를 두는 방향으로 정의 내려지고 있다. 따라서 공공디자인의 개념은 한국에서 발현된 디자인에 대한 형이상학적이고 주체적인 해석으로 볼 수 있으며 우리 일상에서 디자인된 인공물에 대한 좀더 사려 깊은 관점과 해석을 가질 수 있게 해준 면에서 그 가치를 찾을 수 있다.

2. 주변 맥락을 고려한 디자인

일상의 대상물로서 공공공간에 설치되어 있는 시설물을 선정하고 그 시설물의 디자인과 설치에 있어 사용자, 환경 등 주변 맥락을 고려하여 디자인된 측면을 살펴보고 일상 미학으로서 '사려'와 '배려'가 적용된 미적 경험을 살펴보고자 한다. 보통의 공공시설물은 교통시설, 편의시설, 공급시설, 공공디자인 활성화를 통한 대한민국 국가 이미지 향상 정책방안 연구 등으로 나뉘는데 도심지를 중심으로 배치되고 설치되는 특성 때문에 도시의 여러 요소와 상관관계를 갖게 된다. 공공시설물이라는 인공 대상물은 사용자와 가장 큰 관련성을 갖게 되는데 기능성과 형태미 외에 사용의 효율성, 행태와 심리를 고려한 사용성, 문화성 등의 측면이 고려의 대상이다.

스페인 바르셀로나(Barcelona)의 교통시설인 신호등을 살펴보면 신호등의 색조가 노란색임을 알 수 있다. 이는 바르셀로나의 어느 곳에서나 볼 수 있는 풍경이다. 바르셀로나 지중해성 기후 특성으로 인해 도시의 하늘은 대부분 푸르다. 신호등의 빠른 인지와 교차로의 경고 정보를 통한 보행자와 운전자의 안전성을 확보하기 위해 경고의 개념을 지님과 동시에 하늘 색조와 보색인 노란색을 사용하였다. 이러한 노란색의 신호등 사용은 도시 보행자의 안전성을 확보함과 동시에 도시의 시각적 정체성을 만들게 되었다. 비록 특별한 요구를 위한 디자인은 아니지만, 규격화에 의한 획일적 적용이 아닌 지역의 환경적 특성을 고려하여 사려 깊게 디자인된 예라고 볼 수 있다.

네덜란드 로테르담(Rotterdam)의 린반(Lijnnbaan)거리에 가면 타공된 석재로 만들어진 벤치를 볼 수 있는데 이 공공시설물 또한 사용자와 지역 기후를 고려한 디자인으로 볼 수 있다. 바르셀로나와는 달리 로테르담은 1년 중 200일 이상이 흐리고 비가 오는 기후를 가지고 있다.

따라서 벤치를 사용자가 이용하는 데 있어 그 기능을 다하기 위해서는 우천시 빠른 배수와 건조에 있다. 벤치를 디자인하는 데 있어 우선 멀지 않은 지역에서 생산될 수 있고 다른 소재보다도 상대적으로 빨리 건조될 수 있는 석재를 선정하고 배수를 위해 타공기법을 통해 벤치를 디자인하였는데 이는 벤치가 그 지역의 특성에 맞게 디자인된 벤치가 더욱 벤치다운 디자인 예라고 볼 수 있다. 이러한 깊은 배려가 적용된 디자인을 통해 사용자는 벤치의 시각적 미의 형태 외에 기능을 넘어서는 다양한 경험을 체험할 기회를 얻게 되고 환경과 사용자에게 응답하고 존중하는 공공 시설물의 디자인을 보여주고 있다.

로테르담의 교통시설물 중 가로등의 디자인을 살펴보면 또 하나의 배려를 통한 상호 이해와 분명한 배려를 살펴볼 수 있다. 사이토가 얘기했듯이 우리는 매일 감각적 외형과 인공 환경의 디자인에 지속해서 응답하고 반응한다[1]. 또한, 그것에 의해 영향받고 심지어 생명에 위협을 당할 수 있는 환경에도 처하게 된다. 로테르담의 신호등 배치 디자인을 통한 안전의 확보과정을 살펴보면 인공 환경디자인의 도덕적인 면과 그에 따른 책임을 고려하는 윤리적인 부분이 얼마나 중요한지 알 수 있다. 보통의 교차로에서 신호등의 위치는 교차로의 건너편에 설치되어 있다. 따라서 운전자는 그 신호등에 따라 판단을 하는데 특히 주황색 경고등이 들어왔을 때 교차로 진입 순간이라면 대다수 운전자가 가속을 하여 빨간불 전에 교차로 구간을 통과하려 할 것이다.

이러한 과정 속에 많은 사고들이 생기고 또 경고등이 켜진 순간 진입하게 되는 수많은 운전자들은 순간의 판단을 해야 할 상황에 놓이게 된다. 로테르담의 신호등 위치는 이러한 부분을 고려하여 교차로 전에 신호등이 설치되어 모든 운전자의 판단이 교차로 진입 전에 끝날 수 있도록 배려되어 있다.

---

1) Yuriko Saito, Everyday Aesthetics, (OUP Oxford, 2008), p205

주황색 경고등이 켜지더라도 그 경고등은 교차로 전에 설치된 신호등에서 볼 수 있으므로 대부분의 운전자는 정지를 하게 될 것이고 정지한 이후에는 옆에 설치된 신호체계에 따라 운전하기 때문에 안전성이 확보된다. 또한 운전자의 수직 시야각에 맞게 신호등의 각도가 유지되는 것 또한 운전자와 보행자를 위한 배려라고 볼 수 있다. 이러한 측면들은 '좋은 디자인은 숙고하고, 계획하고, 생각하며 다른 사람을 고려한 것'이라는 도날드 노만(Donald Norman)의 개념[2]을 상기시키게 한다. 신호등의 목적은 교통신호를 통해 안전한 도로 환경을 유지하는 것이다. 이러한 인공 환경에 관한 판단이 목적을 넘어 심오한 도덕적 판단도 고려되어야 한다. 그러므로 기능과 목적을 넘어선 고려의 측면 특히 도덕적이고 윤리적인 고려가 이러한 좋은 디자인을 만들고 이를 통한 도덕적-미적 판단을 통해 일상 미학의 가치를 만들어 낸다.

또 다른 예로서 맨홀 덮개와 우수 덮개를 볼 수 있다. 덴마크 코펜하겐의 가로에 설치된 맨홀 덮개를 보면 그 가로의 경사도와 굴곡 모양에 맞게 제작이 되어있다. 이는 가로 환경의 맥락을 수용하고 그것에 맞게 적합한 형태를 이룬 배려의 디자인으로서 가로의 기능적, 미적 측면 외에 안전적인 면을 고려하였다. 이는 환경의 맥락을 철저히 이해하고 재료나 공정에 대한 고려, 사용자를 위한 고려하는 맘에 서 나왔다는 잭 레노 라슨 (Jack Lenor Larsen)의 개념[3]과도 일치한다. 사례에서 보이는 유사 시설물의 예처럼 건물 또는 환경에 대한 배려나 주의가 결여되어 있다는 것은 결국 그 환경을 경험해야 할 사용자들에 대한 배려가 결여되었다는 것과 마찬가지이다. 이러한 상황에서 미적 판단이라는 것은 단순히 미적인 것이 아니라 동시에 도덕적이고 윤리적인 것이다.

---

2) Donald A. Norman, The Design of Every Things (New York : Doubleday, 1990

3) Jack Lenor Larsen, Traditional Japanese Design (New York : Japan Society, 2001)

3. 특정한 맥락을 고려한 디자인

배려하는 개념은 유니버설 디자인(Universal Design)에서도 많이 살펴볼 수 있는데 이미 거론한 대로 디자인의 형이상학적인 관점을 통한 거시적 개념의 해석으로 볼 수 있다. 하지만 배려의 대상은 결코 특정 대상만이 되어서는 안 되며 오히려 모든 대상을 포함하여야 하며 특정 상황이나 환경에 대한 맥락적 고려가 이뤄져야 한다. 특정 사용자에 대해 고려보다 더 큰 배려는 모든 사용자에 대한 통합적이고 맥락적인 환경에 대한 고려이며 장애우를 위한 유니버설 디자인(Universal Design)보다 나이와 사용자를 더 폭넓게 고려하는 인클루시브 디자인(Inclusive Design)[4]에 배려의 의미가 더 크게 적용되고 있다.

덴마크 코펜하겐의 가로 보도와 공공건물의 진입동선에는 동일한 패턴이 보임을 알 수 있다. 이러한 패턴은 휠체어를 사용하는 장애우를 배려한 디자인과 동시에 유모차와 자전거, 하이힐을 신은 사람 그리고 거친 바닥 패턴의 느낌을 싫어하는 사용자들을 위한 평탄한 패턴의 디자인이다. 장애가 있는 사용자에 대한 특별한 요구만을 위한 것이 아니라 신체적, 감성적, 심리적인 다양한 요구에 대해 최적으로 배려하기 위한 디자인이고 다시 말해 도시 공간에 편재하는 다양한 구성원의 특정 요구의 가능성을 최대한 열어 놓고 디자인된 것이다.

결국, 특정한 맥락이라는 것은 한정된 특정 대상으로부터 나온다기보다 모든 사용자의 특정한 요구의 다양성을 고려하는 측면에서 나온다고 볼 수 있다. 이로한 특정 맥락을 고려하여 디자인된 인공 환경은 장애우와 비장애우라는 특별한 요구를 대상에 따라 이분법적으로 나누어 보는 것이 아니라 통합되고 효율적으로 고려된 디자인이다.

---

4) The Design Council in the UK, 2005

영국 런던 패딩턴 신시가지의 개발단지에서는 계단과 함께 설치된 슬로프의 예를 볼 수 있는데 장애우의 접근성을 향상하기 위해서 디자인되었다고 보기에는 사용빈도에 비해 너무 많은 면적을 차지하고 있고 전체적인 형태에도 큰 영향을 미치고 있다는 비평이 있을 수 있다. 특정인을 위한 유니버설디자인의 개념으로 본다면 위와 같은 의견이 맞을 것이다. 하지만 좀더 포괄적이고 맥락적으로 사용자를 고려하는 관점으로 접근한다면 해석이 달라질 수 있다. 보통 슬로프를 사용하는 사용자들은 휠체어를 탄 장애우이다. 그들은 계단을 사용할 수 없기 때문이다. 따라서 작당한 경사도에 폭을 지닌 경사로를 만드는 것이 일반 설계의 지침이다.

하지만 슬로프를 사용해야 하는 또는 사용하고 싶은 사용자는 비단 장애우뿐만은 아니다. 자전거, 유모차 사용자는 물론이고 무거운 물건을 든 사용자, 불편한 신발을 신은 사용자, 술에 취한 사용자 등 일시적 장애를 지닌 이들도 슬로프를 사용하는 대상인 것이다. 결과적으로 전체 사용 대상자 중에 영구적인 신체장애와 일시적 장애요소, 심리적 특정 요구를 지닌 사용자를 합한다면 절반이 넘는 사용자를 위해 이러한 디자인의 슬로프가 디자인돼야 하는 것이다. 이런 특정한 상황적 맥락을 고려하는 것이 도덕적-미적 관계를 보여주는 일상미학의 예라 할 수 있다.

4. 배려를 통한 일상 미학으로서 공공디자인의 중요성

공공디자인의 대상인 공공시설물을 통해 배려하는 디자인의 개념을 살펴보았는데 전통 미학에서도 얘기하듯이 시각적 경험이 미적 경험의 일반적이고 우선적인 감각이라는 특성상 배려의 측면은 쉽게 인지되지 않는 측면이 있다. 더욱이 그 판단의 기준도 모호한 부분이 있을 뿐 아니라 상대적이다. 다시 말해 일상 대상인 공공시설물에 숨어있는 배려의 가치를 찾아내는 일은 쉬운 일이 아니고 그러한 필요성에 대한 의심 또한 생기는 것이 사실이다.

이러한 부분을 불식시키고 보완하기 위해 배려를 통한 도덕적-미적 경험의 일상미학의 개념을 적용하였고 이를 통해 일상대상을 미적 감상의 대상으로 바라보았다. 이를 통해 배려를 통한 디자인의 적용은 일상생활과 기능성 이상의 개념이라는 것을 알게 되었고 디자이너를 중심으로 사고하는 것이 아니라 사용자와 환경 중심의 태도와 사고를 지녀야 함을 알 수 있게 하였다. 그리고 이러한 것이 도덕적-미적 경험의 바탕을 이뤄 일반대상을 미학적 가치로 끌어올릴 수 있게 하는 것이다. 또한, 우리가 공공환경을 경험하는 방식이 일차적인 시각적 인지 외에 다중적인 감각을 통해서 경험한다는 측면에서 볼 때 배려를 통한 디자인은 다양한 감각으로 인지되고 배려와 신중을 기한 디자이너의 사고와 태도가 미학적 수단을 통해 표현된다는 것 또한 일상 미학으로서의 가치를 느끼게 해준다.

공공디자인의 가치를 단순한 유형적 범주의 하나로 보는 것이 아닌 일 단계 진보된 지속가능디자인(Sustainable Design), 유니버설 디자인(Universal Design), 인클루시브 디자인(Inclusive Design)과 같은 개념적 범주로 볼 때 배려의 가치는 가장 큰 요소이며 이는 일상미학의 개념을 통해 더욱 명쾌하게 설명될 수 있다. 배려의 대상은 사용자뿐만 아니라 환경, 상황, 기후, 재질 등 다양한 측면에서 적용될 수 있음을 보았다.

우리의 삶이 인공 환경의 지대한 영향을 받고 그에 의해 특징지어진다는 사이토의 의견을 통해 볼 때 공공디자인의 구현을 통한 일상대상에의 고려에 의한 디자인의 적용은 미적 차원의 개념과 더불어 삶의 질을 충족시키는 데 필수 불가결한 요소라 볼 수 있다. 일상미학을 통해 일상대상을 미적 경험의 대상으로 승격시키고 미적 가치를 부여하고 이를 공공디자인의 기본 가치로 삼아 한국형 지속가능디자인, 한국형 인클루시브디자인과 같은 새로운 한국형 디자인의 해석과 정립에 초석으로 삼아야 할 것이다. 이는 우리나라에서 어렵게 시작한 공공디자인의 화두가 단순한 디자인의 한 분류와 사업대상으로서만 끝나는 것이 아니라 우리만의 디자인적 진화를 끌어낼 수 있는 기회로 삼아야 하고 일상미학적 논의와 개념은 공공디자인의 가치를 높여주는 촉매제가 될 것이다.

03. 공공디자인의 경제적 가치

Public Design Value 3.

"공공디자이노믹스_Public Designomics"

1. 디자인의 역할

"디자인은 시대정신을 구현해야 한다."

디자인은 그 시대가 추구하는 가치를 구현시켜주는 Enabler로서의 역할을 해왔다. 산업화 시대에 맞추어 디자인은 산업적 생산을 위한 경제적, 기능적 가치를 지원하고 구현하는 굉장히 좋은 수단으로 우리 사회에 이바지해 왔는데 지금 우리 시대는 디자인을 통하여 무엇을 구현해야 하는가? 시대의 트렌드나 시대정신을 알고 싶으면 그때 유행하는 디자인이 어떤 목적을 위해 활용되고 있는가를 살펴보면 많은 도움이 된다.

산업디자인, 유니버셜디자인, 포용디자인처럼 디자인 앞에 붙은 단어들이 그 시대가 구현하려는 가치라고 볼 수 있다. 수많은 디자인 어휘가 나타나고 있는 이 시대의 디자인 역할을 고찰해보는 것은 중요하고 각 디자인이 대립이 아니라 상호 보완할 수 있는 입지를 구축하는 것 또한 매우 중요하다. 그러한 면에서 2005년 대한민국에서 새로운 시도로 시작되어 구현되어 나가고 있는 공공디자인과 산업디자인과의 연계를 통한 경제적 가치로서 가능성을 살펴보는 것은 매우 중요하다.

2. 산업디자인 그리고 공공디자인

우리나라의 디자인은 1977년에 '산업디자인진흥법'을 기반으로 발전해 왔다. 법 2조의 정의에 보면 산업 경쟁력 강화에 이바지하는 목적으로 디자인에 활용되고 제품, 포장, 시각, 환경으로 유형을 정의하고 있다. 40년 이후인 2016년에 제정된 '공공디자인 진흥법'에서는 디자인의 정의를 공공의 이익과 안전을 위해 활용되어야 하는 함을 강조하고 있고 그 유형 또한 생활 안전, 생활 배려, 생활 편의, 생활 품격 등 우리 일상에서 추구해야 할 형이상학적인 가치로 선정하여 디자인이 공공가치를 실현하는 수단으로써 활용되는 기반을 만들었다. 공공디자인과 산업디자인. 전 세계적으로 공공디자인이 법제화된 나라는 우리나라뿐인데 법이 만들어져서 국가에서 정책적으로 추진하고 또한 산업의 관점에서도 예산이 확보되고 디자이너들에게는 새로운 시장으로 활용되고 있다. 디자이너뿐 아니라 지역 경제의 정책가들도 공공디자인을 새로운 동력원으로 활용할 수 있는 신 디자인 생태계를 형성하는 가능성이 생겼는데, 우선 공공디자인 진흥법 2조에는 지금까지 우리가 알던 디자인의 형태와 조형 외에 공공디자인 사업을 기획, 분석, 계획, 운영, 관리까지 전 주기에 걸친 과정적인 부분도 디자인사업으로 인정하여 무형적 측면의 프로세스 또한 법적 사업으로 추진할 수 있는 해석이 가능하게 되었다.

또한, 공공디자이너의 인건비 기준이 학술 용역 단가의 1.5배에서 2배 이상 기준으로 마련되었고 창작료 항목이 신설되어 공공기관에서 수행하는 공공디자이너들에 대한 복지가 향상 근거가 마련되었다. 국가에서는 공공디자인의 진흥을 위해 한국공예디자인문화진흥원을 공공디자인 전담기관으로 지정하고 청년 디자이너 인턴십이라는 프로그램을 통해서 공공디자인법에 따라 전문인력에 대해서 인건비와 직무 교육, 실무 경력 관리 등을 지원하며 또한 전문가 컨설팅과 함께 국가 표준 실무교재도 제공하여 공공디자인에 대한 체계적인 인력 양성과 육성을 지원하고 있다.

3. 공공가치를 위한 디자인 산업

1977년 산업디자인진흥법을 통해서 산업디자인이 눈부신 발전해 왔듯이 2016년 공공디자인 진흥법을 기반으로 디자인 생태계가 앞으로 새로운 성장동력을 통해 발전해 나갈 가능성이 있다. 공공디자인의 가장 큰 산업 중 하나는 공공디자인 진흥계획이라는 법정계획이다. 전국에 245개 지자체가 있고 약 30여 개의 주요 공공기관이 있는데 특히 공공디자인 진흥법에서는 지자체들이 5년 단위마다 공공디자인에 관한 법정 디자인 계획을 마련해야 하는 근거를 제6조에 마련해 놓았다.

또한, 관계부처 합동으로 이루어진 제12차 일자리위원회 디자인 주도 일자리 창출 방안에 대한 회의에서는 디자인을 디자인 스타일링에 대한 관점에서 소비자의 경험과 가치를 향상하는, 기획으로 고도화시켜 가치 중심의 산업 분야로 추진하고자 하는 내용을 논의하였다. 일자리위원회 디자인 주도 일자리 창출 방안의 회의에서는 세부 실천과제 3대 역량 중의 하나를 공적 영역에서의 디자인 활용 확대를 강화하고 있고 특히 이 세부적인 추진 과제에서도 디자인 기반의 사회적 경제를 지원하는 부분에서 다양한 확산 또한 국민 공간과 공공서비스에 대한 부분 그로 인한 공공자원 인력에 대한 양성과 투자 확대를 지금 국가 정책으로 추진하고 있다.

5차 산업디자인 진흥계획에서는 기존의 디자인이 이제 제조 생산 중심에서 민간과 공공 분야 서비스업으로 확대됨을 알 수 있다. 자동차와 가전, 생활 소품 사무용품과 같이 우리가 아는 제품에 대한 물성적 디자인에 대한 측면에서 의료사고 방지 디자인이라든지 다양한 금융 서비스디자인 특히 저탄소 녹색 성장과 같은 친환경 기반 또한 사회문제 해결과 취약계층 보호와 같은 공공 부분에 대한 디자인을 주요 부분으로 디자인 시장을 확대하고 있음을 알 수 있다.

디자인 산업 융합 전략 추진 계획에서는 향후 35년 동안 디자인 수요 예상 분야에 있어서 융합 신산업 분야에 이어 공공 분야의 창출이 매우 많아질 것으로 보고 있는데 7대 중점 전략 추진 분야 중에 다양한 서비스 분야가 선정돼 있는데 특히 추진 과제에 보면 우리가 사실 기존디자인으로 이해하기에 어려운 부분들이 많이 있다. 디톡스에 대한 부분이나 고령 케어라든지 유니버설디자인을 기반으로 한 배려디자인 등이 있는데 이는 기존의 디자인이 공공가치 추구의 수단으로 확산되고 디자인의 공공지원이라는 새로운 시도가 있다는 것으로 볼 수 있다.

4. 공공디자인 산업

다양한 산업적 가치향상의 디자인에서 이제는 공공가치 향상의 통합적 전략으로 디자인이 이미 우리 주변에 있고 산업 현장의 한 분야로 시작되어 우리 산업경제 환경에도 분명히 영향을 미칠 것으로 보인다. 신산업으로서의 추구하는 디자인은 경제적이고 효율적이고 예쁜 디자인이라기보다 필요한 디자인이다. 공공재의 관점에서 모든 이를 위한 배려디자인 등은 기존 공공시설물 시장에 새로운 수요를 새로 마련할 수 있는 좋은 예입니다.

예를 들면 포용적 '개인 모빌리티에 대한 확산'으로서 포용적 해수욕장을 만들기 위한 바퀴가 달린 모든 도구들이 바다 안에서 함께 공유할 수 있는 인클루시브한 접근성에 대한 디자인은 새로운 공공시설물 시장을 만들 수 있다. 또한, 기존의 놀이터가 어린이만을 위한 놀이터에서 포용 놀이터, 노일 통합놀이터 등으로 확산되어 가고 있습니다. 얼마 전 SH는 우리나라 최초로 단지 내에 무장애 통합형 놀이터를 만들었다.

이는 기존 포화된 어린이 놀이터 디자인 시장을 넓힐 수 있는 새로운 동력원의 가능성을 존재하는데 전형적인 놀이터의 관점에서 우리 근린 생활의 통합 공간으로서 큰 역할을 하게 될 것이라는 공공적인 관점의 놀이터 시설에 대한 새로운 프로토타입 유형은 공공디자인의 주요한 산업 확산의 부분일 수 있다. 그리고 서울이나 광역 지하철에서는 다년간에 걸쳐서 읽기 쉽고 인지가 빨리 되는 지하철의 안전 정보에 대한 레저블(Legible)디자인에 대한 적용을 꾸준히 공공디자인 계획을 통해 진행하여 왔다. 사람 중심의 읽기 편한 정보 디자인을 적용은 비단 지하철 역사뿐만 아니라 공공청사와 민간 사설 안내 표지판과 같은 도시 곳곳에 읽기 편한 도시를 만들기 위한 전략으로 적용될 필요성은 자명하다.

대한민국 국토대전에서 국토교통부 장관상을 받은 성남 톨게이트 디자인은 세계 최고의 톨게이트 디자인이라고 생각이 되는데 사실 조형적인 완성도 측면이 아니라 공공디자인 관점에서 모든 장식적 요소를 제거하고 안전 정보에 충실하고 사고를 가장 덜 발생하게 하는 톨게이트 디자인이다. 고속도로 갈림길을 사전에 알려주는 세이프티 레인(Safety lane)도 교통사고를 거의 30% 가까이 줄인 아주 혁신적인 공공디자인 사례인데 이를 진행한 한국도로공사는 공공디자인 전문인력도 보유하고 있는데 이는 고속도로가 기능적 측면에서 발전하여 디자인을 통해 더 안전하고 편안하며 배려받는 고속도로를 만들려는 정책 의지로 보인다. 아마도 한국도로공사의 고속도로 디자인은 '한국형 공공디자인 고속도로'로 수출도 가능하지 않을까 기대된다.

공공디자인은 기존 산업디자인과 반대되는 디자인이 아니라 디자인 산업의 신동력원으로서의 가능성으로 보고자 한다. 민간 기업의 영역까지 확장해서 보자면 민간 기업의 사회공헌이나 ESG의 추진 수단으로서 공공디자인은 아주 좋은 수단이다. 공공의 가치를 추구하는 데 있어 공공기관만이 하는 것이 아닌 민간과 공공기관 구분이 없이 실행하고 있는 경향을 볼 때 공공디자인은 좋은 전략이 될 수 있다. 다만 공공가치를 추구하는 수단으로서 '디자인', 이러한 관점에서 디자인은 최적의 수단이고 전략이지만 아직 이런 것들은 비즈니스 모델로 만들어져 있거나 지원기관의 행정제도 들이 거의 전무한 상황이다. 이런 상황에서 공공디자인은 공공가치를 추구하며 지역의 경제적 가치, 사회적 가치, 협력적 가치를 구현하는 좋은 전략이며 Public Designomics 개념으로서 산업계의 새로운 진흥요소로 가치를 지니고 있다.

* 본 원고는 전남디자인센터 공공디자인노믹스 특강 내용을 기반으로 작성되었습니다.

04. 공공디자인의 협력가치

Public Design Value 4.

"ESG 공공디자인"

공공 가치 향상을 위한 진화된 공공디자인의 출현을 기대하며... "공공디자인은 이제 공공기관만이 주체가 되는 영역의 한계가 나타나기 시작했다. 공공영역의 공공가치 향상은 주체에 관한 분류가 아닌 실행에 따른 다양한 주체의 거버넌스로 이루어져야 한다. ESG는 기업의 사회적 책임(CSR) 차원을 넘어 하나의 중요한 평가 및 투자 기준으로 고려되고 있다는 점에서 사회 공헌 활동과 분명히 구별된다. CSR이 이미지 개선을 위한 '선택'이었다면 ESG는 '필수'이다.

공공가치에 대해 민간투자가 진행될 지금, 공공디자인은 무엇을 할수 있을까?"

1. 공공디자인의 공공화 필요

우리나라의 디자인은 1908년 한국 의장령이 공포되고 광복직후 대학에 도안과가 신설되면서 시작되었고 1977년 12월 31일 '디자인·포장진흥법(현재는 산업디자인진흥법)'이 제정되면서 본격적인 디자인 정책이 실현되었다. 이 법에 의해 디자인은 제품 및 서비스 등의 미적·기능적·경제적 가치를 최적화하여 물질적·심리적 욕구를 충족시키기 위해 사용되었고 그 유형을 제품디자인·포장디자인·환경디자인·시각디자인으로 분류하였다.[5]

---

5) 산업디자인진흥법 제2조

이러한 성격을 지닌 산업디자인은 자연스럽게 민간 기업의 주요 전략으로 활용되었고 "예쁜" 디자인이 소비자를 자극하며 우리 삶에 가까이 있게 되었다. 광복 이후 근대화가 이뤄지는 우리에게 디자인은 산업디자인의 개념으로 인식되어 있는 것이 사실이다.

산업디자인이 태동된 지 40년이 흐른 2016년 8월 4일에는 공공디자인 진흥법이 세상에 나타났다. 미적·기능적·경제적 가치를 최적화하는 디자인에 안전, 편리, 배려 가치를 최적화하는 디자인이 나타나면서 대한민국의 디자인은 양쪽 날개를 갖춘 선진형의 디자인 체계를 구축하게 되었다. 사실 디자인이라는 용어는 단독으로 사용되는 경우보다는 ㅇㅇ디자인으로 자주 불린다. 환경디자인, 건축디자인, 시각디자인, 유니버설디자인 등등 디자인은 접미어와 같은 형식으로 사용되기 때문에 공공디자인이 출현했을 당시만 해도 하나의 분류된 공공시설에 대한 유형이 나왔을 것이라고 예단한 부분이 많았다. 어쩌면 출발은 그랬는지 모른다. 그냥 하나의 공공시설물에 대한 형태적 디자인... 하지만 공공디자인의 출현은 세계 최초의 법적 용어를 만들고 무형적이고 인본주의적인 가치를 목적으로 하는 우리 삶에 딱 '필요'한 디자인이 나타난 것이었다. 디자인의 산업적 기여가 활발하던 1996년 한국경제신문 커버스토리 제10호 '총체적 부실 디자이너', '양산 시스템'이라는 기사를 보면 "최근의 사회적 수요나 추세를 보았을 때 제품의 기능성을 강조하는 만큼 디자인전공을 공대 쪽에 두는 방안도 신중히 검토돼야 할 것"이라는 전문가의 기고 글이 실린 적이 있다. 이는 당시 시대적 수요나 정신이 경제적 가치에 집중되어 있었기 때문으로 보인다.

이렇듯 디자인이 시대정신은 물론이고 시대적 수요를 따라간다고 보았을 때 지금의 공공디자인은 어떤 시대적 수요에 대응하고 있는지 살펴볼 필요가 있다.

그런 면에서 영국의 모 대학에 도시디자인이 인문사회대에 개설된 사례에서 볼 수 있듯이 공공디자인은 인문학과 행정에 많은 연관성을 두고 있는 인본주의 관점의 사람 중심의 디자인이라는 것을 살펴볼 수 있다. 공공디자인은 소위 '예술' 영역이 아닌 행정과 정책을 기반으로 하며 출발하였다.

공공디자인은 공공디자인 진흥법이 생기기 전인 2006년 전문가들의 '포럼'을 통해 시작되었다. 이 전문가 안에는 디자인전문가도 있었지만, 행정가, 정치가, 정책가 등의 전문가들이 다수를 이루고 있었다. 공공디자인이 공공영역을 대상으로 하기 때문에 공적영역의 관계자들이 당연히 관심을 많이 두게 된 것이고 공공디자인이 공공기관의 예산과 조례를 통해 이루어져 왔고 더욱이 공공디자인 진흥법이 제정되고 공공디자인 진흥계획 등의 법정계획으로 운영되는 과정에서 점점 전문화되면서 자유롭게 공유하고 이해하기 쉽지 않은, 전문가들만이 알 수 있는 '그들만의 리그'라고 비판도 받으며 '공공'디자인이지만 공공에게는 어려운 공공디자인으로 되어 갔다.

2. 공공디자인 대중화의 서막

공공디자인진흥법에도 나와 있듯이 공공디자인은 공공기관이 수행 주체가 되는 디자인 영역이다. 공공디자인은 법규, 제도 그리고 정책 위주로 시작이 되었고 어쩌면 이러한 경향이 사용자가 체감할 수 있는 가장 가까운 디자인이지만 어렵게 느껴진 구조를 지니고 있다. 우리에게 공공디자인은 법제 기반의 고유명사와 같은 행정기반 공공디자인이 있고 실행기반의 일반명사와 같은 민간기반 공공디자인으로 이분화해서 살펴볼 필요가 있다. 대부분 지역에서는 공공디자인 기본계획 또는 지역 공공디자인 진흥계획을 통해 공공디자인 사업을 추진하고 있고 중앙부처 혹은 광역의 시범사업을 추진하면서 공공디자인 사업을 진행하고 있다.

하지만 안전, 편리, 배려라는 공공가치를 실현하는 디자인이 공공 디자인이라는 관점을 가지고 본다면 민간영역에서 실행 중인 공공 디자인은 현재도 다수 실행되고 있다. 학교 등굣길 아이들의 안전을 확보하고자 주민들이 협력하여 임시적인 안전시설과 프로그램을 실 행하고 전통시장의 경제적 활성화를 위해서 대기업이 서비스 프로 그램을 제공하고 자동차 회사는 시각장애 아이들이 운전하면서 놀 수 있는 무장애 놀이터를 만드는 것들이 그 예이다.

'기업주도형 공공디자인 진흥을 위한 ESG 평가에 관한 연구(김지 연, 2021)'에 따르면 공공가치를 실현하는 민간 기업의 공공성 사 업은 공공디자인의 참여, 협력 주체의 확장에 따른 지역사회 구성 원으로서 일정한 권리와 책임을 갖는 '기업 시민의식'에 따라 최 근 확대되고 있음을 알 수 있다. 물론 몇몇 기업을 빼고는 아직 공 공디자인이라는 공식 사업명을 사용하지는 않지만, 공공영역에 안 전, 편리, 배려, 환경과 같은 공공가치를 실현한다는 측면에서 본다 면 실행 관리 주체만 다른 정확한 공공디자인의 영역이다.

(사)사회공헌센터의 자료를 살펴보면 우리나라 상위 100대 기 업의 사회공헌 총 규모는 약 1조 7,950억 원이며 이는 기업당 평균 310억 원을 지출한 셈이다. 물론 현금과 봉사프로그램이 많은 비중 을 차지하지만 공공디자인과 관련해 많은 용품과 인프라의 지원 도 많은 부분 차지하고 있다. 100대 기업은 평균 7.9년간 사회공헌 을 지속하고 있으며, 10년 이상 사회공헌 프로그램을 진행하는 기 업이 전체의 29%로 나타났다.

또한, 설문조사에서 약 28%는 사회공헌활동이 사회문제 해결 및 지역사회 발전, 소통과 같은 공공디자인 요인과 밀접하다고 생각하고 있었다. 이는 민간의 사회공헌활동이 공공디자인으로 구현될 가능성을 보여준다. 기업의 초과된 수익을 재분배하는 수동적이며 의무에 가까운 개념으로서 사회공헌(CSR)은 기업의 본질에 충실하되 공공적 가치를 창출하고 지속가능한 기업과 사회를 만드는 것에 초점을 둔 공유가치 창출(CSV)로 발전되어 왔다.시대적 흐름에 따른 기업 사회책임의 형태인 CSR, CSV는 사회적으로 공공적 가치를 창출한다는 핵심은 같으나 사회의 요구에 대응하는 일종의 시혜적 활동인 CSR에 비교하여 CSV는 기업이 장기적 관점의 투자로 보고 접근한다거나 결과를 통해 기업에게도 경제적으로 긍정적인 가치창출을 염두에 두고 수행한다는 면에서 상대적으로 주체성이 강화된 개념으로 볼 수 있다. 이러한 변화에 맞춰 UN에서는 지속가능한 투자를 위해 'ESG(Environmen-tal, Social, Governance)'란 용어를 2006년 UN PRI(책임투자원칙)를 통해 알리고 기업의 투자는 환경·사회·거버넌스와 밀접하게 관련되어야 하며 기관투자자는 기업 투자 대상 선정시 ESG 요소를 고려해야 한다는 내용을 발표하였다. 이러한 지속가능성을 기반으로 한 흐름 속에 CSR, CSV에 이은 ESG, 즉 환경(Environmental), 사회(Social), 지배구조(Governance)를 중심으로 한 공공 가치적 성과 실현에 높은 관심을 두게 되었다.

3. E.S.G의 실행전략으로서 공공디자인

E : environment by Public Design

사실 공공디자인의 정책 중에 가장 미흡한 부분이 환경 부분이다. 공공디자인의 가장 기본적인 정책을 담고 있는 국가 공공디자인 진흥종합계획의 5대 전략과 19개 세부과제에도 친환경적 내용은 부족하게 담겨있으며 협력과 연계를 강조하는 공공디자인 정책관점에서 봤을 때 K-뉴딜이나 K-SDGs과의 시너지가 어려운 것도 사실이다.

하지만 민간영역 특히 스타트업을 기반으로 친환경적인 공공가치를 위한 다양한 활동들이 왕성하게 일어나고 있다. 물론 기업은 이윤을 추구하기 위해 활동하지만 이러한 활동이 공공영역에 선한 영향력을 끼치게 된다면 이는 공공디자인과 민간과 협력할 수 있는 가장 이상적인 모델이 된다. 환경적 공공가치 창출은 리사이클링과 업사이클링을 기반으로 한 다양한 실험과 시도를 통해 진행되고 있다. 예를 들면 요즘 가장 심각한 사회 문제 중 하나인 플라스틱 문제를 해결하기 위한 오픈소스 프로젝트는 플라스틱 재활용을 위한 지식, 노하우, 프로세스, 방법론 및 장비 제작에 대한 내용을 함께 공유하고, 자원순환 활동을 통해 플라스틱 문제를 해소하기 위한 활동을 펼치며 공공가치를 창출한다.

또한, 바이오 필릭과 같은 환경 심리행태관점의 공공영역의 그린디자인과 미세먼지 이슈 등의 주제를 공공디자인 사업화하여 진행 중인데 환경적 관점은 ESG 기업 활동에서 가장 중요하며 범위도 넓은 부분이다. 기업의 친환경적 개선 투자가 공공영역의 활동기업에 이루어진다면 친환경적인 지속가능성이 공공영역에 실현되고 전략과 수단으로서의 공공디자인 역할이 가능하다. 가장 중요한 점은 공공디자인은 공공행정과 밀접한 관련이 있기 때문에 그 실현성과 파급력이 확보된다는 것이다.

S : society by Public Design

공공디자인 진흥법 제 10조 공공디자인 사업의 원칙을 보면 제일 먼저 기술되어 있는 부분이 '공공의 이익과 안전을 위해..'이다. 다양한 공공시설물, 매체 인프라를 통해 사회적 안전을 확보하는 것은 공공디자인의 궁극적이면서 가장 중요한 가치이다. 더욱이 2021년 3월 기획재정부가 공공기관의 공공가치와 관련된 ESG 공시 항목에 '안전·환경, 사회공헌'을 신설 확대한 것은 이제 ESG가 기업의 투자 기준만이 아닌 공공영역에서의 지속가능한 사회를 위해 추구해야 할 비전으로 문화화되어 간다는 것을 보여준다.

공공디자인 진흥종합계획에서도 이용하기 편리한 공공공간 및 공공용품 디자인에 대한 세부 방안이 마련되어 있어 모든 이를 위한 배려, 안전을 지켜주고, 편리한 활동을 지원하는 공공디자인의 개념은 정리되어 있다. 사회를 위한 ESG 공공디자인은 공공의 안전과 편의, 배려 등의 공공가치를 창출할 수 있는 지속가능한 캠페인, 공공굿즈, 선한 영향력을 공동체와 나누는 공공활동프로그램, 노약자 및 고령 인구를 배려하는 고령친화 놀이터, 안전마을 만들기 등 기존 공공디자인 사업으로 쉽게 연계되고 실현 가능하다.

G : governance by Public Design

공공디자인 진흥법에는 적극적 협력체계를 통한 통합적 공공디자인 구현과 관련 분야와의 협력 및 국민 참여에 관한 사항을 명시하고 있는데 이는 곧 공공디자인의 정체성이 협력과 연계라는 '협치'를 기본 방법론으로 삼고 있다는 것을 보여주는 것이다. 사실 거버넌스는 협치라는 거시적 의미에서 계속 진화되어 공공문제를 해결하기 위한 사회적 조정양식을 포함하는 메타 거버넌스(Meta Governance) 개념까지 발전해 왔다. 즉, 공공디자인에서 말하는 거버넌스는 문제 해결을 위한 과정에서의 다양한 협력을 이야기하는 것이다. 공공디자인이 사회문제 해결과 공공가치 지향의 진화가 이뤄지기 시작하였고 이에 따라 유형적 디자인에서 과정적이고 가치 중심의 방법론적 디자인을 위한 거버넌스의 개념이 실행전략으로 관심을 받게 되었다. 특히 민간 기업의 CSR을 기반으로 공공환경의 개선, 안전마을 사업, 무장애 놀이터, 건강증진 공간마련, 전통시장 개선, 사회적 약자 배려 등의 공공공간 사업 투자는 현재도 많이 진행되고 있고 이를 지역 공공디자인 진흥계획 등에서 체계적이고 협력적으로 수립하고 기획. 실행되는 과정을 통해 기업관점에서는 실질적인 ESG 실현, 국민으로서는 편의 배려 등 공공서비스 혜택, 공공기관 입장에서는 예산 절감의 1석 3조의 효과를 낼 수 있는 것이다.

4. 공공문화로서의 ESG 공공디자인

'ESG 공공디자인의 필요성'

· 공공 가치 향상을 위한 민간 기업 E.S.G 연계 공공디자인 적용

· ESG의 실행을 위해 공공영역에 기획 적용 운영 수단으로서 공공디자인의 전략화

· 지역 공공디자인 진흥계획에서 민간 ESG참여의 전략의 필요

· ESG의 실행과 관리를 위한 방법론으로써 공공디자인 연계

· 공공영역의 문제 해결을 위한 공공디자인 ESG 거버넌스의 모델의 필요

· 공공기관만이 주체가 되는 공공디자인이 아닌 민간주체의 공공디자인 가치

지속가능한 미래를 위해 기업이 추구해야 하는 가치와 전략은 ESG 관점에서 혁신되고 있으며 우리의 더 나은 공공가치를 위한 중요한 주체가 될 것이다.

모두가 행복한 사회를 위해 해결이 필요한 사회문제를 진단하고, 다양한 민간+공공 주체 간 협력을 통해 많은 기업이 역량과 자원을 활용해 다양한 사회문제를 협력형으로 해결할 수 있는 ESG 공공디자인이 우리에게 다가오고 있다. 우리의 공공영역에서는 다양하고 복잡한 사회 이슈가 증가하고 있으며 이러한 사회문제는 너무도 복잡하고 다양해서 정부, 기업, 시민사회 등 다양한 주체들의 협력이 절실하다. 이에 CSR-CSV-ESG로 이어지는 기업의 사회공헌 활동이 협력 대안 중 일부로 자리매김하고 있으며 이는 공공가치를 추구하려는 다양한 방법론을 지닌 공공디자인과의 만남으로 더욱 큰 힘을 낼 것으로 보인다. 더 나은 사회를 위해서는 기업이 경제·사회·환경에 미치는 부정적인 영향력을 최소화하고, 긍정적인 변화를 유도하기 위해 국내 많은 기업이 사회적 책임과 역할을 고민하고, 다양한 사회공헌 활동을 통해 ESG 공공디자인 모델이 핵심전략으로 적용되기를 기대한다.

이제 법과 제도 중심의 어려운 공공디자인이 아닌 다 함께하는 공공문화로서의 ESG 공공디자인이 우리에게 새로운 공공디자인을 만들어 줄 것이다.

* 본 원고는 충남공공디자인센터 'ESG 공공디자인' 기고 내용을 기반으로 작성되었습니다.

05. 공공디자인의 확장
Public Design Value 5.

" Public Design의 Public화"

1. 공공디자인의 시작은 필연일까 우연일까?

이탈리아의 미술이론가 프란체스코 란칠로티(Francesco Lancilotti)는 1509년 『회화론(Trattato di pittura)』에서 회화의 성격을 "disegno(계획), inventione(창의), colorito(색), compositione(구성)"의 4가시 요소로 정의했다. 미술사가들은 disegno(디세뇨)를 외적, 내적 개념으로 분류하여 완성된 결과와 완성을 위한 창의적 개념, 즉, 형태로서의 디자인과 과정으로서의 디자인으로 이원화된 정의를 해왔다. 이후 산업화 시대를 맞은 디자인 개념은 기능과 경제 가치를 위한 형태, 도안과 장식에 관한 내용으로 발전해 왔고 산업화의 전성기를 지나고 탈근대적 의식이 무르익으며 다시 인본주의적 사고로 회귀하려는 움직임 속에 디자인도 그 시대 정신을 발현시키려는 움직임이 일어나기 시작했다.

그로 인해 디자인은 유니버설과 지속가능을 이야기하기 시작하였고 사람과 사회를 중심에 두기 시작하였다. 결국 인문적 확장이 이뤄지며 미술전공자의 전문 영역이 아니라 디자인은 점차 역할이 광범위해지고 다양해지면서 사용자를 위한 '사람'중심, 사회문제 해결을 위한 '사회'중심, 소통과 공유를 통한 '공동체'중심의 디자인으로 변해가고 있음은 부정할 수 없다.

이러한 시대적 흐름 속에 2005년 겨울 우리는 순수 국내에서 '공공디자인'을 탄생시켰다. 비록 그 시작 단계에서 커다란 담론과 철학을 담는 충분한 숙성과정을 거쳤는지 그리고 일부 소수의 이해관계자에 의한 것은 아닌지 많은 비평이 있을 수 있지만, 디자인의 인본주의적 시대 정신의 반영이 우리에게도 나타난 것으로 볼 수 있고 그 중심에는 공공디자인이 있었다. 많은 부침 속에 공공디자인은 짧지 않은 시간을 여러 부침 속에 쉬지 않고 달려 왔고 세상에 '필요'한 디자인이 되기 위해 지금도 많은 시행착오 속에 진화를 거듭하고 있다.

거시적으로 보자면 우연인지 필연인지 disegno(디세뇨)의 과정적, 창의적 가치가 우리에게도 발현되기 시작한 것이며 대한민국 공공디자인은 산업화 이후 진행된 디자인의 개념을 'disegno(디세뇨)' 창의적 의미에 맞게 확장시킨 것이다. 지금 '공공디자인'은 디자인의 과정적, 창의적 가치를 수행하는 선도적 임무를 수행해 가고 있으며 앞으로 우리 사회에 닥칠 많은 문제에 '디자인'이 상당 부분 해결하는 전략과 수단으로 작동하며 삶의 한 문화 축으로 여러 공헌을 할 것이다. 수많은 사람의 노력과 의지로 시작된, 사람을 위한 시대정신을 실현하는 '필연'적인 공공디자인이 우리와 사회를 위한 역할로 자리 잡기 위해 많은 협력과 노력이 지금도 진행 중이다.

2. 공공디자인의 확장 가능성

공공디자인은 매체와 시설 등 공공환경을 중심으로 시작됐다. 『공공디자인의 진흥에 관한 법률』에 근거한 「공공디자인 진흥종합계획」에 따라 안전, 편의, 배려, 품격이라는 주제가 선정되고 공공디자인이 추구해야 하는 형이상적인 비전이 수립되었다. 구체적 유형과 주제가 구축된 공공디자인은 이제 방법론으로 확장되고 참여와 협력의 거버넌스로 진화되어 가는 가능성이 있다.

이를 통해 기능적 발전에 한계를 나타내는 여러 가지 도시 문제해결과 인간중심의 공공성 회복의 실천적 대안으로 자리 잡아가고 있다. 참여와 협력의 실천적 방법을 통해 공공디자인의 가능성을 확장하는 데 있어 가장 중요한 것은 민간주체의 참여이다. 공공디자인은 공공기관이 수행 주체가 되는 디자인 영역이고 법규, 제도, 정책 위주로 시작이 되었기 때문에 국민이 체감할 수 있는 가장 가까운 디자인임에도 불구하고 대다수의 국민은 '공공디자인'을 어렵게 느끼고 있다.

하지만 제도적 공공디자인이 아닌 실천적 공공디자인은 실질적인 문제해결과 공공가치의 향상을 목적으로 민간 공공의 협력으로 실천하는 현장에서 쉽게 느낄 수 있다. 즉, 공공디자인의 확장을 위해서는 '민간-공공 협력의 거버넌스에 기반을 둔 공공디자인 운동'과 같이 실천적인 문화로 우리 삶에 더 친근히 다가와야 한다. 다음 공공디자인(The Next of Public Design)은 법제, 제도 중심의 행정기반 공공디자인이 체계화되어가는 기반 위에서 참여와 실행기반의 공공디자인으로 구조화하고 확장되어 나가야 한다. 이제 공공디자인의 확장은 공공디자인이 그동안 공공에게 쉽게 다가가지 못했던 한계점을 극복하는 데서 먼저 시작되어야 한다.

"공공디자인은 공공에 의한 디자인인가? 공공을 위한 디자인인가?"

3. 공공디자인의 확장을 위한 '익숙한 미래'

"가장 중요한 것은 너무 평범하고 익숙해서 눈에 띄지 않는다."라는 비트겐슈타인의 말은 문화체육관광부의 공공디자인 기획전시《익숙한 미래: 공공디자인이 추구하는 가치》의 모토이다. 기획전시 '익숙한 미래'에서는 공공디자인의 일상 속 해석을 통해 '공공에 의한 디자인'에서 '공공을 위한 디자인'으로 확장의 가능성을 제시하였다. Yuriko Saito는 역작 Everyday Aesthetics를 통해 일상 미학(Everyday Aesthetics)은 우리에게 심미적 아름다움이 우리의 일상에 늘 존재한다고 이야기한다. '익숙한 미래'는 공공디자인의 확장적 가능성을 탐구하고자 디자인과 공공성, 일상 속 관계와 의미를 찾아보고 이를 대중적으로 이해시키기 위해 친숙하고 일상적인 공간을 통해 보여줌으로써 공공디자인의 다양한 가치를 공유한다. 이를 위해 일상의 가치를 '공공디자인 경험', '공공디자인 협력', '공공디자인 연결', '공공디자인 혁신'의 4가지 클러스터로 일상의 사례를 분석했다.

첫번째 공공디자인 경험은 문제를 해결하기 위한 공공의식 개선을 위한 인지, 심리, 캠페인적인 공공디자인의 유형으로 규정하였고,

두번째 공공디자인 협력은 민간과 공공의 공헌 활동과 협력 모델로 구현된 공공디자인의 유형이다.

세번째로 공공디자인 연결은 공공의 다양한 참여와 연계를 통해 이루어진 공공디자인 유형이고 마지막으로 공공디자인 혁신 유형은 문제 해결을 위한 혁신과 방안의 서비스와 프로그램을 포함한다. 4가지 유형을 통해 공공디자인이 추구하는 공공가치는 공공 안전, 공공 배려, 공공 거버넌스, 공공 편의, 공공 품격, 공공 소통, 공공 혁신, 공공서비스의 8가지로 정리하여 공공디자인의 가치를 진화시키고자 하였다. 《익숙한 미래: 공공디자인이 추구하는 가치》는 매체와 시설 등 유형적 설치로부터 시작한 안전, 편의, 배려의 주제로 확장되고 이제는 다양한 참여와 협력을 통해 우리 일상에서 구현되는 공공디자인을 통한 공공가치를 보여주고자 한다. 일상 속 공공디자인은 기능적 발전에 한계를 나타내는 여러 가지 도시 문제 해결과 인간 중심의 공공성 회복의 대안이며 대한민국의 공공디자인이 다양한 영역의 일상 속에서 연계와 협력을 통해 공공성을 새로 마련하는 일상적 문화로 진화되어 갈 수 있음을 보여준다. 보편적이고 일반적이어서 너무 '익숙'했을 공공가치를 추구하는 다가올 '미래'는 우리 공공디자인의 확장을 통해 구현하고자 하는 '익숙한 미래'이다.

《익숙한 미래: 공공디자인이 추구하는 가치》는 놀이터, 거리, 공원, 학교, 골목, 지하철 등 우리의 일상을 나서면 바로 만나는 6개의 일상 공간을 구현한 쇼룸에서 일상 속 8가지의 공공가치를 지닌 공공디자인을 직접 만날 수 있게 하였다. 일상 속의 공공디자인 사례들은 본질을 표현하기 위해 부가적인 요소들을 최소화하고 디자인의 정제된 핵심 요소만을 미니멀하게 구현하여 마치 레고처럼 단순하며 쉽게 공공가치를 대중적으로 알기 쉽게 디자인되었다. 일방적 텍스트 설명도 최소화하여 관람자들이 일상 속에 평범한 모습을 통해 미처 깨닫지 못했던 공공디자인의 가치를 관조하는 방식이 아닌 경험과 기억 등 다양하며 맥락적인 방법으로 전달하여 관객들과 소통하고자 한다.

문화역서울284는 공공디자인 전시의 안테나숍과 같은 역할을 하고 실제 전시는 전시장 밖 우리 도시공간 전체에서 구현되어 있다. 그곳에 이미 많은 공공 안전, 편의, 배려 등 공공가치를 위한 많은 공공디자인이 있지만 모두 그것이 공공디자인인지 모르고 지나쳤던 것을 이번 전시를 통해 재고하는 기회로 만들고자 하였다. 전시를 통해 일상 속에서 지나쳤을 그 가치를 경험하고 전시장을 나와 우리가 사는 도시 일상공간 속에서 다시 한번 공공디자인을 느끼게 된다.《익숙한 미래: 공공디자인이 추구하는 가치》를 통해 공공디자인의 가치와 공공디자인의 비전을 재고하며 쉽고 대중적인 공공디자인으로서 국민 인식 제고, 변화된 사회상에 따른 공공디자인 확장에 대한 가능성을 공유하였다. 또한, 공공디자인이 전문가들만의 어려운 전유물이 아닌 다양한 일상 속에서 공공가치를 창출하는 일상의 문화이며 곧 우리의 삶이라는 것을 전달하였다. 이를 기반으로 다양한 이해관계자들이 공공의 문제를 해결하기 위해 협력, 연계하고 실천하는 생활형 문화 운동으로 확산되고 우리 삶의 개선 수단으로 발전되는 '공공'화 된 공공디자인으로 진화되어 간다.

* 본 원고는 2021 공공디자인 기획전시 콘텐츠를 기반으로 작성되었습니다.

06. 공공디자인의 의제 가치

Public Design Value 6.

"가치향상 전략으로써 공공디자인"

　우리 도시의 공공환경개선은 물리적 환경 중심의 경관, 미관 등 디자인의 대상이 '보고 보이는 것'에 집중하여 진행되어 왔지만, 정신적 만족도와 정주환경, 문화생태환경의 향상을 위해 사람이 중심이 되는 무형적 인본주의 관점의 '가치를 향상시키는 것'으로 공공디자인 패러다임의 전환을 통해 그 정체성을 강화할 수 있다.

　특화된 공공디자인 의제 계획을 위한 핵심전략으로 사회, 경제, 문화, 환경적 4가치, Values 4 (Sociality, Culture, Economy, Environment)과 인간을 주요 가치향상 핵심으로 하는 인본주의적 개념의 질적, 무형적 측면에 중심을 두는 공공디자인 개념으로의 해석과 발전을 통해 공공가치 향상 전략으로써 공공디자인을 추구한다.

도시(물리적 환경)

디자인(실행적 수단)

사람(가치평가의 대상)

커뮤니티형 공유공간이 편재하는 사회적 가치의 공공디자인 의제

1. Sociality_공공디자인의 사회적 가치

공유공간(Shared Space) 디자인이란 공공공간을 사람을 위한 공간, 안전공간으로 바라보는 차세대 도시 공간디자인의 개념으로서 "차량중심 =〉 사람중심, 통행 =〉 머뭄, 속도 =〉 안전, 법과 규칙 =〉 인간적 소통"을 유도하고 특정시설이나 특정인에게만 공간을 점유하는 게 아니라 평등하게 공유한다는 인간 행태를 근간으로 하는 개념이다. 기본적으로 공공공간의 통합사용, 공간 기능의 균형, 기능의 혼합(Mixed Use)을 추구하며 네덜란드에서 시작된 공간의 사회적 가치향상 전략으로 현재 유럽을 선두로 미국, 캐나다, 남미, 호주, 일본 등에서 도입기에 있다. 우리나라의 실정에 맞는 공유공간의 개념을 통해 단지 다니는 길, 상행위가 있는 공간의 개념을 넘어 진정한 근린 간의 대화가 일어나고 양성적인 이벤트가 일어나는 커뮤니티 공간을 형성하는 디자인 전략으로 확대한다.

한국형 공유공간 공공디자인 연구

· 도로를 공공영역 일부로 통합 ; 운전자, 보행자, 자전거가 공유하는 공간으로 변화시키기 위해 도로 관리 시스템, 장치(커브, 선, 표지판, 신호 등)의 생략 및 통합 -〉 궁극적으로 광장의 공간적 장점을 가로공간에 적용하여 공유공간의 선도적 내용을 이론적으로 정리하고 시범사업 방법을 제시하여 공공디자인을 구현하기 위한 연구

도시공간 민주화 가이드라인 연구

· 특수계층 공간 평등사용 배려 디자인

· 도시공간 이용의 배려와 평등, 특수계층의 보행 권리를 지원하는 공공디
  자인

· 공유공간 실현과 관리를 위한 표준형 및 특화디자인 가이드라인과 평가
  지표 개발

· 기능적이고 물리적인 보행 관련 시설의 개선을 넘어 특수 사용자 위계 설정

· 심리-행태를 근거로 하는 사용자 지향 보행 시스템, 이용 가이드, 프로그
  램 연구

· 걷기 편한 기능적 평가지표 개념의 Walkonomics 연구

다기능 부여를 통한 공공디자인 의제

2. Economy_공공디자인의 경제적 가치

모든 개발이 재개발(Re-development)로서 이루어지는 시대는
흘러가고 물리적 공간의 제한 속에서 컨텐츠의 개선을 통한 재생화
(Regeneration)가 중요하게 되어 소프트웨어적 측면의 내용이 핵심
적 역할을 하게 된다. 새로운 개발은 경제적 낭비뿐 아니라 환경, 기
존 커뮤니티를 파괴하고 자본 위주의 논리를 기반으로 하므로 우리
의 유·무형적 가치를 많이 훼손한다. 따라서 쇠퇴한 또는 음성화된 공
간을 콘텐츠 중심의 재생화 전략과 사람 활동 중심의 가치를 중심에
두어 경제적인 측면에서도 이득을 얻고 우리의 공공공간을 활성화하
는 경제적 가치향상의 전략을 연구한다.

공간 양성화 프로토타입 디자인 연구

· 도심공간 내 기능이 없는 자투리 공간(dead space)에 적정한 기능 부여
로 유효 공간화하고 공간 양성화 관리 체크리스트로 불필요한 공간을 선
정하여 문화 대안 공간디자인

SNS, 스마트 디바이스 통신 환경과 공공공간의 연동방법론 연구

· 영국의 '100 Public Space' 프로젝트처럼 개선 대상 공간을 지정하여 전
략적으로 분석하고 개선 방안을 수립하고 소셜네트워크 서비스 등을 통해
공유하여 관심과 공론화하여 순차적으로 공공적 개선사업을 시행하는 공
공디자인 방법론 연구

참여공간 공공디자인 연구

· 공공공간, 전면공지, 사유지 사용 협약 등으로 사회공헌형 '공공공간 디
자인' 연구

· 공간 구성에 따른 프로토타입 디자인 연구

· 예상 사용자층 특성과 공간 특성에 맞는 '참여공간 공공공간 디자인' 공간
모듈 표준화 디자인 연구

안전공간 구현을 통한 범죄예방 공공디자인 연구

· 공간 사각지대에 자연감시가 가능케 하는 시설이나 공간배치 디자인 연구

· CPTED개념이 적극적으로 반영된 도시공간 안전관리 디자인 가이드라
인 연구

3. Environment_공공디자인의 환경적 가치

친 보행성 / 저탄소 친환경 공공디자인 의제

· 녹화사업에서 시작한 친환경의 개념은 작금에 이르러 자연 구성 원리
를 존중하는 생태적 환경의 조성과 간접적 저탄소 발생 전략으로 이어지
고 있다. 물리적인 억제와 규제책을 통해 도시의 녹지율과 녹화율을 높
일 수도 있겠지만 공공성을 중심에 두는 디자인적 가치를 통해 부가적 저
탄소 전략 연구를 통해 일상생활에서 환경적 가치가 적용될 수 있도록 한
다.

건강 보행가로 디자인 연구

· 미국의 WFC (Walk Friendly Communities) Program, 영국의 PERS
(Pedestrian Environment Review System)등의 우수한 선진 사례에서
볼 수 있듯이 거주민 누구나 비용 및 시간에 제약을 받지 않고 보행권 확
보를 통해 이용할 수 있는 개방형 건강·휴식 공간 필요하다. 가로의 공간
은 단지 목적지를 연결해 주는 이동 동선을 넘어 도시민의 건강과 휴식 서
비스를 제공해야 하는 가장 중요한 공공공간이다. 친환경적 건강 가로 활
성화 전략을 수립하여 공공디자인 전략화한다.

보행 도시디자인 연구

· 시각 약자 및 실버 계층이 사용하기 편한 읽기에 쉬운(Legible) 도시

· 보행의 단순한 기능성을 넘어서는 걷기 즐거운 걷기에 편안한(Walkable)
도시

· '걷기 좋은 도시', '읽기 쉬운 도시', '친 보행성' 등 강조하는 공공디자인
전략 연구

도시농업

· 실버세대들의 텃밭 문화를 양성화하여 도심 속 자투리 공간에 녹시율과
녹지율을 향상하고 실버계층의 활동성 증대 및 커뮤니티 활성화에 일조하
는 공공디자인 연구

사용자를 중심으로 '참여하고 배려'하는 상호작용하는 문화 의제

4. Culture_공공디자인의 문화적 가치

사용자의 사용행태를 시간대별 기간별로 관찰 조사(고객여정맵)하고 단지 사용자뿐만 아니라 공급자 및 정책관련자까지 모두를 고려(이해관계자맵)하는 등 사용자에게 중심을 두는 과정을 중시하는 서비스디자인 개념과 공공디자인의 융합 연구이다. 공간과 사용자가 괴리된 것이 아닌 사용자의 피드백을 상시 받고 사용자를 배려하고 소통하는 공공디자인 개념은 하나의 문화를 만들어 도시 공간가치를 향상시키며 배려의 문화를 중심으로 하는 개념은 요즘 화두인 '복지'를 공공디자인적으로 해석한 것으로 볼 수 있다.

스토리텔링 공간 테마 연구

· 시민 참여의 역사와 사회상을 참고로 공간에 적용 가능한 스토리텔링 주제연구

· 스토리 주제에 따라 일관된 관리가 이루어질 수 있도록 관광지 중심 권역의 네이밍 및 공간 구성 계획, 관광객 관점의 공간가이드라인 연구

소셜 네트워크 문화 공간 연구

· 상시적인 시민 참여와 배려를 위해 소셜 네트워크 서비스 매체를 활용한 사이버 문화 공간을 개발하여 시민과의 상호작용적인 공간의 개념을 구현

공간 체크리스트 개발 연구

· 시민, 직원, 관광객, 관리자 등 모든 이해관계자들을 고려한 도시공간 관리체크리스트를 개발· 공간 이용

· 행태와 동선, 요구사항 등을 피드백할 수 있는 체크리스트 개발 및 운용

공공공간 민주화 방법론 연구

· 공간민주화의 개념을 적용하여 누구에게서 열린 개방형의 문화 공공공간으로서의 공공공간의 상징성을 강화하기 위한 공공디자인 연구

5. 지역 공공디자인 의제 연구

· 도시환경기초시설의 그린에어리어(area) 개선 디자인

· 건강증진을 위한 사무실내 바이오필릭 공공서비스 디자인

· 학생들의 창의성을 증진시키는 행복한 학교 공간 환경 만들기

· 학원 폭력, 왕따 문제 해결을 위한 테라피 공공디자인

· 무장애 도시를 위한 서비스디자인에 대한 표준 모델 개발

· 의료상식 및 복지혜택 공유 지식격차 해소를 위한 공공매체 서비스디자인

· 스마트한 에너지 소비행동을 유도하는 공공디자인

· 에너지절감 유도하는 공공정보디자인

· 24시간 안전한 공공화장실 만들기

· 공동체를 위한 공공미술프로젝트 공공디자인

· 스트레스 저감 바이오필릭 전면공지 조성 공공디자인

· 재해. 재난 대비 우리마을 맞춤형 공공안전용품디자인

· 고가 하부 공간 활성화 공공디자인

· 골목길 커뮤니티 공간 조성 및 안전한 공공시설물 디자인

· 어린이와 약자를 위한 함께하는 안심 스쿨존 업그레이드 디자인

· 감염병 관리를 위한 공공 정보, 색채 체계 디자인

· 저탄소 거리를 위한 탄소저감형 공공시설물 디자인

· 도시 열섬 완화를 위한 공공환경, 공공시설물 디자인

· 노후 놀이터의 세대통합형 놀이터 리-디자인

· 안전한 마을을 위한 공공조명 디자인

· 환경 오염을 줄이기 위한 우리 동네 자원 순환가게디자인

· 즐거움에서 창의로 이어지는 창의 어린이 공공공간, 공원디자인

· 반려동물과 함께 교감하는 반려동물 공공공간, 시설디자인

· 생활 불편 함께 찾기 참여 공공프로그램

· 공공문제 해결을 위한 협력형 공공협의체 운영 프로그램

· 공공공간 품격향상을 위한 빛 공해 유발 요소 개선 공공디자인

· 이동 약자들이 제약 없이 이용하는 장애물 없는(barrier free) 공공청사 디자인

· 문화형 주차장 개선 공공디자인

· 외국인도 읽기 쉬운 글씨 없는 안내표지판

· 기후변화에 대응하는 폭염대비 시설물

· 장애인 비장애인 모두가 즐길 수 있는 해수욕장

· 어린이 통학버스 승·하차 안전 특화공공시설 디자인

· 앉고 서기 힘든 어르신들이 잠시 걸터앉을 수 있는 걸터앉는 의자

· 우리동네 클린지킴이 문화형 쓰레기 분리수거 정거장 (재활용+음식물)

· 생활악취 방지 공공 공기청정시설물

· 주민 공유형 게릴라 가드닝 실험실

· 그린파머 육성을 통한 공동체 활성화 디자인

· 5분 동네 복지시설 연계 디자인

· 생활문제 해결 디자인지원센터 설립

· 골목휴게공간(걸음정거장)

· 시니어 재취업 플랫폼 디자인

· 도심 내 유휴 주차공간을 활용한 파크렛 프로젝트

· 유휴공간을 활용한 대학가 공공실험 문화공간 조성

· 지역 예술가-주민 콜라보 공공예술 프로젝트

· 좁은 통학로, 보도·차로 구분 없는 교문환경 개선

· 어르신 생활 건강증진 디자인

· 민·관·학 협업의 공공네트워크 리빙랩 사업 발굴

· 사회문제 해결형 CSV 디자인 커뮤니티

PUBLIC DESIGN-ISM

Public Policy

장영호_홍익대학교 공공디자인전공 교수

공공디자인행정으로 무엇을 바꿀 수 있을까

공공디자인행정으로 무엇을 바꿀 수 있을까?

01. 할 말은 많지만
   꼭 해야 할 말만 하겠다.

"좋은 디자인은 사람들의 소통을 돕고, 아울러 높은 경제적 부가 가치를 창출해 결과적으로 삶의 질을 향상시킨다. 디자인은 도시를 안전하고 쾌적하게 만들고, 도시의 문제점을 극복하는 능력이 있다. 즉 디자인은 모든 것이다."라는 말처럼 현대사회에시의 디자인은 다양한 분야에서 각각의 영역을 아우르며 확장되고 있다.

특히 "우리사회 소외된 이웃에게 필요한 것이 디자인이다."라는 철학 속에서 공공디자인은 '깨끗한 환경'에서 한발 더 나아가 '더 좋은 환경'을 사람들에게 제공하고자 하는 깊은 고민에서 시작되어야 한다. 지금까지의 물리적 환경개선 차원에서의 사업이 대규모의 토목공사를 동반하였고 적지 않다면 적지 않은 시행착오를 겪어 오면서 향후 백 년, 천 년을 뻗어나갈 미래도시에 조화롭게 융화된 이미지를 부여하는 것은 반드시 필요한 일이라 할 수 있다.

다만 현대도시는 다양하고 풍부한 인프라를 갖추고 있으면서도 고도의 산업화 과정에서 인간중심의 도시발전보다는 물리적 환경의 건설 중심, 경제중심, 기계중심의 도시발전이 이루어져 왔다. 따라서 점점 더 복잡해지고 사회적 요구가 다양해지는 현대 도시문제에 대해 재빠르게 대응하지 못해 왔고, 이로 인해 발생되는 어려움들은 사람들을 불편하게 만드는 결과를 초래하였다. 이러한 시점에서 공공디자인은 시각적인 아름다움을 추구하는 것이 아니라, 사람들의 생활을 풍요롭게 하고, 도시의 정체성을 회복하게 하며 도시의 공공성을 회복하게 하여 디자인을 통한 행복지수 향상과 도시발전에 대한 비전을 만들어내는 중요한 역할을 하고 있다고 자부한다. 지난 14년간 서울시에서 공공디자인을 담당해 왔던 입장에서 지금까지 공공디자인 외에도 디자인과 관련하여 건축, 도시계획, 재생, 토목, 교통, 문화, 복지 등 다양한 부서에서 너무나 다양한 자문이나 컨설팅을 해 왔고 세부적으로는 장애인, 여성, 어린이, 고령자 등을 대상으로 한 다양한 정책을 디자인과 연계시키는 작업을 진행해 왔다. 그럼에도 아직까지 귓가에 맴도는 소리가 있다.

"디자인은 그림만 잘 그리면 되지요." 하지만 솔직히 난 그림을 잘 그리지 못한다. 짧지 않은 시간이 흘렀고 공공디자인이 행정에 스며들면서 적지 않은 변화를 주었다고 자부하지만 아직도 행정공무원들은 디자인을 싫어한다. 아니 두려워하는 것이리라.

무릇 모든 사람들이 자신이 모르는 것이나 생소한 것에 대해서는 두려움을 가질 수밖에 없다. 어린아이들이 먹어보지 못했던 반찬을 쉽게 입에 대기 싫어하는 이유와 비슷한 현상이겠지. 점차 나이가 들면서 건강도 생각하게 되고 진정한 음식재료의 맛도 알게 되면서 음미할 수 있는 재료의 참맛을 알게 되기까지는 시간이 필요한 것처럼 말이다.

그런데 공공디자인행정은 순환보직제 때문에 그러한 상황을 기대하기가 쉽지 않다. 보편적으로 2년이라는 최소근무연한이 있어 일을 배울 만하면 떠나고 떠나는 그런 구조에서는 가뜩이나 어렵다고 느끼는 디자인업무의 참맛을 느끼기에는 너무나 긴 여정이 기다리고 있는 것이다. 특히나 요즘은 인사고충이라는 이유로 최소 6개월만에도 부서가 싫어지면 떠날 수 있는 것이 공무원의 권리이기도 하니 대체로 격무부서에 해당하는 디자인관련 부서에서 버티는 이들을 참 대단한 사람들인 것 같다.

디자인이 눈 한번 끔뻑하면 나타나는 요술방망이로 생각하는 사람들이 의외로 많다. 유치원이나 초등학교에서 크레파스로 그리는 것도 아닌데 틈만 나면 와서는 '다 되었냐, 언제되냐' 한다. 심지어는 간부보고용 PPT를 만드는 것이 디자인이라고 말하기도 한다. 2021 지방보궐선거에서 당선된 오세훈 후보에 대해서 '과거에 업무보고용 PPT의 디자인이 잘 안되어 있으면 보고가 잘 이루어지지 않았다. 당선되면 업무보고하는 것이 또다시 어려워질지도...'라는 시청공무원의 인터뷰가 기사에 실릴 정도로 디자인을 단편적으로 알고 있으니 얼마나 그들과 함께 디자인하는 것이 어려운 일일지는 짐작하리라. 개인적으로는 참 할 말이 많다.

그런데 할 말을 다 하는 것이 가능할지는 모르겠다. 아니 어려울 것이라 확신한다. 그건 누군가의 눈치를 보거나 누군가가 곤란해지거나 하는 상황들과는 관계없이 최소한 공공디자인이 다양한 분야에 있어서 연계되어야 하는 부분이 지나치게도 많다고 주장해 오면서 공공디자인은 반드시 '융합디자인'이 되어야 한다고 생각해 왔던 필자의 입장에서는 공공디자인이 여러 분야의 정책이나 사업에 있어서 성과물의 질적 수준을 높여주는 매우 유익한 분야라는 얘기만은 꼭 하고 시작하려 한다. 건축, 도시계획, 재생, 토목, 교통, 문화, 복지 등의 정책을 하는 이들이 할 일들과 공공디자인이 할 일들을 구분하기 위해서라도 여기에서는 꼭 해야 할 말은 해야겠다.

02. 공공디자인행정에 대한
다촛점 단상 斷想

다양화 시대의 공공디자인은 시각디자인, 제품디자인, 환경디자인, 도시디자인을 넘어 서비스디자인, 유니버설디자인, 사회문제해결디자인 등 지난 시기와는 다른 광범위한 방향으로 확대되고 있다. 더욱이 그 영역 안에서의 통섭적 활동을 위해 공공건축, 도시계획, 경관, 공공미술, 랜드스케이프와 같은 인간사회가 생활 속에서 접하고 있는 다양한 수법을 지금까지는 도시중심이었다면 이제는 도시를 넘어 농·산·어촌까지 확대시켜야 하는 등 공공디자인의 역할범위 또한 점차 확대되어야 할 것이다.

이에 공공디자인 행정은 융합적 사고 안에서 좀 더 나은 환경(인간적, 심리적, 환경적)을 구축하기 위한 다양한 시점에서의 비교고찰이 필수적이라 생각한다. 이를 위해 단편적이나마 다양한 활동을 전개하고 있는 전문가들의 의견을 통해 공공디자인을 환경융합 시스템으로써의 발전가능성 측면에서 되짚어보고자 한다. 별다른 서식 없이 나와 우리들의 생각을 나열해 보면서 우선 공공디자인행정에 대한 우리의 생각을 정리해보자. 이 과정이 이어지는 공공디자인행정에서 무엇을 바꿀 수 있는지, 또 무엇을 바꾸어야 하는지를 알려줄 수 있었으면 좋겠다.

"본질(本質)에 충실한 비평(批評)을 하자"로 시작된 공공디자인행정에 대한 우리들의 단상은 혹 독자들의 생각과는 다를 수 있으나, 이것 또한 크게는 공공디자인을 위한 건강한 토양, 작게는 건강한 씨앗이 될 것으로 믿는다.

공공디자인정책

지방자치단체의 법규가 법령, 조례, 행정규칙 등 차례대로 있지만 모법에서는 최대한 포괄적이고 어느 정도의 방향만을 제시하고, 지자체의 조례나 규칙은 지자체 성격에 맞는 색깔을 가질 수 있다고 생각한다. 모법에서 많은 것들을 제도화 하고 규칙을 정하는 것이 꼭 긍정적이지만은 않다고 생각이 드는데?[1] 법에서 포괄적으로 자율권을 준다지만 실제로 각 지자체별로 성향과 성격 등이 전부 다르다 보니 공공디자인을 담당하는 담당자로서 할 수 있는 일이 없다.

조례개정을 진행할 때도 보다 넓은 범위의 공공디자인을 가지고 지자체 성향에 맞춰서 개정하려 노력하지만, 결과적으로는 모법이 족쇄가 되어버린 사례가 발생하고 있다.[2]

중핵도시의 공공디자인행정

내 것을 왜 건드려 하는 심리가 강하기 때문에 그들이 일방적으로 사유재(私有材)라 주장하는 광고물, 경관적 요소 등을 공공디자인으로 정리하는 것은 무척이나 어려운 부분이다. 이러한 것은 공공디자인에 대한 인식수준이라고 판단하기 이전에 전반적으로 우리 사회가 겪어온 다양한 상황에서 파생된 사회적 수준인 것이다.(장영호 필자) 협의된 디자인과는 다르게 현장에 설치하고 이의를 제기하면 규제라고 민원을 제기하고, 그렇게 하나씩 지어지다 보면 무지개빛 경관이 형성될 수밖에 없다. 일반 공무원들조차도 화려하고 잘 보이면 홍보가 되는 줄 알았다고 한다. 아직도 공공시설물에 포도나 인삼, 벼 등을 새겨 넣는 상황에서 관련 공무원 및 시민들이 디자인에 대해 인식을 갖는 것이 무엇보다 중요하므로 적극적인 교육으로 해결해야 할 것이다.

---

1) 박재은, 홍익대학교 공공디자인전공 박사과정/서울특별시청 디자인정책과
2) 김승기, 홍익대학교 공공디자인전공 박사과정/경기도청 건축디자인과

유니버설디자인 평가

우리나라의 유니버설디자인 사업이 동일한 문제점과 결과가 나타나는 것은 대상지나 사용자의 특성이 다름에도 불구하고 이전 사업의 결과물만 보고 똑같은 방식으로 진행하다 보니 그러한 상황이 반복되는 것이다.

이는 유니버설디자인이 강제성이 없고, 법적장치가 없다는 것에 기인한다[3]. 유니버설디자인의 평가뿐만 아니라 사업에 가이드라인을 반드시 적용하게 한다든지 하는 내용까지 법에 포함되면 다양한 상황을 강제화, 의무화할 수 있는 근거가 되는 것이다. 지금의 가치가 정상적인 것이 아니라 그것들이 충족 됐을 때 나타나는 게 정상적 가치가 되어야 된다. 그래야 그 정상적인 가치를 모두가 공유할 수 있게 된다는 측면에서 사회의식이나 정서적으로도 완전히 바뀌어야 된다면 어느 선진국보다도 우리가 훨씬 더 나은 유니버설디자인을 할 수 있다고 생각한다.[4]

---

3) 설영동, 홍익대학교 공공디자인전공 박사과정/서울특별시 디자인정책과
4) 장영호 필자

스마트시티 공공디자인

　　스마트시티에 대한 개념이나 범위는 법적으로나 제도적으로 아직 정리된 게 없고, 2018년 세종스마트시티에 대한 기본구상(안)의 7대 혁신요소와 25개의 실행지침이 스마트시티에서 다루고 있는 기반이라고 할 수 있다. 이를 기반으로 국토부에서는 각 지자체별로 30~50억의 예산을 지원, 모빌리티와 환경문제에 대해 스마트시티 개념을 확산시키고 있다.[5]

　　스마트시티는 데이터 기반이다. 따라서 사람 관계 속에서 해결해왔던 지금까지의 문제들을 과연 데이터가 실질적으로 해결해줄 수 있겠느냐는 문제에 대해서는 한 번쯤 생각해 볼 필요가 있다. 스마트시티가 발달하고 확대가 되면 개인정보처리 등 인권적인 사항들이 무시될 수 있다는 점도 함께 생각하지 않으면 스마트시티는 인간생활과 공존해 나가는데 어려움을 겪을 수도 있다[6]. 사회가 점점 스마트화되면서 개인정보에 대한 법적인 문제들이 스마트시티뿐만 아니라 디지털사회에서 굉장히 화두가 될 것이다.[7]

---

5) 황규연, 홍익대학교 공공디자인전공 박사과정/(주)디자인팩토리
6) 장영호 필자
7) 장주희, 홍익대학교 공간디자인전공 박사과정/삼성물산

사회문제해결디자인

공공디자인이라고 하는 범주 안에서 공간적인 문제를 해결하는 것, 사회적, 환경적으로 문제가 되고 있는 것을 해결하는 것, 또는 BF나 장애인들을 위한 '모두를 위한 디자인'으로 우리가 갖고 있는 현실적인 문제를 해결하는 것 등을 굳이 용어적으로 나누지 않더라도 본질적으로 하나일 수가 있겠다.[8]

이전까지의 공공디자인은 미적 기능을 중심으로 한 지원이었다면, 이제는 주체적으로 인간중심의 정책을 하기 위해서 이런 학문적인 것들이 많다는 것을 연구를 통해서 정리할 필요가 있고, 공공디자인으로 융합을 해서 플랫폼을 만들어서 진행하면 충분히 해결될 것이라 판단하고 있다. 이는 공간디자인이나 공공디자인을 통해서 이룰 수 있는 필수적인 일이 아닌가 생각한다.[9]

---

8) 장영호 필자
9) 홍태의, 홍익대학교 공공디자인전공 박사과정/홍익대학교 공공디자인연구센터

범죄예방디자인

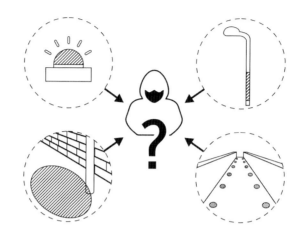

　범죄예방디자인이라고 하는 것이 목표성이 어디 있느냐, 범죄를 줄이고자 하는 것이냐 아니면 범죄가 발생한 이후에 또 다른 무언가를 목표로 진행하는 사업이냐를 놓고 보았을 때 현재까지 범죄예방디자인 사업들의 성과물을 한꺼번에 놓고 봐도 어느 쪽으로든 목표성에 부합하지 않는 애매한 상황이다.[10]

　범죄예방디자인이 효과가 있었을까라는 의구심을 갖고 있다. 기본적으로 우리가 생각하는 범죄예방디자인이라고 하면 노란색으로 시인성을 높여주고 밝게 만들어 주고 단순히 그런 것들로만 생각이 드는 것이 사실이다. 그리고 그러한 작업으로 실제 범죄가 예방이 되었을까 하는 의문이 든다.[11]

---

10) 장영호 필자
11) 홍태의, 홍익대학교 공공디자인전공 박사과정/홍익대학교 공공디자인연구센터

공공미술

공공미술은 가만히 고정되어 있는 미술품 같은 고정형이 아닌 공간 안에서 그 공간을 체험할 수 있는 체험형 미술이나 영상처럼 활동적인 액티비티한 예술영역을 통해 감상하는 사람들에게 자극을 줄 수 있고 신선한 무언가를 느끼게 해 줄 수 있으며 순간적인 즐거움을 줄 수 있는 심리적인 요소들과 결합해서 가야 되는 것이 앞으로의 공공미술의 형태이다.[12]

공공미술은 단순히 조형물을 만드는 것이 아니라 작품들이 어떤 공간이 되고 어떤 의미를 되살려야 하는지에 대한 미션을 매년 새롭게 풀어나가야 하는 것이 매우 어려운 과제이다. 그 공간을 같이 쓰는 사람들이 새로운 가능성을 찾고 새로운 방식으로 이 공간을 바라보고 다시 쓸 수 있는 새로운 아이디어를 주는 단초를 예술이 줄 수 있지 않을까라는 개인적인 미션이라고 보면 될 것이다.[13]

공공건축

공공건축은 정책의 테두리 안에서 빠른 시간에 법제화가 되고, 나름대로의 체계적인 시스템화가 진행되고 있다. 이러한 과정에서 많은 법제도적인 뒷바침이 이루어지는 등 아주 긴 시간은 아니지만 상당히 진보된 영역처럼 보인다. 이는 지금까지의 공공디자인과 비교해보면 짧은 시간에 공공성(公共性)을 회복하고자 한 노력이 차이를 만들었다고 본다.[14] 건축서비스진흥법이 만들어지면서 국가공공건축지원센터나 지역공공건축지원센터에서 건축물에 대한 생애주기(生涯週期)를 모니터링하고 있고, 생애주기의 관련된 체크리스트와 데이터 구축은 발주처에서 무조건 해야 하는 상황이다.

---

12) 장영호 필자
13) 박재은, 홍익대학교 공공디자인전공 박사과정/서울특별시청 디자인정책과)
14) 장영호 필자

　공공건축물 간의 상호관계를 인지하여 시민들의 사용에 불편함 없이 보완적 관계의 공공건축물 조성이 고려되어야 하는 이유이다.[15] 소규모 공공건축물에 사업비를 책정할 때 공사비, 시설비 위주로만 구성이 되어 있고 설계비는 포함되지 않는다. 특히 리모델링 사업은 디자인 대가가 없다. 이러한 상황에서 공공에서 발주를 하는 리모델링 사업들은 단가 위주로 공사비 등을 책정하다 보니 좋은 결과물이 거의 나올 수가 없는 상황이다.[16] 실제로 디자인빌드(턴키방식)와 소규모 발주방식(주로 수의계약)에서 발생하는 유지관리 책임에 대한 역할 범위에서의 차이에 의해 전반적인 사업의 밸런스가 흐트러지고, 실제적으로는 소규모 공공건축물에 있어서의 공공성은 크게 떨어지는 수준이다.[17] 소규모 공공건축물, 예를 들면 동주민센터의 경우 센터장이 어떤 생각이나 영향력을 가지고 있는지가 지배적이다. 동주민센터는 주민들이 사용하는 공공의 징소이기에 당연히 주민들의 의견들이 반영되기는 하겠으나 그 정도가 최소한의 절충선에서 이루어진다.[18]

---

15) 육근형. 홍익대학교 공공디자인전공 박사과정/서울특별시청 도시공간기획과
16) 육근형. 홍익대학교 공공디자인전공 박사과정/서울특별시청 도시공간기획과
17) 장영호 필자
18) 하정민. 홍익대학교 공공디자인전공 박사과정/㈜제이엠디자인플러스

경관계획

　지자체행정은 법령상 위임되어 있는 사무를 중심으로 하고 있다. 따라서 경관계획은 국가에서 위임한 사항을 기본으로 하여 수립되는 것이고, 사실상 보여지는 모든 것을 담고 있기 때문에 종합적인 요소를 고려하여야 한다. 지역의 특징에 따른 개발을 하도록 해야 하는 것이 경관계획의 올바른 방향으로, 시·군에서도 각기 다른 특정구역의 관리를 통해 발전되고 있다.[19)]

　경관에서 옥외광고물이 미치는 영향이 매우 큼에도 불구하고 항상 문제를 드러내고 있다. 대한민국 모든 지방자치단체가 옥외광고물 관리 조례를 가지고 있음에도 불구하고 추가적으로 옥외광고물 산업진흥까지 같이 묶어 놓은 조례를 제정하는 상황이 더더욱 혼란스러운 경관을 만들고 있다.[20)]

　지금까지 도시개발법에 의해서 재개발, 재건축지구가 지정되고 사업승인이 나고 지역주민들에 의해 조합이 구성되고, 도로 등 기반시설들까지 함께 정비하는 사업을 해오면서 왜 법률은 그것들이 망가지는 것을 제대로 컨트롤하지 못했는지를 생각해봐야 한다. 그렇지 않으면 앞으로 공공재개발, 공공재건축에 있어서도 지금처럼 그러한 문제가 반드시 일어날 것이다.(장영호 필자) 이제 이들의 목소리를 바탕으로 삶의 질을 향상시키는 좋은 디자인을 만들기 위해 공공디자인 행정이 어떤 상태인지 진단할 시간이다.

---

19) 이서화, 홍익대학교 공공디자인전공 박사과정/경기도청 건축디자인과
20) 이영애, 홍익대학교 공간디자인전공 박사과정

03. 공공디자인과 공공디자인의 진흥에 관한 법률

　일상생활에서 공공(公共, public)이라는 말은 공공기관, 공공도서관, 공중화장실, 공공시설물 등 여러 부분에서 자주 사용되고 있다. 여기에서 '공공'의 사전적 의미는 '국가나 사회의 구성원에게 두루 관계되는 것'으로 정의하고 있다. 공(公)은 사적인 것에 대비되는 개념으로 '개인에게 환원되지 않는 성질'을 의미하며, 또 다른 공(共)은 '함께함'을 의미함. 공공은 특정 대상을 지칭하는 의미라기보다는 국가와 수많은 사회구성원 간에 이루어지는 관계맺음과 연관되어 있다는 것을 알 수 있다.

　그렇다면 공공디자인은 어떻게 등장하였을까?
　혹자는 공공디자인의 태동을 시민사회의 대두와 도시디자인운동에서 시작되었다고 하였다. 합리성과 효율성에 기반한 근대도시는 인구의 집중과 거대화가 가속되며 부의 축적에 따른 불균형과 소외가 극심해지는 부작용을 겪게 되면서 도시 주권자인 시민의 삶을 권리로써 도시디자인을 주장하기 시작하였다고 보고 있다. 대표적으로 도시경관계획 단계에서부터 전통적 도시가 가지고 있던 도시 외부공간에서의 삶의 질적 수준을 고려하여 새로운 접근을 추구하자는 뉴어바니즘(New Urbanism)운동개발에 의해 기 생성된 물리적인 것 뿐만 아니라 사회적인 면까지 쇠퇴하고 있는 도시의 활성화를 도모하는 운동이 있다.

또한 영국의 어반빌리지(Urban Village) 추진 모체인 '어반빌리지포럼'에서는 인간중심의 도시가 안전하고 접근성을 살릴 수 있으며 쾌적함을 추구할 수 있다고 하면서 휴먼스케일을 고려한 개발을 주장하고, 복합기능형의 개발을 통하여 인간이 도보로 쉽게 이동하면서 생활할 수 있는 상태를 강조하였다.

'도시를 살리는 문화관광'[21])에서는 정부와 기업, 시민 등이 협력해 지역의 문화예술 환경을 보다 풍요롭게 만들어내기 위해 함께 노력하는 도시발전 정책은 해당 도시의 심미적 경관과 활기찬 도시 분위기 그리고 장소성과 정체성을 수준 높게 조성하여 도시의 이미지와 브랜드 가치를 개선할 수 있다고 하고 있다. 이러한 흐름은 근대도시에 절대적인 기준이었던 운송과 이동의 효율성이 인간중심, 보행중심, 문화예술중심의 도시로 바뀌고 있는 것을 잘 보여주고 있다. 특히 세계화시대에 있어서는 공공디자인의 역할이 더욱 커질 수 있다. 시민사회가 성숙하면서 일반 시민들이 일상에서 접하게 되는 디자인에 대한 관심과 요구가 높아지기 시작하였고, 1990년대 이후 세계화와 범세계적 보편주의 아래 수많은 공동의 문화들이 생겨나게 되어 세계화의 흐름에 따라 문화 간의 커뮤니케이션이 확대되어 가고 있다. 이와 더불어 최근의 세계 도시들은 지역경제와 산업, 관광 등을 활성화하고 경쟁력을 높이기 위해 도시마케팅에 주력하게 되었고, 최근에는 공공디자인이 매력 있는 도시, 이야기가 있는 도시와 같이 도시이미지를 차별화하기 위한 수단으로 활용되고 있다. 디자인은 삶의 환경을 구성하는 인공물들이 어떠한 모습으로 존재할 수 있는지를 사고하고 결정하는 창조적 활동이다. 시장경제논리 속에서 디자인의 역량은 사적인 소비영역에 집중되었고, 공공의 행복이나 안녕과 밀접하게 관련된 공적인 문화영역으로부터는 멀어져 갔다.

---

21) 이광희&변재진(2020), 서울:박영사

이로 인해 우리는 전근대적인 풍경과 첨단이 어지럽게 공존하는 불균형한 환경에서 살게 되었다는 점을 부인할 수 없다. 다만 이러한 불균형은 공공디자인의 사회적 역할에 대한 자각과 건전한 윤리의식을 통해 해소될 수 있다.

공공디자인(Public Design)은 공공의 이익에 봉사하는 디자인을 통해 사회구성원 모두의 행복한 삶과 고른 문화 향수의 기회를 추구하고 있고, 공적 영역의 문화적 가치와 공공성 회복, 문화를 축으로 한 디자인 가능성의 모색, 그리고 개인적 가치와 사회적 가치의 디자인적 조정 및 조율을 목표로 하고 있다. 따라서 공공디자인은 공공성(公共性)을 지향하는 공공에 의해 주도되는 디자인이므로 공공의 이익에 봉사하는 디자인을 통해 사회구성원 모두의 행복한 삶과 고른 문화 향수의 기회를 추구할 수 있다는 점을 다시 한번 되새겨볼 필요가 있다. 「공공디자인의 진흥에 관한 법률」(이하, "공공디자인법"이라 함)은 국내 디자인 분야가 산업 제품과 서비스의 지원, 수출경쟁력 증대를 목적으로 하는 '산업' 측면의 디자인 정책을 추진함으로써 산업적 · 경제적 · 기능적 측면에서 괄목할 만한 발전을 이룬 반면, '디자인'을 산업경쟁력과 경제자본의 확충을 위한 '기예'로만 인식하는 경향이 확대된다는 점에 문제의식을 갖게 되었고, 이에 디자인이 국민들의 일상적 삶과 직결된 다양한 문제를 탐색하고 소통하며, 대안을 공감하는 '문화'로서의 가치를 가진다는 또 다른 역할에 주목하여 디자인을 이용한 경제적 · 기능적 가치 추구와 병행하여, 디자인을 통해 사회공동체가 직면하는 각종 공공적 문제를 해결하고 공익을 증진시킬 수 있는 법제적 요구가 증대되었다.

따라서 디자인의 문화적 · 사회적 가치와 공공의 책임을 확장하고 이를 진흥하기 위한 정책의 개발이 시급하며, 이러한 관점에서 공공의 역할을 중심으로 하는 공공디자인의 진흥과 발전을 위한 법적 기반 마련이 필요하다는 점에서 2016년 2월 3일 제정, 같은 해 8월 4일 시행되었다.

공공디자인법에 의해 첫째, 제3조 국가 및 지방자치단체의 책무[22)]를 규정함으로써 관계법령에 근거해서 공공디자인관련 예산의 편성, 운영 시 유리해졌고, 둘째, 제6조 지역 공공디자인 진흥계획의 수립 등[23)]에 의해 그 동안 상위법에 따른 법적 근거 없이 디자인행정이 추진되어 왔던 상황에서 디자인행정행위의 법정사무화가 이루어졌으며, 셋째, 제17조 전담부서의 설치 및 인력의 배치[24)]에 따라 임의조항이기는 하지만 공공디자인 전담부서와 인력을 배치할 수 있는 근거가 마련되었다. 그러나 공공디자인법이 공공디자인의 진흥을 위해 어렵게 첫걸음을 띠었다는 수고스러움에 비해 향후 법개정을 통해 극복해야 할 행정상의 미비점은 적지 않다. 우선 위에서 열거한 성과만 보더라도 긍정적 측면의 이면에 해결해야 할 문제도 보인다. 우선 제3조(국가 및 지방자치단체의 책무)에서 말하는 '책무'라는 부분에서 중앙과 지방의 역할관계가 지나친 간극을 보이고 있다. 예를 들면 법을 제정하고 운영하는 중앙정부의 경우, 필요한 재원을 지방정부에 지원하는 것을 염두에 두고 법을 제정하는 것이 일반적이나, 본 법령 내에는 대부분이 위임규정으로 이루어져 지방정부의 책무만을 적시하고 있다. 더욱이 법조문 상에 '노력하여야 한다.'라는 지극히 피상적인 표현을 쓰고 있는 것이 진흥법의 성경을 단적으로 보여주는 것이기도 하다.

---

22) 국가 및 지방자치단체는 공공디자인의 진흥을 위하여 필요한 시책을 수립·시행하고, 필요한 재원의 확충과 운영을 위하여 노력하여야 한다.

23) ① 특별시장·광역시장·특별자치시장·도지사 및 특별자치도지사(이하 "시·도지사"라 한다) 또는 시장·군수·구청장(자치구의 구청장을 말한다. 이하 같다)은 종합계획에 따라 지역 여건을 고려한 지역 공공디자인 진흥계획(이하 "지역계획"이라 한다)을 별도로 수립·시행하여야 한다.

24) 국가기관등은 공공디자인사업의 원활한 시행을 위하여 전담부서를 설치하거나 필요한 전문인력을 배치할 수 있다.

제6조(지역 공공디자인 진흥계획의 수립 등)에서도 '종합계획'의 사업들이 지극히 나열식이고, 중앙과 광역, 기초의 사업을 확실히 구분하지 못하고 있는데, 이는 종합계획에서 보여주어야 하는 각 조직의 역할에 대한 방향성을 보여주지 못하고 '진흥'만을 고려한 발상이라 할 수 있다. 더욱이 광역과 기초의 역할마저도 애매하여 '지역 여건을 고려한' 지역 공공디자인 진흥계획을 기대하기 보다는 지금까지와 같이 지역별로 대동소이한 복제의 행태로 진흥계획이 수립될 공산이 크다.

제17조(전담부서의 설치 및 인력의 배치)의 경우에는 법이 제정된 이후로도 소관부처인 문화체육관광부에서 조차도 전담부서 설치나 전문인력 배치를 하지 않고 있는 상황에 덧붙여 광역이나 기초 자치단체에도 전담부서 및 인력에 관한 어떠한 권고 등을 하지 않고 있는 상황이라 법에서 제시한 대로 전담부서가 제대로 정착할 수 있을지는 결과가 묘연하다. 공공디자인의 대상에 대해서도 다양한 디자인 영역을 포괄하지 못한다는 한계는 분명해 보인다. 해당 법에서 제시된 법의 영역이라는 것이 곧 법적 효력을 자질 수 있음에도 불구하고 공공디자인법 제2조[25])에서 법의 범위와 대상을 공공시설물, 공공매체(이미지)로 제한함으로써 공공공간, 도시기반시설물, 공공건축물 등의 주요 공공성의 영역이 제외되어 있다. 따라서 법에 정해진 대로라면 '공공시설물 등'이라 규정된, 즉 공공시설물과 공공매체(이미지)만이 공공디자인법의 대상이 되는 것이다. 이는 국토해양부, 산업통상자원부 등 다른 부처와의 갈등을 피해 법의 통과를 목적으로 하였다는 한계를 가지고 있는 것으로, 향후 지방자치단체의 공공디자인사업 등에서 부서간의 혼란은 불가피할 것이다. 이를 해소하기 위해서는 관련부처와의 법적 연계성 및 사업효율화를 검토하고 조정이 가능한 범위 내에서라도 조속한 법개정이 필요하다.

---

25) 3. "공공시설물등"이란 일반 공중을 위하여 국가기관등이 조성·제작·설치·운영 또는 관리하는 다음 각 목의 시설물과 용품, 시각 이미지 등을 말한다.

04. 공공디자인 통합조례

　공공디자인법에서 공공디자인 진흥 지역계획의 수립 등에 관한 사항 및 지역위원회의 구성 및 운영 등에 필요한 사항을 지자체의 조례로 정하도록 위임하였고, 이에 각 지자체는 공공디자인 진흥 조례를 제정, 운영하고 있다.

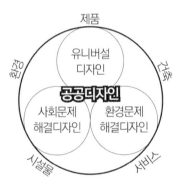

　더욱이 공공디자인 진흥 조례와는 별도로 연령과 성별, 국적(언어), 장애의 유무 등과 같은 개인의 능력과 개성의 차이와 관계없이 처음부터 누구에게나 공평하고 사용하기 편리한 제품, 건축, 환경, 서비스 등을 구현하는 디자인인 '유니버설디자인', 도시건축적으로 공간계획 및 시설디자인 등을 통해 범죄 발생기회를 사전에 제거하는 등 범죄발생과 범죄에 대한 불안감을 저감시키는 '범죄예방디자인', 시대적 흐름을 반영하여 사회문제를 디자인으로 해결하려는 "사회문제해결디자인"의에 대한 관심이 증대 및 그에 따른 필요성이 대두되었고, 각 지자체에서 지역 주민들의 보편적 복지를 위한 유니버설디자인, 범죄예방디자인 등에 대한 조례를 개별적으로 제정, 운영하고 있다.

다만, 조례 제정의 관한 사항은 광역 및 기초 자치단체의 법정위임사무 수행의 여부를 떠나 지자체의 디자인 관련 위원회의 다수 존재 및 업무의 비효율성에 따른 정비의 필요성이 요구된다는 것이 핵심 쟁점사항으로, 각 지자체는 각 법률에 의한 관련 조례에 의해 법정위원회를 운영하고 있으나, 각각의 기본계획 및 가이드라인에 의한 심의로 인해 심의 내용의 통일성이 결여되고, 다수의 위원회 운영에 따른 행정의 효율성은 더욱 저하되고 있다는 것에 기인하고 있다고 볼 수 있다.

실제로 통상 지자체의 인구 규모가 작을수록 조직의 수와 공무원 수도 적다는26) 사실을 기반으로 광역지자체는 규모가 큰 관계로 업무영역이 확실하게 구분되어 있으나, 기초지자체는 규모가 작은 지역으로 갈수록 조직의 복합화 및 담당공무원의 한정으로 인해 다수의 디자인 등 관련 업무를 1명의 공무원이 담당하는 경우가 대부분이다. 특히 유사한 성격의 위원회와 계획 등을 여러 차례 수립하는 등의 문제와 더불어 다수의 위원회를 1~2명의 공무원이 운영해야 하는 현실적 문제를 효율적으로 개편할 필요성이 존재한다.

2020년에 문화체육관광부에서 실시한 조사27)에서도 상기의 문제점을 토대로 공공디자인진흥조례+유니버설디자인조례+범죄예방디자인조례+경관조례를 통합하는 형태를 가장 선호하고, 다음으로 공공디자인진흥조례+유니버설디자인조례+범죄예방디자인조례의 통합하는 유형을 선호하는 것으로 나타나, 업무의 효율성 측면에서 통합을 선호하고 있는 것이 뚜렷한 현상임을 알 수 있다.

---

26) 행정안전부 대통령령「지자체의 행정기구와 정원기준 등에 관한 규정」참조
27) 지자체 공무원을 대상으로 한 통합형 조례(안)의 유형에 대한 선호도 조사

조례에 관련된 사항은 각 지방자치단체의 디자인행정 효율화뿐만 아니라 향후 확대가 예상되는 '디자인에 의한 융복합 행정'에 있어서도 중요한 요소로 작용할 것이므로 관련 조례의 제정, 나아가서는 통합된 관점에서의 정비가 공공디자인/도시디자인을 통한 지역 특성에 맞는 공간 창출 및 사회문제해결, 범죄예방, 모두를 위한 디자인 등에 대하여 일관된 디자인 철학을 반영하고 지역 공동체의 문화적 가치와 지역의 특색을 부각시킬 수 있는 유효한 작업이라는 데에 인식을 같이 할 필요가 있다. 이러한 제도적 기반 정비는 디자인 사업 및 각종 위원회 관리의 효율성 제고, 중복 절차 이행으로 인한 행정 낭비 예방, 행정절차의 중복성에 따른 민원 발생의 최소화, 지역 인재 및 디자인 자원의 효율적 활용 등을 도모할 수 있다.

공공디자인진흥법이 시행된 2016년 8월 이후에 공공디자인조례의 제·개정이 이루어진 지방자치단체는 총 193개로 전체 243개 법정 지방자치단체의 약 80%를 차지한다.

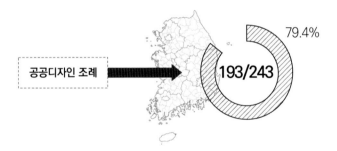

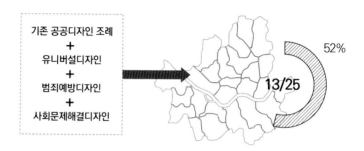

하지만 2020년 4월에 문화체육관광부에서 배포한 '공공디자인 통합조례(안)'에 의해 유니버설디자인, 범죄예방디자인까지 조례의 내용에 담아 제·개정이 이루어진 지방자치단체는 2020년 7월 9일에 제정한 서울시 동작구를 필두로 광역자치단체가 4개, 기초자치단체가 25개로 총 29개이다.

이는 지방자치단체의 사회문제, 범죄예방, 유니버설디자인에 대하여 일관된 디자인 철학을 반영하고 지역 공동체의 문화적 가치와 지역의 특색을 부각시킬 수 있는 제도적 기반을 정비하고자 한 당초의 취지에 비해 만족스럽지 못한 결과이지만 조례 제·개정에 평균적으로 6개월 정도가 소요되는 것을 감안하면 현재진행형인 지방자치단체가 많을 수도 있다는 기대감을 굳이 버릴 필요는 없지 않을까 한다. 그 와중에도 서울시에서는 총 25개 자치구 중 13개의 자치구가 통합조례안에 따라 조례를 제·개정한 것으로 나타났다.

05. 표준 RFP와 낙찰자
결정 방식

　2020년 10월에 문화체육관광부와의 협의를 거쳐 한국공예디자인문화진흥원으로부터 공공디자인 표준 과업 제안요청서RFP, request for proposal, 提案要請書 개발을 의뢰받았다. 지금까지는 시설물을 관리하는 기관 및 관계부처가 관용적으로 사용하던 토목 및 엔지니어링 개념의 RFP를 적용하던 것에서 탈피하여 공공디자인 관점에서 공공디자인의 진흥에 관한 법률 제2조 2호에서 정의하는 '공공디자인사업'과 3호에서 정의하는 '공공시설물등'에 대하여 조성·제작·설치·운영 또는 관리하는 영역의 과업을 제안하는 표준 제안요청서를 개발하는 내용이었다.

　제안요청서는 발주처가 개발·공사·구입 따위를 추진하고자 할 때 과제의 수행에 필요한 요구사항을 체계적으로 정리하여 제시함으로써 제안자가 제안서를 작성하는데 도움을 주기 위한 문서로, 발주처가 추구하고자 하는 사업에 선별된 업체 등의 사업 참여 의사 타진과 함께 참여 의사를 구하는 내용을 담고 있는 것이 일반적이다. 여기에는 해당 과제의 제목, 목적 및 목표, 내용, 기대성과, 수행기간, 금액, 참가자격, 제출서류 목록, 요구사항, 평가 기준 등의 내용이 포함된다. 국가기관등에서 발주하는 프로젝트는 대부분 나라장터[28]에 제안요청서를 공개하고 있다. 제안요청서는 발주처에 따라 약간의 차이가 있지만 기본적으로 사업개요, 현황분석, 사업추진 방안, 제안요청 내용, 제안서평가 안내사항, 제안서 작성 안내의 순으로 구성되어 있다.

---

28) http://www.g2b.go.kr

　　다만 동일 지침이라도 해석상의 차이 등으로 기관별, 업무담당자
별로 작성내용 및 기준 등이 상이하여 체계적인 설계, 디자인 및 시
공 등 품질관리에 어려움이 있었다는 점을 부인할 수 없다.

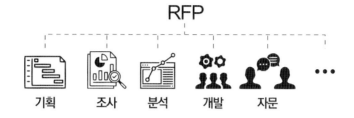

　　새로 개발된 표준 RFP는 몇 가지 특징을 가지고 있는데 지금까지
와 다른 RFP를 적용함으로써 발생하는 한계점들을 극복하기 위한 시
도였다. 바로 공공디자인 사업에 대한 용역발주시 고려사항을 정한 것
인데, 공공디자인 수준 향상을 목표로 입찰방식에 자그마한 변화를 주
었다. 「국가를 당사자로 하는 계약에 관한 법률약칭 : 국가계약법」, 「지방
자치단체를 당사자로 하는 계약에 관한 법률약칭 : 지방계약법」 등에 따라
물품의 제조·구매 및 용역 등의 입찰로 추진하며, 예외사항이 아닌 경
우 공공디자인 분야에서는 일반경쟁입찰방식의 '협상에 의한 계약'[29)
을 통해 용역을 추진하는 것이 일반적이다. 따라서 물품이나 용역은
전부일괄 : 기본 및 실시설계, 제작설치 협상에 의한 계약으로 발주할 수 있
다.

---

29) 국가계약법 시행령 제43조 및 지방계약법 시행령 제43조의 '협상에 의한 계약체결'
　　또는 지방자치단체 입찰시 낙찰자 결정기준(행안부 예규 제19호) 중 "제5장 협상에
　　의한 계약체결 기준"에 의한 것으로. 협상이 이루어지는 경우는 지방자치단체에서 수
　　행하기 어려운 전문적인 용역(디자인, 학술, 기술적영역 등)의 범위이며, 이 경우 사전
　　에 준비해야 되는 서류가 각 분야별 관련 면허나 등록증, 중소기업확인서, 직접생산
　　확인증명서 등을 갖추어야 한다.

다만 지방계약법 제9조제1항에 따라 계약의 목적·성질·규모 및 지역특수성 등을 고려하여 필요하다고 인정되면 참가자를 지명하여 입찰이 가능하므로 일반경쟁입찰방식으로는 공공디자인의 수준을 담보하기 어려운 경우에 제한경쟁입찰[30]로 추진을 검토할 수 있도록 하였다. 다만 여기에도 실적제한이나 지역제한으로 추진할 경우 민원발생소지가 될 수 있으므로 신중하게 검토해야 할 필요가 있다는 한계점은 있다.

그런데 이보다 더 큰 문제점을 보이는 것이 입찰참가자로부터 가격을 제출전자입찰받아 진행하는 방식인 제한입찰가격입찰이다. 이 방식은 사업의 시급성을 이유로 시일이 소요되는 과정을 생략한 채 예산의 약 88%의 금액을 적정금액으로 제시하도록 하고 있으나 금액이 다운된 만큼 디자인 수준이 저하되는 경향을 보이고 있고, 디자인적 수준보다는 사업을 수주하기 위한 방법으로 왜곡되어 악용되는 경우도 흔치않게 나타난다. 사업수행능력이 부족한 타 지역의 업체가 예산액의 88%로 낙찰을 받은 후, 해당 지역의 업체에 다시 약 80%의 금액으로 불법하도급을 진행하는 식이다. 이러한 탓에 현재까지는 제안서평가를 통한 협상에 의한 계약으로 추진하는 것이 공공디자인 수준 향상을 위해 효과적이라는 의견이 지배적이기는 하나, 이 또한 문제가 없는 것은 아니다. 제안서평가를 진행하기 위해 발주처에서는 심사위원을 공개모집하는데, 심사위원 후보자 신청등록이 개별적으로 이루어지기 때문에 항간에는 숫자싸움이라는 얘기가 나온다.

제안업체

심사위원① 심사위원②

---

30) 지자체를 당사자로 하는 계약에 관한 법률 시행령 제20조 및 같은 법 시행규칙 제24조 및 지방자치단체 입찰 및 계약집행기준(행안부 예규 제21호) 중 "제4장 제한입찰 운영요령"에 의한 것으로, 입찰참가자격은 입찰공고일 전일 기준 최근 3년 이내 단일건당 000만원 이상(부가세포함) 유사사업 준공실적이 있는 업체로 한다.

영업력이 우수한 업체가 심사위원 섭외를 통해 자기 업체에게 유리한 상황을 만들 수 있기 때문이다. 현재로서는 이 방식이 가장 공정하게 심사가 이루어질 수 있는 상황이기에 어쩔 수 없다는 현장의 목소리도 적지 않다. 이에 대해 공신력 있는 학회의 추천을 통해 영업맨들을 최소화 시킬 수 있도록 하자는 의견도 있으나 이 또한 별반 달라보이지는 않는다.

이 때문에 2019년에 서울시에서 기존의 프로세스에 한 단계를 추가하여 사업을 진행한 적이 있는데, 서울시 공예박물관 전시업체 선정심사 시에 '제안서평가위원 선정위원회'를 개최하여 제안서평가위원 신청자를 대상으로 자격 등 심사하고 예비위원 21명을 선정한 사례가 있다. 심사위원에 의한 심사 개연성을 최소화하기 위한 방식이었던 것이다. 결과적으로 공정성이 어느 정도 확보되었는지는 알 수 없으나, 최소한 지금까지의 뻔한 결론을 내는 제안서평가와는 조금은 다른 결과가 나왔을 수도 있다.

아무튼 낙찰자 결정방식[31]은 법률에 의해 정해져 있으나, 공정성에 대한 잡음은 잦아들지 않고 있다. 다음은 제안서평가의 배점에 관한 것인데, 배점분포는 디자인이나 기술력을 바탕으로 하는 정성적 평가가 60~70점, 정량적 평가(인적자원, 실적, 회사 신용등급)가 20점, 업체의 가격제안 평가가 10~20점으로 배정되어 7인의 평가위원의 평가로 많은 점수를 받은 업체가 과업을 수행하는 방식으로 이루어져 왔다. 다만 최근에는 디자인능력이 중시되는 경향에 따라 정성적 평가의 배점이 70점으로 상향되고, 입찰가격 평가의 배점이 10점으로 하향되어 낮은 가격 제시보다는 디자인 품질에 중점을 두고 평가하려는 경향이 국가기관 등이 늘어나고 있다.

---

31) 입찰참가자로부터 제안서를 제출받아 「지방자치단체를 당사자로 하는 계약에 관한 법률 시행령」제43조 및 「지방자치단체 입찰시 낙찰자 결정기준」(행정안전부 예규 제89호(2019.10.4.) 제5장 협상에 의한 계약체결 기준에 따라 제안서평가위원회를 구성·평가하여 평가결과에 따라 우선협상대상자를 선정하고 협상 절차를 통하여 낙찰자를 결정한다.

여기에 지금까지는 입찰참가자격에 산업디자인전문회사나 건축사사무소 필수적으로 제시하던 상황이 공공디자인전문회사를 제1 자격요건으로 하여 공공디자인진흥법에 명시된 법적 진흥사항을 준수하는 경향도 서서히 늘어나고 있다. 말하자면 공공디자인법 취지에 맞추어 '공공디자인 용역 참여'[32]를 명문화 시키고 입찰참가자격의 요건에 '공공디자인전문회사'[33]를 반드시 포함시키고, 경우에 따라서 '산업디자인전문회사'[34]를 선택적으로 포함시키는 경우가 늘어나고 있다는 것이다.

이러한 상황에서 공동이행방식의 경우에 있어서도 주계약자를 지분비율이 높은 업체로 하지만, 가급적 공공디자인전문회사가 대표사가 되는 것이 결과물의 디자인 수준 및 품질을 확보하는데 유리하다는 인식이 확산되고 있는 경향도 나타나고 있다. 이에 맞추어 공공디자인 표준 과업 제안요청서에도 공동이행방식에서의 입찰참가자격을 공동수급체 구성원은 대표사를 포함하여 2~3개 업체로 제한하며, 이때 공공디자인전문회사를 대표사로 선정하여 계약권과 대표권을 행사하도록 유도하고 있다.

---

32) 공공디자인법 제12조(공공디자인 용역 참여) 제18조에 따른 공공디자인 용역 전문수행기관과 제20조에 따른 공공디자인 전문인력을 대통령령으로 정하는 기준 이상으로 보유한 기관, 법인, 단체 등은 공공디자인 용역에 참여할 수 있다. 한편, 공공디자인법 시행령 제5조(공공디자인 용역 참여 기준) 법 제12조에서 "대통령령으로 정하는 기준"이란 ①해당 공공디자인 용역의 발주금액(이하 "발주금액"이라 한다)이 5천만원 미만인 경우: 상근(常勤) 전문인력 1명, ②발주금액이 5천만원 이상 1억원 미만인 경우: 상근 전문인력 2명, ③발주금액이 1억원 이상인 경우: 상근 전문인력 3명을 말한다.

33) 「국가종합전자조달시스템 입찰참가자격등록규정」에 의하여 반드시 나라장터(G2B)에 입찰서 제출마감일전일까지 공공디자인전문회사[업종코드:6484]로 입찰참가자격을 등록한 자

34) 국가종합전자조달시스템 입찰참가자격등록규정」에 의하여 반드시 나라장터(G2B)에 입찰서 제출마감일 전일까지 산업디자인전문회사(환경디자인분야)[업종코드:4442] 및 산업디자인전문회사(종합디자인분야) 업종코드:4444]로 입찰참가자격을 등록한 자

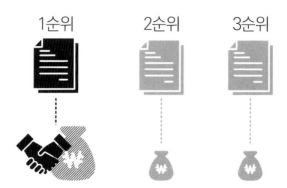

하지만 공공디자인법에 의한 법적 진흥사항이 원활하게 적용되지 못하는 경우도 있다. 공공디자인 용역의 제안서 보상이 그러한데, 제안서 보상은 공공디자인전문회사의 제안서 작성에 따른 부담을 경감시키기 위해 공공디자인법 제13조[35]에서 제안서 보상을 할 수 있도록 한 것으로, 문화체육관광부에서는 장관고시로 '공공디자인 용역의 제안서 보상의 기준 및 절차'[36]를 정하기도 하였다. 다만, 지방자치단체의 경우는 제안서 보상 금액이 사업 예산과 편성목에 따라 다르므로 '지방자치단체 예산편성 운영기준 및 기금운용계획 수립기준'에 의해 보상금을 별도의 '301 일반보전금'으로 개별 편성해야 하는 별도의 과정이 필요하다.

---

35) ① 국가기관등은 공공디자인 용역에 관한 계약을 체결하는 경우 낙찰자로 결정되지 아니한 자 중 제안서 평가에서 우수한 평가를 받은 자에 대하여는 예산의 범위에서 제안서 작성비의 일부를 보상할 수 있다. ② 제1항에 따른 제안서 보상의 기준 및 절차 등에 필요한 사항은 문화체육관광부장관이 정하여 고시한다.

36) [문화체육관광부고시 제2018-4호, 2018. 1. 18., 제정.] 제3조(제안서 보상 대상자 선정) 협상적격자로 선정된 자 중 기술능력 평가점수가 100분의 85 이상인 자로서, 낙찰자로 결정되지 아니한 상위 2인 이내의 범위에서 제안서 보상 대상자로 선정(기획재정부 계약예규 「협상에 의한 계약체결기준」 제8조제1항), 제5조(보상기준) ①제안서 보상 대상자가 2인인 경우에는 3백만 원 또는 사업예산의 100분의 5에 해당하는 금액 중 높은 금액을 균등 지급. ②제안서 보상 대상자가 1인인 경우에는 3백만 원 또는 사업예산의 100분의 5에 해당하는 금액 중 높은 금액의 50%를 지급

06. 공공디자인 전문인력 역량 강화와 전담인력 교육 강화

2018년 1월, 문화체육관광부에서 고시한 '공공디자인 전문인력 기준'에 따라 도시계획, 건축설계, 디자인, 미술, 조경설계 등의 분야를 전문인력으로 인정되는 학력 및 경력기준이 제시되었다. 언뜻 보기에는 너무나도 넓은 범위의 학과들이 포함되어 있다고 지적하는 이들도 있다. 다만 이와 같은 상황은 공공디자인이 창의력이나 예술성을 기반으로 하였다는 판단보다는 도시를 포괄하는 다양한 영역과의 관계성에서 출발하여 조화성, 심미성, 효율성, 안전성 등을 기반으로 한 행정영역을 기본적인 틀로 하고 있기 때문에 도시와 관련된 폭넓은 영역을 포함한 것이라 이해해야 한다.

뿐만 아니라 지금까지 도시를 중심으로 하드웨어적인 접근방식에서의 도시디자인 수법이 강하게 적용되었다고 한다면, 이제부터는 소프트웨어적인 접근방식을 융합시켜 사람들의 행동, 인식, 사고 등의 행위론, 철학, 미학, 현상학과의 관계를 고찰하고, 나아가서는 도시학, 경제학, 문화학, 관광학 등 우리 사회의 질적인 향상과 융합적 사고로 공공디자인을 읽기 시작했다. 공공디자인이 사회 전반에 영향을 주는 분야로 변화하고 있다는 것이기도 하다.

이런 상황에서 문화체육관광부에서는 공공디자인법상 임의규정 실행방안의 하나로 공공디자인 전문자격(증) 제도의 실현 방안에 대한 연구를 시작한다고 한다. 대상 분야가 워낙 광범위하여 쉬운 작업은 아니겠으나 어쩌면 반드시 필요한 작업이기도 하다. 기본적으로는 공공디자인 전문가 및 실무자 과정을 분류하여 자격증 제도를 실시하고, 이수 및 시험을 통한 자격증 취득으로 전문성을 확대하는 것을 기본 방향으로 하고, 자격증 이수자의 경우 지원센터의 인턴과정 및 실무 연계형 프로그램을 개발하여 전문인력의 양성 기반을 마련하는 것이 중요하다.

현재로는 공공디자인을 관장하는 문화체육관광부나 충분한 교육 역량을 갖출 수 있는 서울시의 인재개발원에서 강좌를 개설하여 전문인력을 양성하도록 하는 공공부문에서의 시스템 구축이나 현재로서는 국내에서 유일한 홍익대학교 공공디자인전공(석사/박사)와 같이 공공디자인 전문교과과정의 부재를 개선하고자 대학 및 관련학과의 전문 교과과정(학사/석사/박사)의 교육을 개설하여 전문가를 양성할 수 있도록 시범대학 등으로 선정한 대학의 커리큘럼 개설을 지원하여 전문인력을 양성하는 것이 현실적 대안으로, 이러한 계획이 가시화되면 향후 법개정을 통해 공공디자인 관련 자격제도 시스템을 정립해야 할 것이다.

중앙 및 지방자치단체에서의 공공디자인 전담인력 확대는 공공디자인진흥법 시행 이후에 지자체들의 창조적 인재 육성에 대한 관심은 커지고 있는 것처럼 보이지만 실상은 우리가 기대하는 것처럼 되지 않고 지지부진한 모습을 보이고 있다. 이러한 현상은 기초지자체 단위로 갈수록 전담인력이 부족한 상황이며, 전문직 임기제공무원 정원 확대에 더욱 소극적이다. 여기에는 공공디자인에 대한 이해 부족, 정책을 관장하는 부처 및 실행하는 부서의 공공디자인 확대 의지의 답보, 지방자치단체에서 주로 나타나는 기존 사업부서의 자기중심 사고와 디자인 관련 부서의 성과주의 등 다양한 원인이 있겠으나, 근본적인 문제는 누구나 디자인을 할 수 있다는 자기당착이 불러오는 디자인 품질의 편차를 무시하고 있다는 것이다.

기획	발주	구상	개발	심의	평가
진흥사업	RFP	과업지시서	체크리스트	가이드라인	조치계획서

　지방자치단체의 공공디자인 사업이 구상, 개발, 심의, 평가 등 다양한 프로세스를 거치도록 한 만큼 단순하지 않은 수정, 재검토 등의 과정을 수없이 반복해야 하고, 디자인가이드라인을 바탕으로 하여 심의, 평가가 이루어져야 한다. 그러나 현장에서는 이러한 프로세스를 요식적 행위로 간주하는 경향이 심하고, 심지어는 사업담당자와 관리자의 취향에 의해 결정되는 현실적인 문제가 "공공디자인이 별것 아니다.", "디자인해 봐야 별로 달라질 것도 없다.", "그냥 돈만 들여서 화려하게만 하고 있다."와 같은 그릇된 평가로 이어지는 것이 흔치않은 상황이다.

　심지어 일부이기는 하나 전문직 공무원이라 하는 디자인 경력자들까지 자신이 선호하는 디자인 취향을 공공디자인전문회사와 같은 용역사에게 강요하고 있으니 공공디자인을 업으로 하고 있는 한사람으로써 누굴 탓하겠는가. 이건 교육의 문제이기 이전에 자질의 문제라고 본다. 최소한 전문기업을 가르치고 흠집내려는 행위는 자신을 돋보이게 할지는 모르겠으나 공공디자인 역량 강화를 위해서는 위해한 행위라는 것을 빨리 깨우쳤으면 좋겠다. **최소한 공공부문의 전문직 공무원은 근본적으로는 자신이 행정가라는 사실을 잊지 않았으면 한다.**

역량 강화를 위한 교육부문에 있어서 문화체육관광부는 별도의 공무원 교육프로그램을 개설하고 있으나, 아직은 커리큘럼이 풍부하지 못한 만큼 교육내용에서도 주입식 암기교육의 구태에서 벗어나지 못하고 있다는 자조 섞인 우려의 목소리도 있다. 실제 중앙공무원연수원의 중앙부처 공무원 대상 디자인 직무교육과정 프로그램을 개발하여 보급하고 있으나, 교육시간이 4시간 정도이고, 공공디자인의 기초적 내용만을 영상프로그램으로 강의하고 있다. 이 정도라도 교육에 교육시간을 할애해 주어서 감사하다고 해야 할까.

앞에서도 얘기했지만 공공디자인이 융복합 관점에서 이루어져야 하기 때문에 공공디자인 전문가 육성은 발상과 인식의 전환을 유도하고 지금까지의 개별 건축물, 시설물 등 단일 콘텐츠에 집중한 측면을 뛰어넘어 벗어나 통합적 도시조율디자인인 공공디자인을 통해 범죄예방, 지역공동체 형성, 커뮤니티 활성화 등과 그 효과를 파생시켜 문화활성화, 경제활성화, 범용적 복지활성화, 안전한 삶의 정착 등의 효과를 극대화시킬 수 있는 조율자, 말하자면 인적 콘텐츠를 육성하는 작업이다.

따라서 공공디자인 전문가 등의 역할을 통하여 시민 삶의 질을 향상시킬 뿐 아니라 시민을 창조적 인재로 이끌고 집단지성을 도모할 수 있는 매개체로서의 역할이 도시생활문화의 변화를 가져올 수 있으며, 이러한 것들이 어우러졌을 때 도시구성원 모두가 함께 도시의 새로운 가치를 창출하는 원동력이 될 수 있다는 사실을 자타가 인지하여야 한다. 가능하다면 공공디자인에 참여할 수 있는 창조적 인재를 양성, 교육하기 위해서는 창의성에 중점을 둔 교육이 보편화된 미국, 영국, 호주 등과 같이 미래 사회에 대비하여 갖추어야 할 학습자 역량의 하나인 창의성에 대한 교육의 보편화가 이루어져야 한다.

07. 공공디자인이 바뀐다.
공공디자이너가 바꾼다.

2021년 4월, 대한민국 공공기관 최초로 한국농어촌공사에서 공공디자이너 도입을 발표하였다. 그동안 공공건축의 품질과 품격 저하 우려에 따라 국토교통부에서는 2019년부터 『건축기본법』 및 『공공부문 건축디자인 업무기준』에 따른 민간전문가 제도 운영 가이드라인를 발표하였고, 광역자치단체 등에서 공공건축가 제도를 시행해오고 있지만 공공디자인 관점에서 다기능 고품질의 공공시설물을 접할 수 있도록 공공건축 관련 기획 및 계획을 전문적으로 총괄·조정·자문할 수 있는 공공디자이너 제도를 도입하게 되었다는 것은 큰 의의가 있다.

특히 도시부에 비해 상대적으로 열악한 환경의 농산어촌에 있어서 연령 및 장애유무와 관계없이 모두를 배려한 사용자 중심의 다양하고 편리한 공간구성을 목표로 한 것은 지금까지 공공디자인을 이유로 벽화사업, 간판개선사업 등 시각적 요소에 주안점을 두었던 지역개발 공공디자인사업이 실생활의 안전, 안심 위주의 유니버설디자인에 초점을 맞추기 시작했다는 점에서 농어촌 공공건축의 사회적 가치 향상과 디자인 개선이 기대되고 있다.

사실 공공디자인 전문가제도에 대해서는 공공디자인법 제16조[37]에 명시되어 있으나, 중앙정부, 지방정부, 공공기관 등에서의 도입이 소극적이었던 것이 사실이다. 무엇보다도 예산의 추가발생에 대한 우려나 옥상옥지붕 위에 또 지붕을 얹는다는 뜻으로 불필요하게 이중으로 하는 일을 이르는 말과 같이 사업에 대한 불필요한 개입이라는 시선이 공공디자인 전문가제도의 도입을 어렵게 하는 요소로 작용하고 있다는 점은 부인할 수 없다. 특히 선행제도인 '총괄건축가 제도'나 '공공건축가 제도'와의 역할 중복성을 논하는 이들이 많다. 다만, 그러한 논리로 접근하는 이들의 대부분이 '건축이 모든 것을 해결할 수 있다'라는 건축 중심의 사고가 근저에 깔려 있다.

이들 대부분이 공공디자인의 측면에서 중시되는 심미성, 조형성, 조화성, 기능성 등 공공성을 기반으로 한 가이드라인을 '획일화'로 치부하는 경향이 강하다. 하지만 '건축적 사고와 디자인적 사고는 별반 차이가 없기 때문에 건축이 포괄할 수 있다'고 말하는 이들에게 단언하건대 '다양한 형태의 조합으로 이루어지는 파사드, 내부 실공간의 맥락, 외부와의 연결성 등을 기본으로 하는 건축조형성'과 '경관과의 맥락을 고려한 조화, 색채나 형태 등의 간결성을 통한 절제미, 통합디자인 등을 기본으로 하는' 공공디자인조형성'은 분명히 다르다.

---

37) 국가기관등은 공공디자인사업을 추진할 때 전문가를 위촉하여 해당 업무의 일부를 진행하게 하거나 관련 업무를 총괄하여 조정하게 할 수 있다.

그러한 점에서 본다면 또 다른 사례인 '충청남도 청양군 디자인자문단'은 좋은 선례로 남을 수 있다. 사전 기획단계에서 공공건축과 공공디자인의 콜라보가 가능하도록 하였다는 점에서 공공건축가 제도와 공공디자이너 제도가 대립하지 않고 동거할 수 있는 사례가 될 수 있다. 늦은 감은 없지 않지만 문화체육관광부에서 공공디자인법에서 규정한 공공디자인 전문가에 대해 운영가이드라인 수립을 통해 제도화하려 하고 있다. 공공디자인 전문가 제도를 제안한 배경에는 공공디자인 사업 추진에 있어서의 많은 문제점을 해결하기 위한 공공디자인의 기획 강화, 디자인 개발 및 설계 지원, 제작·설치 품질 확보, 유지·관리의 체계적 접근 등을 위해 국가기관 등의 공공디자인 업무를 조정, 자문하고 관련 기관 및 부서 등과의 연계 등을 총괄·조정하는 공공디자인 전문가의 참여 및 행정조직 지원, 협력, 관리체계를 구축할 필요가 있다는 판단이 있었기 때문이다.

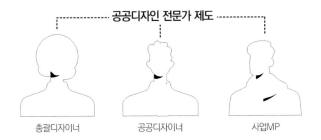

------- 공공디자인 전문가 제도 -------

| 총괄디자이너 | 공공디자이너 | 사업MP |

그 내용을 보면 공공디자인 전문가 제도는 전문가를 크게 '총괄디자이너'[38], '공공디자이너'[39], '사업 MP(Master Planner)'[40]의 3가지로 구분하여, 사업 성격에 맞추어 선별 운용하도록 하고 있다.

---

38) "공공디자인사업"의 총괄·조정 등 공공디자인의 문화적 공공성과 심미성 향상에 관련한 업무를 수행하는 공공디자인 전문가
39) 개별 공공디자인사업에 대하여 기획·조사·분석·자문·디자인·설계·제작·설치·관리 등의 과정에서 계획의 일관성을 유지할 수 있도록 조정, 관리하는 공공디자인 전문가
40) 개별 공공디자인사업에 있어 해당사업을 총괄·조정·자문하는 공공디인 전문가

국가기관 등의 공공디자인 업무분야에 공공디자인 전문가 제도가 도입되면 특별한 예산의 추가적 부담이 없이 더 나은 공공디자인의 품질과 품격을 확보할 수 있고, 불필요한 예산 낭비를 억제할 수 있다. 지역 주민과의 커뮤니티 또한 강화되어 지역밀착형 공공디자인을 조성이 가능해지고, 용역수행자에게는 개별적 조정자문역을 둠으로써 디자인 능력 향상의 기회와 더불어 전반적인 용역관리체계의 확립에도 도움을 주고 있다.

이미 2020년부터 한국농어촌공사(KRC)에서는 공공디자인 가이드라인 실효성 강화와 공공건축 품질 향상을 도모하기 위하여 총괄디자이너 선임과 공공디자인자문단을 운영하는 실험적 경영을 추진하고 있다. 따라서 공공디자인 전문가 제도는 국가기관 등의 공공디자인 정책수립 및 공공디자인 사업의 기획·운영 단계 또는 개별사업 진행에 공공디자인 전문가를 참여시킴으로서 공공디지인 관련 사업의 효율적 운영 및 관리체계 개선, 공공디자인 업무역량 강화에 유용한 방법이 될 것이다.

한편, 세계적인 자동차 회사인 롤스로이스, 메르세데스-벤츠, BMW 세계적인 건축가나 디자이너와 협업하여 '최고급 럭셔리차'를 맞춤 생산하기 시작하였고, 이탈리아의 조명회사인 비아비주노가 디자이너, 건축가와 협업하여 그들의 프로젝트에 최적화된 조명을 맞춤 생산하여 '건축 조명'의 대명사가 된 사례처럼 도시영역에서 각각 다를 수밖에 없는 지역의 아이덴티티를 어떻게 비스포크소비자의 요구에 따라 맞춤으로 생산하는 일할 것인지를 고민하고, 공공성을 부여하는 작업이 이루어진다면 지금까지의 무미건조한 공공건축, 공공디자인의 모습이 달라질 것이다.

08. 공공디자인전문회사, 왜 광역 자치단체에 신고해야 하나 요?

공공디자인법 제18조제2항에 '공공디자인전문회사는 문화체육관광부령으로 정하는 요건과 절차에 따라 문화체육관광부장관에게 신고하여야 한다'고 되어 있음에도 불구하고 공공디자인법 시행령 제12조에 '문화체육관광부장관은 법 제23조제1항[41]에 따라 법 제18조제2항에 따른 공공디자인전문회사의 신고 수리 업무를 특별시장·광역시장·특별자치시장·도지사 및 특별자치도지사에게 위임한다'고 되어 있다. 산업디자인전문회사[42]는 한국디자인진흥원에 신고하도록 되어 있는데 공공디자인전문회사는 왜 광역자치단체에 신고를 해야 하느냐고 물었더니 공공디자인전문회사 신고업무를 광역자치단체에 위임한 것은 지방분권 강화를 위한 일이라고 한다.

설마 '지방분권'의 의미를 잘못 알고 있는 것은 아닌지?

---

41) 문화체육관광부장관은 이 법에 따른 권한의 일부를 대통령령으로 정하는 바에 따라 지방자치단체의 장에게 위임할 수 있다.

42) 산업디자인진흥법 제9조에 의해 산업디자인에 대한 개발·조사·분석·자문 등을 전문으로 하는 회사로서 산업통상자원부와 한국디자인진흥원이 신고를 통해 공인

지방분권은 국가의 통치 권력을 지방자치단체에 나누어 주어 중앙정부에 권력이 집중되지 않도록 하는 것이다. 설사 중앙정부의 눈치만 보고 있을 지방정부에게 힘을 실어주기 위해 이러한 내용을 시행령에 담았다고 하더라도 그 선택이 현재는 각 지방자치단체의 향토기업 살리기에 이용되고 있는 것은 아닌지 살펴보시길 권한다. 공공디자인법을 입안할 당시에 공공디자인전문회사의 육성은 공공디자인 활성화에 근간이 되는 전문인력 및 전문회사의 디자인 수준향상을 통해 창의적인 공공디자인을 구현하고자 하는 의미를 가지고 있었고, 국가기관이 관리함으로써 상대적인 신인도 향상과 자구적인 디자인 수준 향상을 꾀할 수 있을 것이라 생각했는데 행정편의적 발상에 의해 지방분권을 이유로 지방행정업무의 효율성마저도 떨어뜨리는 결과를 낳았다.

이제야 문화체육관광부와 한국공예디자인문화진흥원에서는 교재를 만들고 교육을 한다고 시끌벅적 움직이고 있으나 공공디자인 영역에서 핵심적으로 활동해야할 공공디자인전문회사에게 의도치 않게 각 지역별로 활동반경이 정해진 지역업체라는 족쇄를 채운 형국이 되어버렸다. 산업디자인전문회사로 등록된 기업이 2020년 기준 8천 개가 넘는 것에 비하면 공공디자인전문회사는 2021년 4월 현재 191개에 지나지 않고 있다.

물론 표면적으로는 산업디자인전문회사의 신고 분야가 시각디자인, 포장디자인, 제품디자인, 환경디자인, 멀티미디어디자인, 서비스디자인, 기타 디자인으로 되어 있는 반면, 공공디자인전문회사는 '공공디자인에 관한 기획 · 조사 · 분석 · 개발 · 자문 등을 전문으로 하는 회사'로 정의되어 있지만, 대상으로 하는 디자인영역에서 큰 차이가 없다는 점에서 볼 때는 지방자치단체를 포함하는 공공기관에서 주로 행하는 공공디자인사업의 확장성이 산업디자인보다는 크게 매력을 주지 못한다는 한계성을 극복하기에는 광역지방자치단체 별로 이루어지는 공공디자인전문회사 신고방식은 효율적이라는 생각이 들지 않는다.

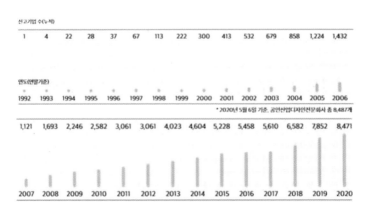

〈그림 1〉1992-2020_산업디자인전문회사 등록회사_추이

(위키백과)

〈그림 2〉2017-2021_공공디자인전문회사 등록회사_추이

(위키백과)

특히나 이러한 상황은 문화체육관광부에서 실시하고 있는 공공디자인 실태조사_{공공디자인 진흥에 관한 법률 시행령 제3조}에도 신뢰성에 작지 않은 영향을 주고 있다. 시행령 3조를 살펴보면 실태조사 대상에 1항의 '공공디자인사업 및 공공디자인 용역 발주 현황'과 5항의 '공공디자인 관련 회사 현황'을 파악하기 위해 현재는 지방자치단체의 응답률에 기댈 수밖에 없는 한계가 있다. 모든 일의 습성 상 아직까지는 직접 관계되는 기관의 영향력이 더 클 수밖에 없는 현실성을 간과해서는 안 된다. 공공디자인 실태조사에 있어서도 '공공디자인사업 및 공공디자인 용역 발주 현황'은 발주기관과 용역사의 크로스 체크가 필요하지만 영업에 관련된 민감한 사항이라 데이터를 제출하는 것이 쉽지 않다.

직접 관련된 기관이 아니기 때문에 번거로운 일거리라고 생각하는 경향도 있다. 따라서 한국공예디자인문화진흥원장에게 공공디자인전문회사를 신고하도록 하고 법령에 근거하여 관장기관으로서의 소임을 다하도록 하면 될 것이다. 2항의 '공공디자인 전문인력_{법 제20조} 수요·공급 실태'에 대해서도 전문인력의 최대 수요처가 공공디자인전문회사인 점을 감안하면 연동하여 조사하는 것이 효과적일 것이므로 이참에 연동되는 행정업무를 어떻게 연계시킬지 고민해봄은 어떠한지.

09. 유니버설디자인과
     유니버설디자인 법률

 전 세계가 코로나-19 감염증의 영향으로 주춤하고 있으나, 포스트 코로나시대에 대비한 공공디자인의 역할에 기대가 커질 수 있는 상황에서 우리는 초고령화사회, 불평등사회에 대한 대비로 복지사회의 공공디자인을 준비하여야 한다. 우리 사회는 대내적 환경 변화로 산업적 측면의 디자인만 강조되어 온 것에 대한 비판의 움직임으로 공공영역의 디자인, 일상의 영역의 디자인이 재조명되고 있다. 특히 산업사회가 요구하는 물리적, 사회적, 제도적, 심리적 평균에 속하지 못한 소외계층과 약자들은 행복하고 인간다운 삶을 누릴 권리를 보장받지 못하고 있는 실정을 감안하여 복지사회 개념이 대두되게 되었다.

 복지사회의 공공디자인은 좁은 의미로는 약자들의 사회적 보호의 방책이고, 넓은 의미로는 장소의 가치를 높여 지역 간의 경제, 문화적 불균형을 해소하고, 사회계층 간의 소통과 교류를 활성화 하는 것까지 포괄하는 것이 이상적이다. 그것은 복지사회의 넓은 의미가 '사회적 약자뿐만 아니라 사회의 모든 구성원에게 그들이 속해 있는 사회와 적절한 관계를 확보할 수 있는 수단을 제공하는 사회적 서비스 또는 체계를 제공하는 것'을 의미하기 때문이다.

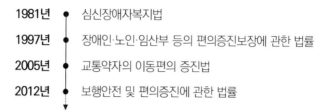

1981년	심신장애자복지법
1997년	장애인·노인·임산부 등의 편의증진보장에 관한 법률
2005년	교통약자의 이동편의 증진법
2012년	보행안전 및 편의증진에 관한 법률

"사회적 변화 대응책의 지속적 보완 필요"

우리나라는 1997년 이후 '장애인·노인·임산부 등의 편의증진보장에 관한 법률', '교통약자의 이동편의증진법' 등을 시행하여 교통약자의 이동을 배려하고 있음에도 불구하고 사회적 변화에 대한 대응책은 모든 시민의 안전과 편리성을 충분히 담아내지 못하고 있다. 현재 국내에는 심신장애자복지법(1981)[43], 장애인·노인·임산부 등의 편의증진보장에 관한 법률(1997)[44], 교통약자의 이동편의 증진법(2005)[45], 보행안전 및 편의증진에 관한 법률(2012)[46] 등 사회적 약자에 대한 무장애 도시환경 조성에 초점을 맞춘 법제화가 진행되어 왔다.

---

43) 우리나라 최초로 제정된 장애인 복지 관련 법률로써 지체장애, 시각장애, 청각장애, 언어장애, 정신지체를 가진 장애자의 복지증진에 기여함을 목적으로 한다. 이후 1989년 장애인복지법으로 전부 개정되며 장애인 등록 제도를 법제화한다.

44) 장애인·노인·임산부 등과 같이 생활을 영위함에 있어 이동성과 접근성 등에 불편을 느끼는 자들이 안전하고 편리하게 시설 및 설비를 이용하고 정보에 원활하게 접근하는 것을 보장함을 목적으로 한다. 공원, 공공건물 및 공중이용시설, 공동주택, 통신시설 등에 편의시설 설치를 의무화하고 세부기준을 정한다

45) 장애인, 고령자, 임산부, 영유아를 동반한 사람 등 이동에 불편을 느끼는 교통약자가 안전하고 편리하게 이동할 수 있도록 편의시설을 확충하고 보행환경을 개선하여 사람중심의 교통체계 구축을 목적으로 한다. 보행우선구역의 지정 기준을 명시하였으며, 교통수단, 여객시설 및 도로의 개선방향을 주요 내용으로 한다., 장애인차별금지 및 권리구제 등에 관한 법률(2008)기존 법률들이 다뤄왔던 이동환경뿐만 아니라 모든 생활영역에서 장애를 이유로 한 차별을 금지하여 장애인의 완전한 사회참여와 평등권 실현을 목적으로 한다. 사용자에 대한 정당한 편의 제공의 의무를 명시하고 있다.

46) 안전하고 편리하게 걸을 수 있는 쾌적한 보행환경을 조성하여 각종 위험으로부터 국민의 생명과 신체를 보호하고, 공공의 복리 증진에 이바지함을 목적으로 규정한다. 보행환경개선지구의 지정 및 사업시행에 대한 내용을 명시하고 있다.

다만 아직까지 국내에는 유니버설디자인에 관한 법제화가 이루어지지 않은 상황에서 광역자치단체 7곳, 기초자치단체 16곳 등 총 23곳의 지방자치단체에서 유니버설디자인 조례를 통해서 유니버설디자인 관련 시책을 전개하고 있다. 최근에는 문화체육관광부의 '공공디자인 통합조례(안)' 권고에 따라 공공디자인, 유니버설디자인, 범죄예방환경설계디자인을 통합하여 제정하는 사례가 증가하고 있는 것도 전반적으로 공공디자인에 대한 관심 증대 및 보편적 디자인으로써의 유니버설디자인 확대와 연계되는 양상이지만 그 확산속도 및 정책의 질적 수준 확보에 대해서는 평가하기가 어려운 실정이라는 것이 보편적인 견해이다.

이러한 상황 속에서 서울시에서는 2021년부터 공공청사, 도서관, 공원, 지하철역 등 신축·개보수하는 모든 공공건물과 시설물에 유니버설디자인 적용을 의무화하는 조례 개정을 통해 전국 최초로 선제적인 실행에 나선다고 발표하였다. 이는 2017년에 수립한 '서울시 유니버설디자인 통합가이드라인'이 공공 및 민간에 필수적으로 적용되도록 정착시켜 나가고, 특히 공공건축물 신·증축 시 기획·설계 단계부터 준공까지 서울시가 이 가이드라인을 의무적으로 반영하도록 하고 공공건축 심의나 건축위원회 심의 시 가이드라인 내용이 설계에 반영됐는지 확인하는 절차를 제도화했다는 점에서 부서 간 협력을 이끌어내고 유니버설디자인이 시 행정 전반에 효율적·통합적으로 적용될 수 있는 방안을 마련하였다는 평가를 받고 있다.

이제껏 필요성은 인정하면서 행정적인 연계가 부족했던 건축분야와 디자인분야에 있어서 건축과 디자인의 융합형 제도 기반을 확대하여 다양한 사용자를 배려할 수 있을 것으로 기대되는 대목이기도 하다. 또한 중장기적으로는 2019년에 수립한 '서울시 유니버설디자인 종합계획(2020~2024)'을 단계별, 체계적으로 이행하겠다는 뜻이 내포되어 있다.

하지만 이러한 움직임은 시간적으로 좀더 지켜봐야 할 상황인 듯하다. 실제 서울시의 토목이나 건축과 관련된 대부분의 공공사업 실무를 주도하고 있는 도시기반시설본부는 독자적인 매뉴얼을 중시하는 경향이 강하고, 유니버설디자인 등의 적용과 관련된 협의가 이루어지더라도 결과물은 그들의 매뉴얼에 따라 이루어지는 것이 대부분이다. 여기서의 문제는 그들의 매뉴얼의 상당부분이 '서울시 유니버설디자인 통합가이드라인'과 내용적으로 차이가 있고, 그것이 최선의 품질을 보장하는 것이 아니라는 것이다.

예를 들면 '서울시 유니버설디자인 통합가이드라인'에 적시되어 있는 보도 평탄도가 유니버설디자인 환경에 중요한 영향을 미치기 때문에 모듈이 큰 바닥재를 적용해야 하고, 최소한 $300 \times 300mm$ 이상을 적용하도록 하고 있으나, 그들은 '서울시 보도시공매뉴얼'에 $200 \times 200mm$의 보도블록을 권장하는 식이다. 작은 모듈을 권장하는 것은 보도에 차량이 올라왔을 때 보도블록이 파손된다는 것과 시공시 경사가 많은 서울의 보도 상황에는 평탄도 조율이 어렵다는 것이 이유이다. 아쉬운 것은 시공시에 좀더 면밀한 시공이 이루어질 수 있다는 기대와 시공 후 얼마 지나지 않으면 보도 평면이 울퉁불퉁해지는 현재의 시공 수준을 보면 손쉬운 시공과 파손에 따른 유지보수만을 고려하는 것 같아 씁쓸하다. 유니버설디자인은 우리가 알고 있는 상황보다 훨씬 다양한 부분에 적용 가능하다. 현실적으로 우리 사회가 직면해 있는 상황 중에서 유니버설디자인이 개입되어야 할 상황을 압축해 보면 인구고령화, 범죄예방, 포용적 도시환경, 글로벌 스탠다드를 제시할 수 있을 것이다.

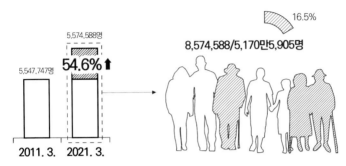

우리나라의 고령인구(65세 이상)는 2021년 3월말 기준으로 857만 4588명으로 전체인구에서 차지하는 비중이 16.5%로 나타났다. 이는 노년층을 대상으로 하는 실버산업[47]의 마케팅 활성화 측면에서는 긍정적인 이슈가 될 수 있으나, 연금이나 안정자산을 보유한 경제력 있는 노년층이 주 수요계층이 될 것이고 상대적으로 경제력이 미흡한 노년층에 대해서는 사회적 문제 측면에서 바라보아야 할 필요성이 생긴다. 특히 생산연령인구의 감소로 인해 사회경제적인 측면에서 큰 변화가 예상되므로 도시관리 방향이 기존의 양적 공급 및 개발에 의한 성장 정책에서 인구구조의 변화와 개발수요의 다양화에 대비한 세밀하고 정교한 질적인 도시관리정책으로의 전환이 필요하다. 따라서 이에 대한 장기적인 대응방안 마련이 필요하다는 점에서 정책차원에서의 유니버설디자인에 주목해야 한다. 또 하나 주목해야 할 상황은 최근의 아동과 여성 등 사회적 약자를 대상으로 한 강력범죄 발생의 증가이다. 안전한 도시생활환경에 대한 사회적 요구가 커지고 있는 상황에서 점차 증가하는 지능화·다양화되는 범죄에 대응하기 위해서는 경찰력을 기반으로 한 범죄예방 활동만으로는 한계가 있어 보행 활성화를 통한 자연감시체계의 강화와 같은 범죄예방환경설계CPTED : Crime Prevention Through Environmental Design의 도입을 통해 도시 및 건축물 계획 단계에서부터 범죄예방을 고려할 필요성이 커지고 있다.

---

47) Silver Industry. 노년층을 대상으로 상품이나 서비스를 만들어서 판매하거나 제공하는 것을 목적으로 하는 산업 형태

특히 노후화된 단독·다가구 밀집지역과 같이 범죄발생에 취약한 서민밀집 주거지역에서 반복적으로 범죄가 발생하고 있다는 점은 이에 대한 체계적인 대책이 절실하다고 할 수 있다. 한편, 기존의 자동차 중심 교통체계를 통해서는 도시의 건전한 발전을 도모할 수 없다는 것을 인지한 세계의 도시들은 보행과 대중교통의 연계, 토지이용과의 협력 등을 통해 효과적으로 이동 환경의 개선을 실현하고 있다.

특히 유럽과 북미를 중심으로 삶의 질 향상, 사람중심의 도시계획 등 획일적 계획에서 탈피하여 질적인 다양성을 추구하는 패러다임 변화에 맞추어 도시계획의 새로운 방향으로써 사회적 약자에 대한 무장애 도시환경을 넘어 모든 사람들을 위한 디자인 관점에서 포용적 도시환경을 조성하고 있는 추세 속에서 새로운 도시 패러다임의 사례로 일본과 유럽의 콤팩트시티Compact city, 미국의 뉴어바니즘New Urbanism, 영국의 어반빌리지Urban Village, 우리나라의 살고 싶은 도시만들기 등이 있으나, 이제는 성별, 연령, 국적 및 장애의 유무와 관계없이 모든 시민이 안전하고 편리하게 이용할 수 있는 유니버설디자인 도시계획이 시급하다.

2021년 7월 유엔무역개발회의(UNCTAD)가 우리나라의 지위를 개발도상국에서 선진국으로 변경하였다. 우리나라가 세계 10위권 경제 규모를 갖추고 있고 2년 연속 주요 7개국(G7) 정상회의에 초청되는 등 국제사회에서의 위상이 높아진 점이 반영된 결과이고, 이후 국제사회에 대한 우리나라의 기여가 증대될 것이다. 이는 곧 우리나라의 글로벌화가 가속화되는 것을 의미하는 상황에서 한국의 체류 외국인 수는 2020년 기준 208만 명이다.

이에 체류 외국인의 수가 늘어남에 따라 국적이나 민족이 다른 사람들이 서로의 문화적 차이를 이해하고 대등한 관계를 구축해 가면서 지역사회의 구성원으로서 공생해가는 다문화공생의 필요성이 커지고 있다. 한편, 외국인 관광객 수도 최근에는 코로나-19 감염증의 영향이 지대하게 작용하고는 있으나, 코로나-19 이후에 평년 수준으로 회복한다면 다시 1,800만 명 정도가 우리나라를 찾을 것으로 예상된다. 늘어나는 외국인 거주자와 외국인 관광객을 배려하기 위해 공공시설, 안내사인시스템 등을 내국인뿐만 아니라 외국인들도 편리하게 이용할 수 있도록 정비할 필요가 있다는 점은 글로벌 스탠더드에 대한 대응이 적극적으로 변해야 한다는 점을 대변한다.

이처럼 유니버설디자인은 인간생활 전반에 걸쳐 중요성이 논의되어야 한다. 따라서 남녀노소, 장애여부, 국적 등에 관계없이 모두가 평등하게 안전하고 편리한 삶을 누릴 수 있도록 유니버설디자인 관련 다양한 관계법령의 정비와 나아가 유니버설디자인법의 제정은 반드시 필요하다. 특히 단기간에 이루어진 유니버설디자인에 대한 사회적 인식 변화와 높아진 기준으로 조금씩이나마 바뀌고 있는 유니버설디자인의 효과적 구현을 위해 유니버설디자인 사업의 효율적인 분석기준 제시와 지표체계를 재정립하는 것은 반드시 필요할 것이다.

10. 사회문제해결디자인의
등장

"좋은 디자인은 사람들의 소통을 돕고, 아울러 높은 경제적 부가가치를 창출해 결과적으로 삶의 질을 향상시킨다. 디자인은 도시를 안전하고 쾌적하게 만들고, 도시의 문제점을 극복하는 능력이 있다. 즉 디자인은 모든 것이다."라는 말처럼 현대사회에서의 디자인은 다양한 분야에서 각각의 영역을 아우르며 확장되고 있다. 특히 '우리사회의 소외된 이웃에게 필요한 것이 디자인이다.'라는 철학 속에서 공공디자인은 '깨끗한 환경'에서 한 발 더 나아가 '더 좋은 환경'을 사람들에게 제공하고자 하는 깊은 고민에서 시작되어야 한다. 지금까지의 물리적 환경개선 차원에서의 사업이 대규모의 토목공사를 동반하였고 적지 않다면 적지 않은 시행착오를 겪어 오면서 향후 백 년, 천 년 뻗어나갈 미래도시에 조화롭게 융화된 이미지를 부여하고 가이드라인을 제시하는 것은 반드시 필요한 일이라 할 수 있다.

다만 현대도시는 다양하고 풍부한 인프라를 갖추고 있으면서도 고도의 산업화 과정에서 인간중심의 도시발전보다는 물리적 환경의 건설중심, 경제중심, 기계중심의 도시발전이 이루어져 왔다. 따라서 점점 더 복잡해지고 사회적 요구가 다양해지는 현대 도시문제에 대해 재빠르게 대응하지 못해 왔고, 이로 인해 발생되는 어려움들은 사람들을 불편하게 만드는 결과를 초래하였다고 볼 수 있다.

이러한 시점에서 공공디자인은 시각적인 아름다움만을 추구하는 것이 아니라, 사람들의 생활을 풍요롭게 하고, 도시의 정체성을 회복하게 하며 도시의 공공성을 회복하게 하여 디자인을 통한 행복지수 향상과 도시발전에 대한 비전을 만들어내는 중요한 역할을 하고 있다. 최근 들어 공공디자인, 유니버설디자인, 서비스디자인, 사회문제해결디자인 등 디자인과 관련한 새로운 용어들이 속속 등장하고 있다. 기존의 제품디자인, 시각디자인, 산업디자인 등 일상적으로 우리가 디자인 범주 내에서 얘기했던, 또는 학문적으로 정립을 했던 그러한 용어들과는 조금은 다른 일반인들에게 다소 생소할 수 있는 용어들이다. 그 중 '사회문제해결디자인'은 어떤 본질을 갖고 있는 것인지에 대해 아직 뚜렷하게 정립이 되어 있지 않아 보인다.

이는 어쩌면 공공디자인이라고 하는 범주 안에서 공간적인 문제를 해결하는 것이나 사회적, 환경적으로 문제가 되고 있는 것을 해결하는 것, 그리고 장애인들을 위한 배리어프리(BF)나 모두를 위한 디자인 등 우리가 갖고 있는 현실적인 문제를 다루는 디자인의 본질적인 해결을 공공성 회복 또는 공공성 확보에 두고 있는 공공디자인이라는 용어로 포용하고자 하는 기본적인 정책기조, 즉 문화체육관광부가 주장하고 공공디자인법을 제정, 공포했던 상황을 돌이켜본다면 굳이 용어적으로 나누지 않더라도 본질적으로 하나로 정리되는 것이 필요하다는 생각이 든다. 실제로 사회문제해결디자인이라는 용어가 사회문제를 디자인으로 해결하자는 방법론적 접근에서 시작된 것이 아니라 서울시에서 사업예산 확보의 편의를 위해 만들어낸 개념의 성격이 강하다.

이는 공공디자인의 영역에서 예산을 다양하게 만들 수 있는 여지가 불충분했던 현실적인 상황과도 맞물려 있다.

'사회문제해결디자인 조례'[48]를 급하게 만들고 후속조치로 '사회문제해결디자인 기본계획'을 법정계획이라는 이름으로 수립하였다는 점은 매우 수고스러웠을 것이다. 다만 조례라는 것이 그 지방의 사무에 관하여 지방자치단체가 지방의회의 의결을 거쳐 만드는 것이기는 하지만 상위법인 공공디자인법을 활용하지 못하고 새로운 개념으로 읽히게끔 사회문제라는 키워드를 도출하여 공공디자인의 법률적 영역확산에 혼선이 일어난 것은 공공디자인법의 주무부서인 문화체육관광부의 입장에서는 아쉬움이 남을 것이다.

이러한 상황에서 본다면 우리나라 인구 총 5,170만 명(2021년 4월 기준) 중 약 18.5%(959만 명)를 차지하는 거대도시 서울에 있어서는 상대적으로 다양한 사회문제가 발생할 수 있기 때문에 별도의 조례를 제정할 필요성이 있다고 판단하였을 수는 있다. 다만 전국 243개 지방자치단체17개 광역자치단체, 226개 기초자치단체 중 서울시만이 사회문제해결디자인 조례를 운용하고 있다는 점은 생활안심디자인, 인지건강디자인, 학교폭력예방디자인, 스트레스해소디자인 등의 카테고리를 가지고 사회 곳곳의 문제를 해결하기 위한 디자인의 역할을 강화해 나가고 있다는 일부의 평가에 무색하게 그 내용이 서비스디자인, 유니버설디자인, 범죄예방디자인 등 공공디자인의 범주 안에서 포괄되는 내용이 중첩되어 있는 상황이라는 점에서는 오히려

---

48) 서울특별시조례 제7515호. 디자인을 통해 서울특별시민의 역량을 활용하고 사회문제에 대한 해결방안을 도출하기 위해 필요한 사항을 정함으로 서울특별시민의 삶의 질 향상에 이바지함을 목적으로 하고 있다.

행정사무의 혼란이 생길 수도 있다는 생각이 든다.

디자인방법론의 입장에서 목표 자체를 명쾌하게 설정하고 각각의 디자인 영역이 구분되는 것은 필요할 수는 있지만, 영역 구분의 불명확성을 떠안고 행정용어적인 측면이 강한 용어로 인하여 의도치 않게 본질적인 공공디자인의 목표성을 쪼갤 수밖에 없는 상황으로 가는 것은 분명 긍정적인 상황이라고 볼 수는 없다.

현 시대에 대두되고 있는 다양한 사회문제의 원인 중에 산업 발전을 거론하는 이들이 있다. 그들의 논리는 인간에게 많은 편의성을 제공하였다는 부분과 또 반대로 의도치 않게 인간생활이 불편해지거나 환경문제를 야기한 부분들이 어떻게 이해되어야 하는지를 양단에서 주장하고 있는 상황이다. 산업발전이 이로운 부분과 역설적 결과로 해로운 부분을 제공하고 있는 상황 속에서 일방은 산업발전이라고 하는 것을 시대의 변화에 따른 하나의 현상, 어쩌면 인간의 욕구 그리고 인간의 요구가 많아지면서 불가피하게 산업 발전에 의한 폐해가 일어날 수밖에 없는 상황이라 어쩔 수 없기 때문에 우리가 수긍하고 넘어가야 된다고 보는 관점이고, 또 다른 일방은 어쩔 수 없다고 하더라도 최대한 우리가 발전 속도를 늦추더라도 하나하나 같이 해결해 가면서 나가야 된다는 관점이다. 다만 이 부분은 디자인을 하는 사람들이 산업발전을 어떻게 바라보아야 하는지, 또한 산업 발전과 함께 변화되는 이 시대 상황에서 디자이너의 역할을 어디에 두어야 하는지가 하나의 과제가 될 수 있다.

11. 길 찾기 쉬운 도시만들기

공공사인은 도시생활에서 필요한 정보를 사용자에게 적절하게 제공해야 하는 공공정보전달의 역할을 하고 있다. 특히 보행자중심의 도시를 지양하고 있는 현대의 도시에 있어서는 공간을 이해하는 매우 중요한 요소이다. 잘 읽히고 이해하기 쉬운 환경은 그 도시를 이해하고 기억하는데 중요한 역할을 하며 일반 시민 또는 방문객들이 도시를 즐기고 좋은 경험을 쌓는데 도움이 된다. 따라서 공공 시각이미지의 품격을 높이는 것은 시민과 관광객에게 도시에서의 심리적 안정감을 줌으로써 쾌적한 도시이미지를 높일 수 있는 유효한 방법이다. 이러한 방법은 방문객들에게 그 도시를 기억할 수 있는 도시로 만들어주는 공공 시각이미지의 품격 제고가 효과적인 도시브랜딩의 하나이기도 하다. 길 찾기 쉬운 도시를 위해서는 도시가 통합적 이미지를 통해 그 내용이 쉽게 읽혀져서 방문객이나 거주민이 편하게 이동하고 생활 가능하도록 친숙한 도시환경 제공하는 것과 그 도시의 아이덴티티를 표현할 수 있는 사인시스템, 지도, 안내시스템, 웹사이트 등을 활용하는 것, 어떠한 매체를 사용하든 동일한 정보를 일관성 있게 제공하는 것이 필수적이다. 예를 들면 우리에게 잘 알려진 영국의 'Legible London'은 런던을 2015년까지 세계에서 가장 걷기 편한 도시로 만들겠다는 시청의 계획 하에 진행된 길 찾기 시스템 프로젝트이다. 일관된 색상이나 서체를 적용하여 통일성을 갖추고, 한꺼번에 많은 정보를 노출시켜 혼란을 주던 기존 문제점을 해결하였다. 각기 따로따로 설치된 표지판들을 통합한 150개의 사인포스트와 30개의 지도가 시내 중심가에 설치되었고, 안내지도는 다양한 사람들의 다양한 상황과 여행을 고려한 시나리오로 제작하였다.

〈그림 1〉 Legible London System

특히 보행하기에 좋지만 출퇴근이나 쇼핑, 건강을 위한 도보 등 각각의 보행특성에서 나타나는 여러 가지 특징에 맞추어 거리명칭 사인이나 안내지도, 디지털 여행플랜과 같은 다양하고 폭넓은 가로 정보시스템을 통하여 안내시스템이 통합되었을 때 나타나는 단점을 보완한 시스템으로 유명하다.

그런데 우리의 현실은 어떠한가?

최소한 방문객은 어렵겠지만 그 지역민이라도 편리하게 사용할 수 있을 것이라고 생각했던 나의 신념은 공공디자인에 발을 들이면서 여지없이 깨져버렸다. 지금이야 많이 좋아졌다고 하지만 15년 전에는 서울의 안내사인도 형편없을 정도로 질서라는 것이 느껴지지 않았을 때도 있었다. 아직도 여러 지역에서는 기존의 공공사인과 공공시설물 등이 지방자치단체나 관리기관 별로 무분별한 설치가 행해졌다. 그 결과, 시민들을 편리하게 하기 위한 안내사인이 오히려 길찾기 정보 습득을 불편하게 하거나 심지어는 혼란까지 초래하는 상황을 연출하고 있다.

이는 각기 다른 사업주체의 필요에 의한 설치가 두드러져 배치에 대한 일정한 흐름을 파악하기에 어려움을 주고 있기 때문이다. 명동이나 종로와 같이 시내 중심부의 경우에 더욱 두드러지게 나타나고 있는데, 이러한 현상은 지하철, 버스, 시티투어버스 등의 대중교통수단, 지하도상가, 화장실 등의 서비스 편의시설 등의 제공이 외곽지역보다는 충실하게 이루어지고 있다는 점에서는 긍정적일 수 있으나, 공공정보 이외의 간판, 불법광고물 등 옥외광고물이 난립하고 있는 서울 도심부의 상황을 고려한다면 시설별 공공안내사인 디자인가이드라인을 총괄할 수 있는 통합적인 관리체계 및 연계설치 지침이 필요하다.

〈그림〉 서울시 안내사인류 표준형디자인

더욱이 외국인관광객이 상대적으로 많은 서울은 다국어정보를 포함하여 정보의 내용 또한 많기 때문에 더욱 시인성과 가독성을 높일 수 있는 디자인과 다양한 연령 및 신체적 조건의 사용자들을 위한 유니버설한 디자인을 필요로 한다. 그리고 정보내용의 명확성, 표현양식의 간결성, 형태적 표준성, 공간배치의 적절성 등이 사인시스템의 요건이라고 할 수 있다.

공공안내사인의 형태에 대해 자그마한 에피소드가 있다. 최근 지금껏 접하지 못했던 공공안내사인이 내가 활동하고 있는 한 지방자치단체의 공공디자인 심의에 접수되었다. 서체, 컬러 등은 차치하더라도 형태가 손거울처럼 생긴 원형을 기본형태로 하는 디자인이었다.

여기에서 형태에 관하여 첨예하게 대립하였다. 나의 심의의견은 '일반적으로 지도가 사각베이스에서 일반인들이 익숙하다는 점을 고려하면 디자이너의 시각에서가 아니라 일반인들의 시각에서 공공안내사인이 디자인되어야 한다'는 것이었다.

반대로 디자이너의 의견은 '반복적인 외형의 노출이 보여준다면 인식의 변화가 발생할 것으로 예상된다'는 것이었다. 누구의 의견이 맞고 틀림을 떠나 '타 지자체와는 다른 OO시만의 지역·환경적 특성을 반영한 안내시설 개발을 목적으로 외형적 특색이 강조된 디자인이 계획되었다'고 하는 발상을 나는 일반적으로 이해되는 범위에서 벗어나는 '특수성'이 공공안내사인이 가져야 할 '보편성'보다 앞서서는 안 된다고 판단하였다. 최소한 쇼핑센터나 놀이공원과 같은 민간시설에서는 가능할 수 있으나 불특정 다수를 위한 공공안내사인으로는 타당하지 않다고 본 것이다.

공공안내사인을 디자인함에 있어서 '배치'의 문제도 빼놓을 수 없이 중요하다. 정보전달력의 향상을 위해서는 일정한 원칙을 가진 배치가 이루어져야 한다는 것이다. 보행자가 목적지까지 이동할 때 거리에서 나타나는 행동 패턴은 보편적으로 전체경로의 인지, 경로확인, 목적지 이동, 목적지 도착의 4단계로 나타난다고 한다. 이를 고려하여 효율적인 공공사인의 배치를 하기 위해서는 아래 6가지 원칙이 있다. 이러한 배치 원칙이 지켜질 수 있다면 우리는 도시 안에서 더욱 편리한 도보생활을 영위할 수 있을 것이다.

첫째, 요구가 발생하는 장소를 정확하게 선택해서 공공안내사인을 설치해야 할 것이다.

둘째, 인간의 지각 특성을 근거로 해서 주목성과 시인성을 확보할 수 있는 위치를 선택해야 할 것이다.

셋째, 유도 경로는 선택사항을 다양하게 나타내는 것보다 추천 경로를 정하여 배치해야 한다.

넷째, 정보가 연속적으로 이어질 수 있도록 설치해야할 것이다.

다섯째, 준비된 정보에 대해 전체적인 파악이 가능하도록 집약적으로 설치해야 할 것이다.

여섯째, 보행자의 통행을 방해하거나 환경 전체의 질서를 어지럽히지 않도록 일관성을 확보해야 할 것이다.

Public Design 36 Essays.

PUBLIC DESIGN — ISM

Public Landscape

주신하_서울여자대학교 원예생명조경학과 교수

공공경관을 위한 디자인

공공경관을 위한 디자인

01. 경관이란 무엇인가

'도대체 경관이 뭐예요?'

경관과 관련된 강의를 할 때면 가장 많이 듣는 질문입니다. 어떻게 말씀드려야 좋을까 늘 고민이 되는 질문이기도 하지요. 너무 당연한 것 같은 질문에는 쉽게 대답하기 어려울 때가 많기 때문인 것 같습니다. 어려운 질문에는 오히려 답하기 쉬울텐데 하는 생각마저 듭니다. 그럼 이번 글에서는 쉽지만, 동시에 쉽지만은 않은 '경관'의 의미에 대해서 이야기를 해 볼까 합니다.

경관(景觀)의 정의

모르는 단어를 만나면 먼저 이런 고민을 한 분들이 정리한 내용을 참고해야겠지요. 표준국어대사전에서는 경관을 다음과 같이 설명하고 있습니다. **'산이나 들, 강, 바다 따위의 자연이나 지역의 풍경'** 그리고 친절하게도 '경관이 빼어나다, 설악산의 주변 경관이 수려하다' 등의 사용 예시도 같이 적혀 있네요. 여러분들도 아마 설악산이나 제주도 해변처럼 아름다운 자연을 떠올리시는 분들이 많으셨지요? 경관이라는 단어가 수려한 자연이라는 의미로 가장 많이 사용되기 때문이겠지요. 사전에는 친절하게도 두 번째 뜻도 적혀 있습니다. 이번에는 조금 어려운 설명입니다. 『지리』기후, 지형, 토양 따위의 자연적 요소에 대하여 인간의 활동이 작용하여 만들어 낸 지역의 통일된 특성. 자연경관과 문화경관으로 구분한다.'

좀 복잡하게 설명이 되어 있긴 하지만, 지리학과 같은 학문 분야에서는 조금 다른 의미로 사용된다는 설명입니다. 일상용어가 아름다운 자연경관의 의미로 많이 사용된다면, 학술용어로는 인간과 자연의 상호작용으로 만들어진 결과인 문화경관의 의미로 사용되고 있다는 뜻 같습니다. 우리나라 경관법에서도 이런 학술용어와 비슷한 의미로 '자연, 인공 요소 및 주민의 생활상 등으로 이루어진 일단의 지역환경적 특징'이라고 정의가 되어 있습니다. 그러니까 단순히 아름다운 경치라는 의미보다는 사람들이 자연을 문화화한 결과물을 경관이라고 보고 있다는 의미입니다.

역시 사람이 중요하군요.

경관의 의미를 살펴보기 위해 한 걸음 더 들어가 보겠습니다. 우리말의 많은 단어가 한자로 구성되어 있는데, 경관도 역시 마찬가지입니다. 한자의 뜻을 분석해 보면 또 그 단어가 가진 본질적인 의미를 파악하는데 큰 도움이 됩니다. 경관은 경치를 뜻하는 경(景)과 본다는 의미의 관(觀)으로 구성된 단어입니다. 말 그대로 '경치를 본다'라고 해석할 수 있겠네요. 경관이라는 단어가 명사로 취급되지만, 해석된 의미를 보니 경치를 보고 있는 상황을 표현한 동사 같은 느낌도 듭니다. 경치를 뜻하는 한자인 경(景)자도 자세히 들여다보면 재미있습니다. 서울을 뜻하는 경(京)자 위에 해 또는 하루를 뜻하는 일(日)이 얹혀진 모습을 하고 있지요. 아마도 큰 도시 위에 해가 맑게 뜬 그런 모습으로 아름답고 볼 만한 모습을 표현한 한자가 아닌가 하는 생각이 듭니다. 어쨌거나 한자 경(景)은 볼만한 대상이라는 의미인 것 같군요. 관(觀)자는 본다는 의미이지요. 그런데 직접 눈으로 보는 것 외에도 다양한 의미를 담고 있는 한자입니다. 관(觀)자가 들어간 단어들을 몇 개 생각해 보죠.

먼저 관찰(觀察), 관광(觀光), 관측(觀測), 관객(觀客) 같은 단어들이 떠오릅니다. 눈앞에 있는 대상을 직접 볼 때 사용하는 단어들입니다. 그런데 이런 단어들도 관(觀)을 포함하고 있습니다. 주관(主觀), 세계관(世界觀), 관념(觀念), 낙관(樂觀). 이런 단어들에서는 앞 단어들과는 조금 다른 느낌입니다. 이 단어들은 직접 눈으로 보는 것이라기 보다는 오랜 경험이 쌓여서 만들어지는 체계나 이미지 같은 뜻으로 사용되고 있습니다. 그러니까 관(觀)자는 눈으로 직접 지각하는 것뿐만 아니라 오랜 경험에 의해 축적된 결과로 세상을 인식하는 것까지 포함하는 한자라는 것이지요. 이런 넓은 스펙트럼을 갖는 관(觀)자 덕분에 경관이라는 단어에서도 매우 다양한 의미를 포함하게 됩니다. 직접 현장에서 대상을 보는 것도 경관이 될 수 있고, 지역이나 대상에 대해 오랜 경험이 쌓여서 만들어진 이미지도 경관이 될 수 있다는 것입니다. 한자어 뜻으로만 보더라도 관(觀)자는 지각과 인식을 모두 포함하고 있다는 것을 알 수 있습니다.

바라보는 대상과 바라보는 주체가 결합된 경관(景觀) 개념을 보여주는 모습

다시 두 한자를 합쳐보자. 아주 멋진 대상(景)을 직접 눈으로 보거나 경험을 통해 인지한다(觀)는 뜻이 된다. 단어를 구성하는 한자의 의미를 살펴보니 조금 복잡해지긴 했지만 경관이라는 단어의 폭이 훨씬 넓어졌다.

실용적 활용으로서의 景 + 觀

이런 한자어 분석은 이론적으로 경관의 의미를 파악할 때에는 큰 도움이 됩니다. 그런데, 실제로 경관을 관리하고 계획하는 입장에서도 도움이 될까요?

어원을 파악하는 것은 이론적인 측면 뿐만 아니라 실무적인 측면에서도 잘 활용될 수 있습니다. 특히 바라보는 대상(景)과 바라보는 주체(觀)로 경관을 나누어 생각하는 것은 큰 시사점을 줍니다. 경관계획의 주요 계획요소인 조망대상과 관찰자 또는 조망점 등으로 변환해서 생각할 수 있기 때문이지요. 경관계획에서는 우수한 경관자원을 잘 발굴해서 많은 사람들이 오래 대상을 볼 수 있도록 관리하는 내용을 담고 있습니다. 또 경관자원을 잘 볼 수 있는 지점에서 자원이 가리지 않도록 하거나 배경이 되는 경관을 관리하는 방법도 자주 사용하고 있습니다. 좀 단순화해서 본다면 경관계획은 볼 만한 대상인 경관자원(景)을 잘 발굴하고 조망점을 잘 관리해서 여러 사람들에게 좋은 인상(觀)을 주도록 하는 것이라고 할 수 있습니다.

경관계획에서는 다양한 대상을 경관자원으로 분류하고 조사를 진행합니다. 경관계획수립지침에 따르면 자연경관, 산림경관, 농산어촌경관, 시가지경관, 도시기반시설경관, 역사문화경관 등의 유형별로 대상을 조사하도록 하고 있지요. 또 지자체마다 경관특성이 다르기 때문에 필요하다면 다른 유형으로 경관자원을 구분할 수도 있습니다. 경관계획에서 다루는 대상이 아름답고 눈에 보이는 것만 다루는 것은 아닙니다. 부정적이거나 제한요소가 될 수 있는 대상도 중요한 계획대상이라서 문제가 될 수 있는 경관도 조사를 진행하고, 상징적 요소나 생활상 같은 비물리적인 요소들도 조사를 진행하기도 하지요.

또 조망점을 관리하기 위한 노력도 상당하다. 사람들이 많이 모이는 장소나 조망대상을 가장 멋지게 볼 수 있는 장소를 찾아서 그 지점을 기준으로 주변 경관을 관리하는 다양한 내용을 경관계획에 포함하고 있다. 주변 건축물의 높이를 조절하거나 색채나 재료를 제한하기도 하고, 간판이나 시설물을 관리해서 전체적인 경관을 조화롭게 하기도 합니다. 이처럼 경관실무에서는 경관의 대상과 주체를 조망대상과 조망장소로 경관을 해석할 수도 있습니다.

바라보는 대상과 바라보는 주체가 결합된 경관(景觀) 개념을 보여주는 모습

경관을 바라보는 관점

조금 다른 이야기를 해 보겠습니다. 어떤 경관이 아름다운 걸까요? 내가 보는 경관과 다른 사람이 보는 경관이 같을 수 있을까요? 역시 쉬워 보이는 질문이 답하기 어렵습니다. 그렇지만 이 질문에 대한 답을 구해보려는 다행히 경관에 대한 연구가 꽤 진지하게 진행되었거든요. 경관을 바라보는 시점도 매우 다양해서 대상의 특징에 관심을 두는 것부터 심리적인 접근, 또 경제적인 측면에서 경관을 보는 접근 방법까지 매우 폭넓은 연구가 진행되고 있습니다[1]. 그 중에서 몇 가지 접근 방법을 소개해 드릴까 합니다. 초기의 경관연구들은 주로 소위 정신물리학적인 접근방법을 취한 연구들이었습니다.

정신과물리학이라는 서로 잘 어울릴 것 같은 단어가 나란히 붙어 있어서 좀 어색하게 들릴 수 있겠습니다만, 물리적 대상에 대한 정신적 반응이라는 의미로 정신물리학적 접근이라는 용어를 사용하고 있습니다. 마치 뜨거운 것을 만지면 깜짝 놀라서 손을 떼는 것처럼 경관을 바라볼 때에도 아름다운 경관을 외부 자극으로 여기고 이에 대해 자연스럽게 반응하게 된다는 생각이지요. 조금 더 구체적으로 설명하자면 경관의 물리적 속성(자극)과 이에 대한 감지 혹은 반응 사이의 직접적인 관계성을 계량적인 방법으로 설명하려는 접근이라고 할 수 있습니다. 경관에서의 식생지역의 면적, 비례 등과 같은 경관의 물리적인 속성에 따라서 경관을 선호하는 정도가 얼마나 달라지는지를 통계분석을 통해서 관계성을 찾는 방식입니다. 아름다움과 같은 감성적인 부분을 숫자로 표현할 수 있을까 하는 의문이 들수도 있겠지만, 이러한 연구들을 통해서 자연성, 복잡성, 비례가 경관선호도와 어떤 관계가 있는지를 계량적으로 보여줄 수 있게 되었습니다.

---

1) 임승빈(2009)은 경관분석방법을 생태학적 접근, 형식미학적 접근, 정신물리학적 접근, 심리학적 접근, 기호학적 접근, 현상학적 접근, 경제학적 접근 등으로 구분하였다.

정신물리학적 접근을 통해서 경관선호도가 높은 특정한 조건을 알
아낼 수 있었으나, 보다 근본적인 질문, 그럼 사람들이 왜 그러한 조건
을 더 좋아하는지에 대해 답하기 어려웠습니다. 왜 적절한 녹지가 보
이는 것을 좋아하고, 어느 정도 둘러싸여 있는 공간을 좋아하는지 알
수가 없었던 거지요. 이런 질문에 뜻밖에 진화론적 해석은 설득력 있
는 해답을 주었습니다. 아주 오래된 과거, 사냥과 수렵을 통해 인간이
먹이감을 얻어야 할 때를 생각해 봅시다. 특히 사냥을 할 때에는 먹
이감을 잘 볼 수 있고, 동시에 다른 적들에게 드러나지 않는 상황이
되어야 안전하게 사냥을 할 수 있었겠지요. 이렇게 나를 숨기고 밖을
잘 볼 수 있는 상태에 대한 선호는 진화의 긴 세월을 통해 현대 인간
에게까지 유전자의 형태로 전달되었다고 보는 견해입니다.

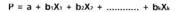

$$P = a + b_1X_1 + b_2X_2 + \ldots\ldots + b_kX_k$$

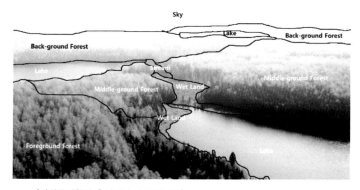

〈정신물리학적 측면에서 본 경관분석〉
대상의 특징을 다양한 변수로 보고 경관선호도와의 관계를 계량적으로 한다.

바로 Jay Appleton이 그의 저서 「The Experience of Landscape」에서 경관선호에 대한 설명으로 주장한 '조망-은신이론(Prospect-Refuge Theory)'입니다. 한강이 잘 조망되는 아파트가 비싸게 거래되는 것이나 나무 그늘 아래에서 넓은 초원을 바라보는 것이 멋지다고 느끼는 현상을 보면 이 같은 설명이 꽤 그럴 듯하게 들립니다. 어릴 적에 모두 해 보았을 숨바꼭질 놀이나 자연 속에 멋진 경치를 감상할 수 있는 정자나 파빌리온 같은 것을 더 올려봐도 고개가 끄덕여질 만합니다. 조망-은신이론은 학계에서도 많은 공감을 얻어 후속 연구들을 통해 조망과 은신의 기본 개념 외에도 자연성, 개방감, 복잡성, 신비감(호기심), 둘러싸인 느낌(위요감), 안전성, 친근성, 정연성 등과 같은 다양한 인지적 요인으로 경관선호를 설명하고 있습니다.

〈인지적 접근으로 본 경관분석〉

조망-은신이론에서 발전하여 다양한 인지적 변수와 경관선호도와의 관계를 분석한다.

조망-은신이론도 경관에 대한 미적 경험을 생물학적인 요인을 바탕으로 설명하고 있다. 조망-은신이론도 경관에 대한 미적 경험을 생물학적인 요인을 바탕으로 설명하고 있습니다. 그러나 우리는 미국이나 유럽 사람들, 가깝게는 중국이나 일본 사람들과도 좋아하는 경관이 같지 않다는 것을 잘 알고 있습니다. 정신물리학적 접근이나 조망-은신이론만으로는 이런 차이를 설명하기 어렵다는 것이지요. 우리의 일상적인 경관 경험에서 알 수 있듯이, 우리의 경관 경험은 생물학적 토대에만 영향을 받는 것이 아니라 개인의 경험이나 교육이나 경험, 역사적 배경과 같은 문화적인 요인들이 개입된다고 보는 것이 훨씬 더 합리적일 것입니다. 소위 문화학습이론 측면에서 보자면 생물학적 요인 외에도 인간이 성장하고 생활해 오는 환경의 영향으로 경관에 대한 선호가 형성된다는 주장입니다. 실제로 문화나 역사적 배경에 따라서 경관선호의 양상이 다르다는 것을 밝힌 연구는 상당히 많이 있습니다.

그러나 우리는 미국이나 유럽 사람들, 가깝게는 중국이나 일본 사람들과도 좋아하는 경관이 같지 않다는 것을 경험적으로 잘 알고 있다. 정신물리학적 접근이나 조망-은신이론만으로는 이런 차이를 설명하기 어렵다. 우리의 경관 경험은 생물학적 토대에만 영향을 받는 것이 아니라 개인의 경험이나 교육이나 경험, 역사적 배경과 같은 문화적인 요인들이 개입된다고 보는 것이 훨씬 더 합리적일 것이다. 소위 문화학습이론에서는 생물학적 요인 외에도 인간이 성장하고 생활해 오는 문화적 환경이나 개인의 경험에 따라 경관에 대한 선호가 다르게 형성된다는 주장이다. 실제로 많은 연구들에서 문화나 역사적 배경에 따라서 경관선호의 양상이 다르다는 것을 밝혀내고 있다. 경관선호에 대한 서로 다른 설명인 정신물리학적 접근, 조망-은신이론, 문화학습이론은 서로 배타적인 것이 아니라 상호보완적인 성격을 갖고 있습니다. 인간의 생물학적, 진화론적 측면에서 경관에 대한 기본적인 선호가 생기게 되고, 거기에 사회문화적, 개인적인 경험이 더해져서 최종적인 선호가 결정된다고 보는 것이 일반적인 견해입니다.

문화학습이론 측면에서 본 경관분석

사회적, 집단적 경험의 차이가 경관선호에 영향을 미친다고 보는 입장이다.

즉, 적정한 수준의 자연성, 개방감, 복잡성, 신비감, 정연성 등을 가지고 있고, 감상자의 사회적, 개인적 경험에 의해 긍정적인 판단을 내리는 경관이 가장 선호되는 경관이라고 볼 수 있다는 것이겠지요. 일반적으로 개인적 경험보다는 적정수준의 경관 특성이 선호에 더 큰 영향을 미친다고 알려져 있으며, 특히 자연성은 도시환경에서 매우 중요한 요소라고 여러 연구에서 밝혀진 바 있습니다. 지금까지 경관의 의미와 경관선호에 대한 다양한 접근방법에 대해서 살펴보았습니다. 너무 익숙해서 쉽기도 하지만, 막상 자세히 들어가 보면 쉽지만은 않은 경관이지만 이 글을 통해 조금이나마 여러분들의 경관에 대한 이해의 폭을 넓히는데 도움이 되었으면 합니다.

참고문헌 수원시(2016). 수원시 경관계획, 수원시
임승빈(2009). 경관분석론, 서울대학교출판부

환경 Public Landscape

02. 아름다운 도시는 저절로 만들어지지 않는다

'외국 같다!'

아름답고 이색적인 경관을 볼 때 흔히 하는 이야기지요? 과거에 비해 많이 사용하지는 않지만, 여전히 멋진 곳에서 저절로 나오는 표현입니다. 아마도 외국의 아름다운 풍경이나 멋진 도시들을 볼 때 부러운 생각이 많이 들었기 때문에 이런 표현을 많이 사용하게 된 게 아닌가 싶습니다. 최근 우리나라에서도 멋진 장소가 점점 늘어나면서 다시 많이 사용하게 되는 것 같습니다. 이번 글에서는 아름다운 경관을 지키기 위해서 노력하고 있는 외국의 도시들의 사례를 살펴도도록 하겠습니다.

영국 런던: 체계적인 조망점 관리 LVMF

영국 런던은 도시경관을 이야기할 때 빠지지 않는 도시입니다. 테임즈 강변에 위치하고 있는 세인트 폴 대성당이나 국회의사당과 같은, 대표적인 랜드마크들이 잘 보이도록 주변 건축물의 높이를 성공적으로 관리하는 것으로 유명하기 때문입니다. 러드게이트 힐에 있는 높이 111m의 세인트 폴 대성당은 영국 성공회의 주교좌가 자리 잡고 있어서 런던시민은 물론이고 영국 국민들에게 상징적인 대상이라고 할 수 있습니다.

많은 런던 시민들은 성당의 상징이라고 할 수 있는 돔 부분을 보기를 원했습니다. 도시 내 모든 장소에서 성당을 볼 수 있다면 더할 나위 없이 좋겠지만 현실적으로는 거의 불가능하겠지요. 차선책으로 많은 사람들이 모이는 공공장소에서라도 돔이 잘 보이도록 하는 방식을 도입했습니다.

우선 공공장소 중에서 돔이 잘 보이는 지점들을 찾아내어 조망지점으로 지정하고, 적어도 그 지점에는 성당의 돔이 잘 보이도록 중간에 높은 건물이 들어오는 것을 막았습니다. 조금 더 구체적으로 설명드리자면 조망점과 성당의 돔을 연결하는 쐐기형태의 평면을 설정하고 건축물들이 이를 넘지 않도록 높이를 제한하는 방식을 사용한 것이지요. 이때 조망점과 돔을 연결한 가상평면을 고도제한 평면(viewing plan) 또는 고도제한 쐐기(viewing cone)이라고 하는데, 아래 그림을 참고하시면 이해가 더 잘 되실 겁니다. 런던에는 총 26개의 조망점을 설정하여 관리하고 있는데, 각 조망점 별로 고도제한 평면과 관리방식 등을 런던 조망관리 체계(London View Management Framework)로 체계화하고 주기적으로 업데이트를 하면서 지속적으로 조망관리를 진행하고 있습니다.

　그 덕분에 알렉산드라 궁이나 그리니치공원과 같은 장소에서 지금까지 다른 건축물로 가려지는 일 없이 우뚝 솟은 세인트 폴 대성당의 돔을 볼 수 있게 된 것이지요. 다른 도시들에서도 이를 도입하여 중요한 랜드마크 조망을 관리할 때 사용하고 있습니다. 우리나라에서도 이러한 방식을 도입하려고 계속 노력하고 있습니다만, 개발압력이 워낙 강하기도 하고 사회적으로도 경관보존에 대한 동의가 쉽지 않아서 적용에 어려움이 있는 편입니다.

런던의 고도제한평면 설정 사례

알렉산드라 궁에서 세인트 폴 대성당으로 설정된 쐐기형태의 고도제한평면(viewing plan)의 모습으로 붉은 부분은 제한평면 이상 높이의 건축물 금지, 노란색 부분은 제한평면 이상 높이의 건물에 대해 심의를 진행한다.

(출처: London View Management Framework, 2012)

프랑스 파리: 사회적 논의를 통한 경관관리 제도 도입

나폴레옹 3세에 의해 파리시장으로 임명된 오스만은 좁고 미로처럼 얽혀있는 파리의 도로들을 직선형의 넓은 도로로 바꾸는 파리개조사업을 진행하였습니다. 중세도시를 벗어나 근대적인 파리의 모습으로 탈바꿈을 한 것이지요. 개선문을 중심으로 방사형으로 곧게 뻗은 도로들은 이때 만들어졌습니다. 이렇게 도시구조를 바꾼 배경에는 당시 시민들의 혁명을 쉽게 진압하기 위해서 도로를 넓혀 감시하기 편리한 구조로 바꾸었다고도 하는데, 어쨌든 그 결과로 오늘날의 개선문과 샹제리제 거리를 중심으로 하는 파리 도심의 구조가 만들어지게 되었습니다.

직선형 도로망과 6-7층 규모의 건축물들은 1970년대까지도 큰 틀을 유지하고 있었는데, 1973년 완공된 높이 210m의 몽파르나스 타워가 건설되면서 도시경관에 대한 사회적인 논란이 촉발되었습니다. 당시 파리에서 가장 높은 건물이 된 몽파르나스 타워는 주변 건물에 비해 너무 높기도 했고, 기존 건축물과 대비되는 현대적인 외관 때문에 아름다운 도시경관을 망친다는 비판이었죠. 더구나 당시 법제도 상으로는 전혀 문제가 되지 않았기 때문에 논란은 더 커졌습니다. 그래서 앞으로 이러한 논란거리 건물로 도시경관이 훼손되는 것을 막아야 한다는 의견에 힘이 실리면서 개별 건축물 단위의 개발에서 블록이나 단지 단위의 개발을 유도하는 ZAC(La zone d'aménagement concerté, 공동 개발 구역) 제도를 도입하게 되었습니다. 우리나라로 치자면 지구단위계획과 비슷한 제도라고 보시면 되겠습니다. 아이러니컬하게도 경관훼손 이후에 오히려 경관에 대한 관심이 높아지게 된 경우입니다. 우리나라에서도 한때 난개발로 인한 경관훼손 문제가 심각해진 후에 경관 인식이 높아지게 된 것과 비슷하네요.

스페인 빌바오: 문화로 되살린 도시경관

빌바오는 스페인 북부에 위치한 도시입니다. 1970년대까지 철강과 조선업이 이 지역의 기간산업이었으나, 1980년대부터 우리나라나 일본의 성장으로 경쟁에서 밀려나면서 급격하게 쇠락하기 시작했다고 합니다. 각종 공장들이 문을 닫게 되고 실업이 늘어나고 지역 전체의 활력이 떨어지는 위기를 맞게 되었습니다. 이러한 상황을 극복하고기 위해 1991년에 '빌바오 메트로폴리 30'라는 일종의 재생추진협의회를 구성하고 지역을 되살리는 방안을 모색하기 시작했습니다. 마침 유럽 진출을 검토하던 구겐하임 미술관을 빌바오에 유치하고 프랭크 게리(Frank Gehry)라는 유명 건축가가 미술관 설계를 맡게 되면서 빌바오는 다시 세계적인 주목을 받게 되었습니다. 문화산업이 지역을 살리기에는 역부족일거라는 걱정과는 달리 구겐하임 미술관은 독특한 디자인과 훌륭한 전시를 통해 해마다 수백만 명의 많은 방문객을 모으는 큰 성공을 거두게 되고 이는 빌바오 지역을 되살리는 계기가 되었습니다.

이러한 성공을 발판으로 이후 다양한 공공건축물과 공공디자인을

빌바오 구겐하임 미술관 전경

(copyright© 주신하)

지속적으로 도입하면서 도시 전체가 아름다운 건축과 예술품으로 장식된 미술관이 되었습니다. 과거 산업도시에서 문화예술도시로 이미지를 완전히 바꾸게 되었고 경제적으로도 큰 성공을 거두게 된 것이지요. 이런 극적인 빌바오의 변화는 문화시설 도입으로 쇠락한 도시를 살린다는 '빌바오 효과(Bilbao Effect)'라는 용어를 탄생시키기도 했습니다. 아마 우리나라 지방자치단체들에서도 벤치마킹을 많이 다녀오셨던 것으로 알고 있습니다. 다만, 빌바오의 성공을 구겐하임 미술관의 도입으로만 축소해석하는 경향이 있어서 경쟁적으로 지방도시들에서 랜드마크에 집착하는 문제도 생겼던 것 같습니다. 빌바오의 성공 뒤에는 지역을 되살리기 위한 협의회의 노력, 전방위적인 문화예술에 대한 투자, 그리고 무엇보다도 많은 시민들의 관심과 참여가 있었다는 것을 놓치지 말아야 하겠지요.

a) Tall Tree & The Eye by Anish Kapoo

b) The Zubizuri by Santiago Calatrava

(c) Maman by Louise Bourgeois

(d) Puppy by Jeff Koons

네델란드 로테르담: 폐허에서 진행한 건축실험

네델란드 서쪽 자위트홀란트 주에 위치한 로테르담은 유럽 최대의 무역항인 로테르담 항이 있는 도시입니다. 인구는 약 60만 명으로 수도인 암스테르담에 다음으로 많은 네델란드의 제2도시입니다. 현재에는 아름다운 현대도시의 모습을 하고 있지만, 제2차 세계대전에 나치 독일의 공습으로 도시 전체가 폐허가 되었다고 합니다. 폭격 피해를 받지 않은 건물이 시청, 우체국, 성당 정도였다고 하니 얼마나 큰 피해였는지 짐작이 갑니다.

아래 사진은 바로 그 Grote of Sint-Laurenskerk 성당 내부에 전시된 사진인데, 폭격에도 살아남았는는 역사를 자랑스럽게 보여주고 있습니다.

Grote of Sint-Laurenskerk 성당에 전시된 제2차 대전 이후 로테르담 전경 사진

(전시 사진 저자 촬영)

전후 복구를 위해 많은 건물을 지어야 했고, 많은 건축가들의 참여가 필요했겠지요. 동시에 많은 건축가들이 동원되어야 하는 상황에서 가장 큰 혜택을 본 사람들은 젊은 건축가들이었습니다. 보통 의뢰인 입장에서는 신뢰감을 줄 수 있는 경험 많은 건축가를 선호하기 때문에 젊은 건축가들은 현상설계와 같은 경쟁이 아니고서는 설계할 기회를 잡기가 쉽지 않거든요. 그런데 이렇게 도시 전체가 폐허가 된 상황은 젊은 건축가들에겐 기회가 되었습니다. 새로운 아이디어와 패기로 무장한 젊은 건축가들은 새로운 건축적 시도를 하였습니다.

보통 상황이라면 실현되기 힘든 건물들이 대거 등장하기 시작한 것이죠. 지금도 로테르담 곳곳에서 Cube House 같이 신기하게 생긴 건축물들을 쉽게 만날 수 있습니다. 도시 전체가 새로운 건축을 위한 실험실이 된 셈이지요. 로테르담에 네델란드 건축학교가 위치하게 된 것도 같은 맥락이라고 볼 수 있습니다. 다양한 건축적인 실험을 경험한 젊은 네델란드 건축가들은 현재 세계적인 영향력을 지닌 거장으로 성장했습니다. 현재 MVRDV, UN Studio, OMA, Mecanoo 등과 같은 네델란드 기반의 건축회사들이 세계적으로 활발히 활동하고 있습니다.

Piet Blom가 설계한 공동주택 Cube House(1974)
ⓒ주신하

로테르담에 위치한 네델란드 건축학교(Netherlands Architecture Institute)
ⓒ주신하

마천루 경쟁

1931년에 지어진 뉴욕의 엠파이어스테이트 빌딩은 오랫동안 선진국 미국을 상징하는 건물이었죠. 크라이슬러빌딩과의 세계 최고층 경쟁은 꽤 유명하지요? 1973년 세계 무역 센터(World Trade Center)에게 세계 최고층 타이틀을 넘겨주었습니다만, 지금까지도 뉴욕과 미국의 가장 중요한 랜드마크입니다. 지금 제일 높은 건물은 어느 도시에 있나요? 잘 아시는 것처럼 현재 세계 최고층 빌딩은 아랍 에미리트 연방 최대도시인 두바이의 부르즈 칼리파(Burj Khalifa)입니다. 높이가 무려 828m에 164층 규모라고 하는군요. 사실 두바이는 11세기부터 형성된 오래된 도시이지만, 세계적인 인지도를 갖게 된 건 역시 과감한 투자를 기반으로 한 신도시개발과 바로 이 최고층 건물 덕분이라고 해야겠지요. 현재는 관광, 부동산 등을 기반으로 세계적인 대도시로 급부상하고 있습니다. 도시의 인지도를 급격히 올리는 방법으로 세계 최고층 건물은 매우 효과적인 방법입니다. 말레이시아의 수도 쿠알라룸푸르에 있는 페트로나스 트윈 타워도 1998년 건설 당시 시카고의 시어스 타워(현 윌리스 타워)를 누른 세계 최고층 건물이었습니다. 그것도 미국 외 지역에서 처음 나온 최고층 빌딩이죠. 쿠알라루푸르가 수도이긴 했지만 페트로나스 타워 건설로 도시의 인지도는 확연하게 높아졌습니다. 이후 세계 최고층 빌딩 타이틀은 대만의 타이베이 101 빌딩 그리고 이후 부르즈 칼리파에게 넘어갔습니다. 2024년쯤 사우디아라비아의 제다타워가 완공되면 타이틀의 주인공은 다시 한번 바뀌게 되겠지요.

20세기 초반의 미국의 뉴욕과 시카고, 그리고 20세기 후반 아시아 도시들에서 초고층건물을 경쟁적으로 도입하고 있는 양상이 흥미롭습니다. 이상하게도 유럽의 오래된 도시들에서는 초고층 건물을 잘 짓지 않고 있거든요.

페트로나스 트윈 타워 전경

(copyright ©주신하)

'마천루의 저주[2]'라는 이야기 들어보셨지요?

현재 기술로는 50층 이상의 건물을 짓는 것이 그렇게 효과적이지 못하다고 합니다. 100층짜리 건물 하나보다 50층짜리 건물 2개를 건설하는 것이 훨씬 더 경제적이라는 것이지요. 그럼에도 미국과 아시아 도시들에서 초고층 건물을 경쟁적으로 짓는 것은 역시 세계 최고층 건물이라는 타이틀이 도시 인지도를 급격히 올리는데 도움이 된다는 판단이 깔려 있다고 봐야겠지요. 하여간 지금도 계속되는 초고층 건물 경쟁을 보는 것은 꽤 흥미롭습니다.

참고문헌 Greater London Authority(2012) London London View Management Framework, Greater London Authority

---

2) 마천루의 저주(Curse of the Skyscraper) 또는 마천루 지수(Skyscraper Index)라는 개념은 1999년 앤드루 로렌스(Andrew Lawrence)가 제안한 것으로 세계의 마천루 기록이 새로 만들어지면 경제적 침체가 올 것이라는 내용이다.

세계의 여러 도시들은 도시를 아름답게 가꾸기 위해서 다양한 노력을 하고 있습니다. 상징적인 건물이 잘 보이도록 건물 높이를 관리하기도 하고, 통합적 관리를 위한 제도를 운영하기도 합니다. 또 문화예술을 도입하거나 다양한 건축적 시도, 그리고 초고층 건물을 도입해서 인지도를 높이는 시도도 있습니다. 방법은 서로 다르지만 모두 아름답고 개성을 가진 도시를 가꾸기 위한 노력들이겠지요. 역시 아름다운 도시는 그냥 만들어지는 것은 아닌가 봅니다.

03. 우리나라 경관 관련 제도의 흐름

앞 글에서 아름다운 도시를 만들기 위한 외국 도시들의 다양한 노력을 하고 있다는 것을 살펴보았습니다. 건축물의 높이를 낮추기도 하고 종합적인 개발을 위한 제도를 만들거나 도시 전체를 미술관으로 만드는 시도도 있었지요. 그럼 우리나라는 아름다운 도시, 좀더 나아가서 아름다운 국토를 만들기 위해서 어떤 노력을 해 왔는지 살펴보도록 하겠습니다.

경관에 대해 눈을 뜨다, 1990년대

우리나라에서 경관에 대한 관심이 높아진 시점을 찾는다면, 아마도 1990년대부터라도 봐야 할 겁니다. 1988년 서울올림픽을 준비하면서 도시미관을 개선하려는 시도는 있었으나, 다분히 정부주도의 보여주기식 경관관리에 가깝다고 해야겠지요. 올림픽을 성공적으로 치르면서 자연스럽게 해외에 대한 관심과 해외여행에 대한 수요가 늘어나면서 1989년 해외여행 전면 자유화가 시행되었습니다. 1980년대 후반부터 급격한 경제성장이 진행되고 생활수준이 높아지면서 자연스럽게 우리도 외국처럼 아름다운 도시에서 살고 싶다는 생각도 하게 되었습니다. 이 시기 즈음부터 지방자치단체와 연구소에서도 경관계획이나 경관관련 연구를 본격화하기 시작하였습니다.

　　우리나라 최초의 지자체 경관계획이라고 할 수 있는 안산시 경관
형성 기본계획이 1990년에 수립되었고, 서울시정개발연구원에서
도 경관관리 방안 마련을 위한 일련의 연구[3]들이 이 시기에 진행되
었습니다. 한편, 제주도에서는 제주도개발특별법에 따라 1994년
부터 경관영향평가를 진행한 바 있습니다. 제주도 내에서 일정 규모
이상의 건축물이나 공작물을 대상으로 미리 경관적으로 영향이 있
는지 검토하자는 취지였습니다. 제주도 내에서만 시행되었다가 현
재는 폐지되어 시행되고 있지 않지만, 우리나라 최초로 경관평가
를 법제화하였다는 점에서 큰 의의가 있었습니다. 이후 2014년 경
관법 전면개정으로 경관심의가 다시 제도화되는데 기반이 되기도 하
였습니다.

제주도개발특별법에 의한 경관영향평가 자료

---

3)　서울시정개발연구원은 1993년에 「서울시 도시경관 관리방안 연구(Ⅰ)」, 1994년에 「
　　서울시 도시경관 관리방안 연구(Ⅱ)」과 「한강연접지역 경관관리방안 연구」 등을 연이
　　어 진행하였다.

가장 대중적으로 파급력이 컸던 사건은 1994년 남산외인아파트 철거입니다. 1994년은 서울이 수도가 된 지 600년이 된 해, 이른바 서울정도 600년을 맞는 해였죠. 서울의 옛모습을 되찾기 위해 다양한 사업이 진행되었는데, 이때 남산 본래의 자연모습과 역사문화의 전통성을 회복하기 위한 '남산 제모습찾기 운동'도 추진되었습니다. 남산 외인아파트는 경제개발이 한창이던 1970년대 초반에 외국인 사업가들을 위한 고급아파트였습니다. 우리나라 경제를 책임질 외국 투자자를 위해 남산 기슭에서 한강을 내려다 볼 수 있는 명당에 아파트를 지어 준 것이지요. 경부고속도로를 통해 서울로 진입하는 외국인들이 아파트를 바로 볼 수 있다는 장점이 있는 장소이기도 했지만, 세월이 흘러 외국인의 역할이 축소되고 우리 경제가 선진국 수준에 가까워지면서는 남산의 조망을 가리는 골치덩이로 전락하기에 이르렀습니다. 결국 큰 보상비를 감수하더라도 우리의 자존심과 같은 남산경관을 되찾기로 결정하였습니다.

폭파방식으로 아파트가 철거가 되는 모습은 당시 9시 뉴스의 첫 소식으로 다루어질 만큼 큰 관심거리였습니다.

폭파방식으로 철거되는 남산외인아파트 모습

(출처: 대한뉴스 제2037호)

커다란 아파트가 폭파와 함께 불과 10여초 만에 허물어진다는 것이 신기하기도 했지만, 남산의 원래 모습을 되찾기 위해 1천5백억원대의 보상비를 지불했다는 점이 더 큰 이야기거리였을지 모르겠습니다. 하여간 이 사건은 우리 국민들에게 경관을 회복하기 위해 큰 사회적 비용을 지불해야 한다는 점을 일깨워준 사건이었죠.

경관관리를 위한 제도적 틀 마련, 2000년대

2000년대 들어오면서 더 많은 지방자치단체들은 경관계획을 자체적으로 수립하기 시작했습니다. 법적 근거가 있는 계획은 아니었지만, 점점 늘어나는 개발에 대응하기 위해서 종합적인 경관관리가 중요해졌기 때문이었지요. 2002년 도시계획법과 국토이용관리법을 통합한 '국토의 계획 및 이용에 관한 법률'에서는 이러한 사회적 수요를 반영하여, 광역도시계획, 도시기본계획 등에서 경관에 관한 세부적인 사항을 작성할 수 있도록 세부 지침을 제시하기 하였습니다. 이를 근거로 더 많은 지자체들이 경관기본계획을 수립하게 되었습니다. 개발로 인한 경관훼손에 대한 우려도 제도적으로 보완되었습니다. 2004년 자연환경보전법을 개정하면서 개발사업이 자연경관에 미치는 영향을 검토하고 저감방안을 제시하도록 하는 자연경관영향협의제도를 도입한 것이지요. 기존에 환경영향평가제도에서 일부 항목으로 취급되던 경관 내용을 강화하여 구체적으로 경관영향을 검토하기 시작했습니다.

이처럼 개별 지자체 수준에서 추진하던 경관관리가 2000년대 들어서면서 중앙정부가 법제도를 마련하여 체계를 마련하기 시작하였습니다. 현재까지 가장 큰 영향을 준 법제도 측면에서의 변화라고 한다면 무엇보다도 2007년 경관법의 제정이겠지요.

기존의 관련 법으로도 충분히 경관관리를 수행할 수 있다는 반론이 있었으나, 아름다운 경관에 대한 높아진 국민수준은 독자적인 법을 만드는데 기반이 되었습니다. 경관법은 자연경관 및 역사문화경관을 보전하고 도시와 농산어촌의 지역특성을 고려한 경관을 형성하여 아름답고 쾌적한 국토경관 조성하는 것을 목적으로 제정이 되었습니다. 경관법은 경관계획, 경관사업, 경관협정 및 이에 대한 지원 등의 경관자원의 보전, 관리 및 형성에 관한 제도적 근거를 마련하는 내용으로 구성되었습니다. 법 제정으로 나타난 가장 큰 변화라고 한다면 역시 경관계획이 법정계획으로 인정된다는 점이었습니다. 경관법 제정 당시 경관계획 수립은 의무규정은 아니었음에도, 많은 지자체들은 법적 지위를 갖는 경관계획을 수립하였습니다. 또한 지자체에서 경관위원회를 구성하도록 하여 경관행정에서 필요한 전문적인 판단을 수행하게 된 점도 큰 변화라고 할 수 있겠습니다. 일부 지자체에서는 경관조례에 경관적 영향이 있는 대상에 대해서 경관위원회의 판단을 거치도록 하기도 했는데, 이는 이후 법 개정에서 경관심의가 포함되도록 하는 근거가 되기도 했습니다. 이처럼 경관법 제정은 지자체 경관행정의 기본적인 체계가 마련되었다는 점에서 의의가 있다고 하겠습니다.

경관법 전면 개정, 2013년

경관법 제정 이후 지자체 단위에서 많은 변화가 나타났습니다. 앞서 말씀드린 바와 같이 경관계획과 경관위원회의 활동을 통해서 경관행정의 틀이 마련되기 시작한 것이지요. 그러나 여전히 보완될 부분은 많이 남아 있었습니다. 법 제정 6년 후인 2013년 이러한 부분을 보완하기 위해 경관법이 전면 개정되었습니다. 우선 경관행정이나 정책에 있어서 중앙정부의 역할이 필요하다는 의견이 법 개정에 반영되었습니다. 기존 경관법에서는 지자체 단위의 경관행정에 초점을 두고 있어서 중앙정부의 역할에 대한 내용이 전혀 없었었죠.

물론 법에 내용이 포함되지 않았다고 해서 중앙정부가 정책을 추진하지 않았던 것은 아니지만, 중앙정부의 역할에 대해 법에 명시하는 것은 매우 중요하다고 볼 수 있습니다. 이런 의견이 적극적으로 반영된 것이 바로 '경관정책기본계획'입니다. 경관정책기본계획은 중앙정부가 5년마다 수립하는 계획으로 경관정책의 기본목표에 관한 사항과 우수한 경관의 보전 및 지원에 관한 사항 등을 포함하도록 하였습니다. 즉, 국가차원에서의 경관정책의 방향을 주기적으로 수립하여 지속적인 국토경관관리가 가능하도록 하였습니다.

제1차 경관정책기본계획의 목표와 추진전략

이를 근거로 2015년 제1차 경관정책기본계획, 2020년에 제2차 경관정책기본계획이 수립되었습니다. 지자체 경관계획에서도 변화가 있었습니다. 기존 경관법에서는 경관계획 수립이 의무사항이 아니었습니다. 경관계획 수립이 필요하지 않거나 어려운 지자체 상황을 배려하기 위한 배려였습니다. 그런데 경관계획을 수립하고 싶으나 재정이 충분하지 못한 지자체 입장에서는 이런 조항이 경관계획을 위한 예산확보를 어렵게 만드는 원인이 되기도 했습니다. 예산부서에서는 의무사항도 아닌데 굳이 경관계획을 수립할 필요가 있겠냐고 판단한다는 것이지요. 실제로 경관담당 부서에서 경관계획을 의무화해 달라는 요구가 자주 있기도 했습니다. 이런 점을 개선하기 위해서 종전에 임의적으로 경관계획을 수립하던 것을 인구 10만명을 초과하는 시·군에 대해서 의무화하도록 법을 개정하였습니다. 현재 경관계획 의무수립대상 지자체는 전국적으로 85곳으로 모두 경관계획을 수립하였습니다.[4]

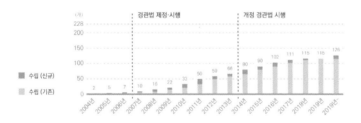

연도별 기초지자체 경관계획 수립 현황

(출처: 건축도시공간연구소, 2019)

경관심의가 도입된 것도 큰 변화였다. 기존에는 일부 지자체에서 조례를 통해 개별적인 심의를 진행한 예가 있었지만, 법 개정 이후 일정 규모 이상의 사회기반시설, 개발사업, 건축물에 대해서 의무적으로 경관심의를 받도록 하였다.

---

4) 건축도시공간연구소, 2019) p.62-63

이로서 경관위원회의 역할과 위상이 재정립되고 실제 지역 경관을 잘 관리할 수 있는 기틀이 마련되었다. 특히 많은 수를 차지하여 지역 경관에 영향이 큰 중소규모 건축물에 대한 경관관리가 가능하게 되었다. 2019년 기준으로 전국 228곳의 기초지자체 중 경관심의를 개최하고 있는 지자체는 142곳(62.3%)으로 조사되었으며, 111곳은 경관심의를 위한 기준을 가지고 있는 것으로 조사되었다.

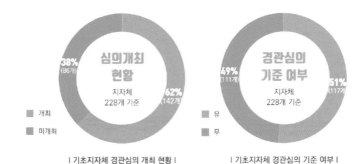

| 기초지자체 경관심의 개최 현황 | | 기초지자체 경관심의 기준 여부 |

기초지자체 경관심의 개최현황(좌) 및 경관심의 기준 마련 여부(우)

(출처: 건축도시공간연구소, 2019)

대한민국 국토경관헌장 제정, 2017년

2017년은 경관법이 제정된지 10년이 되는 해로 나름 우리나라 경관행정에 있어서 의미있는 해였습니다. 그리고 제1차경관정책기본계획의 첫번째 실천과제는 '국토경관에 대한 대국민 공감대 형성'이었고, 이를 위한 첫번째 세부사업으로 '국토경관 헌장 수립'이 제시되었습니다. 경관과 관련해서는 국민들의 공감대 형성이 최우선 과제였고, 이를 위해서 정부차원에서는 국토경관의 중요성을 알리기 위한 방안으로 국토경관 헌장을 제정하도록 한 것이었죠. 아름다운 국토경관을 만드는 것은 국토교통부(당시에는 건설교통부) 뿐만 아니라 여러 부서가 힘을 모아야 하는 일이고, 국민들의 적극적인 참여없이는 불가능한 것이겠지요. 그래서 국토경관헌장을 만들기 위해서 초기부터 국민·학계·업계·공공이 참여하는 "경관헌장 제정위원회"를 구성하고 국토경관의 가치, 미래상, 아름다운 국토경관을 가꾸기 위한 각자의 역할 등의 내용을 헌장의 형태로 담기로 하였습니다. 그리고 경관법이 제정된 지 꼭 10년이 되는 날인 2017년 5월 17일에 대한민국 국토경관헌장이 선포되었습니다.

대한민국 국토경관헌장 선포식 장면

초등학교 교과서(사회 5학년)에 실린 대한민국 국토경관헌장

경관헌장은 초등학교 사회교과서에도 소개가 되었습니다. 국토
경관을 아름답게 가꾸고 지키기 위해서는 어릴 적부터 공부하는 것
이 중요하겠지요. 경관에 대한 사회적인 관심이 생기기 시작한지 어
느덧 한세대가 지나가고 있습니다. 앞으로 미래세대들이 사회의 주
역이 되는 시대에는 지금 보다 더 나은 우리나라 국토경관이 되
기를 기대해 봅니다.

경관법의 주요 내용

2007년 경관법 제정 전후로 아름다운 경관을 가꾸기 위한 다양한
시도와 노력이 있었습니다. 이런 노력의 결과로 현재 경관관련 제도
는 상당히 체계가 잘 갖추어진 셈입니다. 이번 글의 마지막 내용으로
는 현행 경관법의 주요 내용에 대해서 알아보도록 하겠습니다. 2013
년 전면 개정된 경관법은 총 7개 장으로 구성되어 있습니다.

제1장 총칙과 제7장 보칙과 함께 경관계획, 경관사업, 경관협
정, 경관심의, 경관위원회 등이 각 장을 이루고 있습니다. 제2장에
서는 중앙정부가 수립하는 경관정책기본계획에 관한 사항과 지자체
가 수립하는 경관계획의 수립절차와 내용 등을 다루고 있습니다. 인
구10만 초과 지자체는 5년마다 경관계획을 의무적으로 수립해야 한
다는 규정하고 있습니다. 제3장에서는 경관사업의 대상, 경관사업
을 추진하기 위한 추진협의체의 구성 등을 제시하고 있고, 제4장에
서는 경관협정 체결 절차, 겨관협정 운영회 관련 사항 등을 다루
고 있습니다. 제5장에서는 사회기반시설, 개발사업, 건축물에 대
한 경관심의 관련 사항을 제시하고 있는데, 이를 근거로 각 지자체
에서는 경관위원회에서 심의를 진행하게 됩니다. 제6장에서는 경
관위원회의 설치, 기능, 구성, 운영 등에 관한 사항을 다루고 있습니
다.

그리고 보다 구체적인 운영을 위해서 경관계획수립지침, 경관심의 운영지침, 경관심의운영규정 등의 관련 규정을 마련하고, 각 지자체 에서는 지역의 상황에 맞는 경관조례를 제정하여 운영하고 있는 것 이지요. 경관법의 세부 사항에 대해서는 저자의 졸고[5]를 참고해 주시 면 좋을 것 같습니다.

다른 나라에 비해서 우리나라의 경관 관련 제도가 잘 갖추어진 셈 입니다. 의외라고 생각하실 분들도 있으시겠지만, 경관을 별도의 법 체계로 구분하여 관리하는 나라는 그리 많지 않은 편이거든요. 그러 나 여전히 아름다운 경관을 볼 때 '외국 같다'라는 표현을 사용하는 것을 보면 아직도 우리나라 경관에 대해서 국민들이 충분히 만족할 만한 수준은 아닌 것 같습니다.

제도를 운영하고 계획을 수립하다 보면 계획의 수준이나 제도 의 정밀함 보다는 역시 국민들의 관심과 참여가 아닐까 하는 생각 을 하게 됩니다. 지난 20여년 동안 경관에 대한 국민들의 인식은 크 게 변화한 것도 사실입니다. 아마 앞으로는 더욱 더 경관을 중요하 게 생각하는 국민들이 늘어나겠지요. 국민들의 높아진 눈높이만큼 전문가 그룹에서도 수준 높은 계획, 효율적인 제도 운영으로 대응 해야 할 것 같습니다.

참고문헌 서울시정개발연구원(1993). 서울시 도시경관 관리방안 연구(Ⅰ).
서울시정개발연구원(1994). 서울시 도시경관 관리방안 연구(Ⅱ).
서울시정개발연구원(1994). 한강연접지역 경관관리방안 연구. 건축도시공간 연구소(2019)
AURI 국토경관 정책동향. 주신하, 김경인(2015). 알기쉬운 경관법해설, 보 문당.

5) 주신하. 김경인(2015) 알기쉬운 경관법해설, 보문당.

04. 경관도 자원이다!

영국 런던에서 세인트폴 대성당을 잘 보기 위해서 운영하는 건축물 높이 관리 시스템 기억하지요?

런던시는 여러 조망장소에서 런던의 주요 랜드마크를 잘 볼 수 있도록 하는 London View Management System을 운영하고 있습니다. 많은 런던 시민과 관광객들에게 아름다운 런던의 모습을 보여주기 위한 것이겠지요. 런던의 경우에는 여러모로 도시경관을 자원으로 잘 활용하고 있는 것 같습니다. 이번 글에서는 경관과 자원자원에 대해 알아보겠습니다.

경관의 개념에 대해서는 앞글에서 살펴본 바가 있습니다. 대상을 의미하는 경(景)과 보는 사람, 보는 장소 등을 의미하는 관(觀)이라는 글자가 합쳐진 단어였지요. 일상적으로는 아름다운 풍경을 뜻하기도 하고, 확장된 의미로는 자연과 어우러진 인간활동의 결과물로 보기도 한다고 말씀드렸습니다. 어쨌거나 자연풍경이거나 사람들이 만들어 놓은 결과물이거나 아름다운 대상을 보는 것이 경관의 의미라고 볼 수 있겠지요. 경관관리나 계획 분야에서는 '경관자원'이라는 말도 상당히 많이 사용하고 있습니다. 좀 어색하게 들리시나요? 어쩐지 '자원'이라고 하면 석유나 석탄같이 땅속에 있어야 할 것 같은데, 우리 눈앞에 바로 보이는 '경관'과는 잘 어울리지 않는 느낌도 듭니다.

자원의 사전적 의미를 찾아보아도 '인간생활 및 경제생산에 이용되는 원료로서의 광물, 산림, 수산물 따위를 통틀어 이르는 말'이라고 설명되어 있습니다. 국내에서 경관자원이라는 용어를 널리 쓰게 된 계기는 역시 2008년 경관법 제정이라 할 수 있습니다.

경관법에는 경관자원에 대한 명시적인 정의는 제시하고 있지 않지만, 경관계획을 수립할 때 경관적으로 우수한 대상을 경관자원이라는 용어로 표현하였지요. 경관계획수립지침을 통해 현황조사 과정에서 계획대상지 주변의 경관자원을 조사하도록 하고 있어서, 대부분의 경관계획에 '경관자원'이라는 용어를 사용하게 되었습니다. 한 걸음 더 들어가서 연구자들은 경관자원을 어떻게 정의하고 있는지 알아보죠.

경관자원은 '인간환경을 구성하는 여러 가지 자원 중 시각적이고 심상을 자극하는 지리적인 자원으로서 지역이 내포하는 이미지에 영향을 주는 가변적인 요소'라고 정의한 연구자도 있고[6], '자연과 인간의 활동이 공존하는 환경에서 인간의 활동에 의해 얻을 수 있는 생활에 필요한 요소'라고 설명한 연구도 있습니다.[7]

경관자원의 특성에 대한 언급도 연구에서 볼 수 있는데, '시각적 특성 외에 인문적, 문화적 특성을 포함한 다양한 특성을 가진 개념'으로 경관자원의 다양한 폭을 강조한기도 하고[8], '대상지의 경관적 가치를 판단할 수 있는 특성을 나타내는 자원으로 해당 지역의 경관 정체성을 규정하는 중요한 자원'으로 설명한 연구도 있습니다.[9] 연구자들 설명이라서 복잡해 보이기도 하네요. 그래도 종합해 보자면 시각적인 측면 뿐만 아니라 다양한 측면을 고려해야 한 경관적인 가치, 그래서 지역의 특성을 규정하고 이미지에 영향을 주는 요소라고 볼 수 있을 것 같습니다. 여기에 개인적인 의견을 좀 추가하자면, 경관자원도 다른 '자원' 들처럼 계속 소모만 하게 되면 고갈이 되는 특성도 가지고 있다고 생각합니다.

---

6) 김금용(2012). 대구시 경관자원의 인지특성에 관한 연구. 대구가톨릭대학교 대학원 석사학위논문.
7) 김다영(2019). 기초 지방자치단체 경관자원 조사체계 연구, 서울여자대학교 일반대학원 석사학위논문.
8) 주신하, 신윤지(2015). 국내 경관자원 조사 현황과 향후 과제. 한국조경학회지. 43(3): 27-42.
9) 수원시정연구원(2017). 수원시 경관자원 조사 및 관리체계 구축. 수원시정연구원.

항상 쉽게 볼 수 있고 언제라도 즐길 수 있을 것 같은 경관자원도 우리가 소중히 가꾸지 않으면 훼손되고 없어질 수 있다는 생각도 '경관자원'이라는 용어 속에 포함이 된 것이 아닌가 생각하거든요. 그래서 다시 정리하자면 '지역의 경관 정체성을 나타낼 수 있는 중요한 자원으로서 시각적 요소뿐만 아니라 인문적·문화적 요소까지 포괄하는 개념으로 보전 및 관리가 필요한 대상' 정도로 할 수 있지 않을까 합니다. 너무 학술적으로 되었나요?

경관자원 활용 해외사례

너무 학술적으로 이야기를 하다 보니 좀 어려워졌네요. 그런데 경관자원을 이렇게 이론적으로만 접근할 수는 없겠지요. 경관을 자원으로 보고 발굴하고 관리해서 여러 사람들이 함께 즐길 수 있도록 하는 사례는 매우 다양합니다.

아름다운 경관을 잘 발굴하고 관리하는 사례로 가장 잘 어울리는 것은 아마도 미국 국가경관도로 프로그램(National Scenic Byways Program)인 것 같습니다. 이 프로그램은 경관도로에 대한 관심이 높아지고 1989년 Scenic Byway법이 제정되면서 미국 연방도로청(FHWA)의 주관으로 시행되었습니다. 1995년 국가 경관도로 프로그램의 정책을 통해 선정기준을 마련하며 체계를 확립하게 되었죠. 경관도로 선정은 고고학적 가치, 문화적 가치, 역사적 가치, 자연적 가치, 위락적 가치, 경관적 가치 등의 다양한 측면 고려하여 전문가로 구성된 선정위원회의 심사를 통해 결정하고 있습니다. 현재까지 120여 개의 National Scenic Byway, 30여 개의 All-American Road, 6개의 Parkway, 130여 개의 National Scenic Byway, 50여 개의 BLM Back Country Byway가 선정되었고, 이들 다양한 경관도로들을 모두 모아 Amerca's Scenic Byways라는 브랜드로 통합하여 관리하고 있습니다. 미국 전역에서 선정된 경관도로는 자연경관의 보존과 지역이미지 제고를 위해 활용되었으며, 무엇보다 중앙정부와 지방정부가 연계하여 지원하고 관리할 수 있는 체계를 갖추고 있다는 특징이 있습니다. 경관도로를 선정하는데 그치지 않고 정비하고 관리하는 과정에서 지역주민이 주체가 되며 국가는 기술이나 경제적인 측면에서의 지원을 하는 방식으로 프로그램 운영의 효율성을 높이고 있는 것이지요. 또한 2년마다 재평가를 실시하여 기준에 미달하면 선정대상에서 제외시키는 일종의 승급제도를 운영하고 있습니다. 이러한 재평가제도로 인해서 지방정부는 경관도로의 지위를 유지하기 위한 노력을 꾸준히 하고 있습니다.

America's Scenic Byways 홈페이지 화면

(https://scenicbyways.info/)

바다 위의 고속도로라고 불리는 Florida Keys Scenic Highway

(copyright ©주신하)

　　플로리다 키 경관도로(Florida Keys Scenic Highway)는 국가 경관도로 중 하나로 플로리다 반도 남쪽 끝부터 작은 섬들을 연결해서 키웨스트 섬까지 이어 만든 US-1번 국도입니다. 산호초 바다 위에 섬과 섬을 이은 이 도로는 바다 위의 고속도로(overseas highway)라고 불릴 만큼 미국에서도 가장 아름다운 고속도로 중 하나로 평가받고 있습니다. 미국 토지관리국(Bureau of Land Management)에서는 이름부터 경관자원관리(Visual Resource Management System)라는 명칭의 제도를 운영하고 있습니다. 주로 자연경관을 대상으로 하고 있는데, 토지를 시각적 자원으로 인식하고 이를 보존하고 이용하려는 차원으로 경관을 관리하기 위한 체계입니다. VRM은 '시각자원목록법(Visual Resource Inventory)'과 '대비성측정법(Contrast Rating System)'으로 구성되어 있습니다.

시각자원목록법은 경관관리의 수준을 정하기 위해서 다양한 경관의 가치를 평가하는 방식을 취하고 있습니다. 목록을 작성하기 위해서 경관의 질, 민감성 정도, 조망거리 등을 기준으로 최종적으로 4단계로 구분하고 각 단계별로 구분하여 경관관리 방안을 적용하는 방식을 취하고 있습니다.

1등급으로 판정된 지역은 매우 제한된 경관변화만 허용하고, 4등급으로 갈수록 경관변화를 점차 허용하는 방식으로 관리를 하고 있습니다. 한편, 대비성측정법은 제안된 계획에 대한 시각적 영향 평가를 수행하는 방법으로 우리나라의 경관심의와 비슷한 과정이라고 볼 수 있습니다. VRM에서는 주로 자연경관을 다루고 있기 때문에 기존의 경관을 유지하는 것이 경관적으로 바람직하다고 보고 경관영향을 최소화하는 방향으로 관리하고 있습니다. 이와 같이 VRM에서는 명칭과 같이 자연경관을 자원으로 인식하고 시각자원목록법과 대비성측정법을 통하여 자연경관을 체계적으로 관리하고 있습니다.

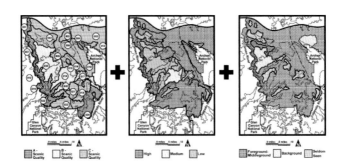

경관의 질, 민감성, 조망거리에 따른 경관가치 평가

(자료: VRM Manual Section 8410)

   영국에서도 1990년대부터 각 지역의 정체성과 다양성을 존중한 경관자원을 보존하고 관리하기 위한 논의가 활발히 진행되었고, 경관특성화평가(Landscape Character Assessment, LCA)라는 제도를 운영하고 있습니다[10]. 현재 영국 잉글랜드 전역은 159개의 국가경관특성지역(National Character Areas, NCA)으로 구분되어, 경관특성평가가 완료되었으며, 지난 20년 동안 중앙정부의 국토계획 및 지방정부 지방계획에서의 경관계획에 의사결정을 위한 주요 참고자료로 활용하고 있습니다.

   LCA를 통한 경관특성화는 경관의 '좋고, 나쁨'에 대한 평가가 아니라, 그 지역이 다른 지역과 구별되는 경관적 '특성'을 파악하는 것이 주목적이라고 할 수 있습니다. 또한 조사된 자료를 지리정보시스템(GIS)을 통해 데이터베이스화하여 전 국민이 쉽게 접근할 수 있도록 하고 있습니다[11].영국의 LCA 체계는 점적인 대상으로 경관자원을 파악하지 않고, 국토 전체를 면적인 지역의 경관특성을 분석한다는 점에서 미국의 VRM과 유사하다고 볼 수 있겠습니다. 이런 사례들은 경관자원 혹은 지역의 경관특성에 대해서 시각적, 생태적 가치는 물론 무형의 사회적, 경제적 가치 등을 통합적으로 분석하고 있다는 것을 알 수 있지요. 이제 우리나라에서도 경관자원을 객관적이고 종합적으로 평가하는 체계를 갖추고 있는 시점에서 참고할 만한 내용이 많다고 생각합니다.

---

10) Swanwick and LUC(2002)의 연구 내용을 정해준과 한지형(2015)의 연구에서 재인용함

11) http://magic.defra.gov.uk/

영국의 경관특성도(Landscape Character Areas) 구분

(출처: https://webarchive.nationalarchives.gov.uk)

경관자원 활용 국내사례

우리나라에서도 경관자원을 발굴하고 보존하기 위한 노력은 꾸준히 있었습니다. 주로 특정 분야에 한정된 자원이거나 이벤트 형식의 일회성으로 진행된 아쉬움이 있었지만, 매우 다양한 시도들이 있었습니다.

2006년부터 2008년까지 환경부와 국립환경과학원에서 진행한 '전국자연경관조사'는 그중 가장 체계적으로 진행된 경관자원조사라고 할 수 있습니다. 본래 이 조사는 자연경관심의제도를 운영하면서 보존해야 할 경관을 심의 이전에 선제적으로 파악하기 위해 진행되었습니다. 이를 위해 전국적으로 보존하여야 할 주요 자연 경관자원의 분포현황과 조망정보, 경관 특성 등을 조사하는 것을 목적으로 진행한 것이지요.

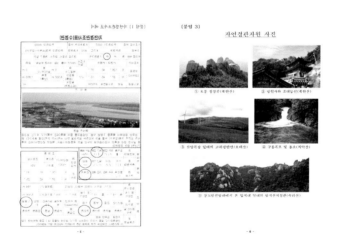

자연경관자원조사 양식(왼쪽)과 선정된 자연경관자원 예시(오른쪽)

경관유형을 산지경관(산지 및 스카이라인의 자연경관 조사), 수경관(하천, 해안, 호소 및 그 주변의 자연경관 조사), 생태경관(도시내 녹지, 마을숲, 철새도래지 등의 자연경관 조사) 등으로 구분하여 조사를 진행하였고, 미리 작성된 조사표와 평가표 양식을 활용하여 객관적으로 경관자원조사 진행된 것으로 평가되었습니다. 모두 자연경관자원 1,802건의 자연경관자원과 2,926건의 조망점 정보가 구축되어 자연경관영향심의를 위한 참고자료로 제공하였습니다. 그러나 2008년 이후로는 조사가 더 진행되지 못하여 현재는 조사결과의 활용도가 떨어진 상태라고 봐야겠지요.

산림청 국립산림과학원에서는 2012년 '산림경관자원조사·경관계획' 연구를 진행하였는데, 산림경관자원 선정을 위한 기준을 제시하고 각 유형별 경관관리방안을 제시하는 등 산림경관에 대한 비교적 체계적인 조사 및 관리방안을 제시하였습니다.

산림경관자원 조사를 위해서 우선 전국 단위의 산림경관 조사단을 구성하고 산림경관자원 조사방법을 교육한 후에 자원조사 및 평가를 통해 국가 산림경관을 발굴한다는 구체적인 로드맵을 제시하기도 하였습니다. 조사기준으로 산림경관 대표성, 장소성(지역특성), 희귀성, 역사문화성, 지역커뮤니티, 보전성, 위해성, 선호도(우세성, 대비, 초점, 축, 위요, 연속, 계절) 등 총 8개 기준을 제시하였으며, 조사결과를 국가 산림경관 인벤토리로 구축하여 관리하도록 하는 제안도 포함되어 있었습니다. 산림자원의 가치를 재검토하고 구체적인 관리방안을 마련하고자 하였다는 점에서 의의가 있었으나, 이러한 기준에 의한 전면적인 조사는 진행되지 못해 아쉬움이 남습니다. 농촌진흥청 국립농업과학원에서는 농촌다움을 보존하고 농촌지역의 활성화를 향상시키고자 농촌자원을 조사하고, 체계적인 관리가 이루어지도록 자료화시키기 위해 2005년부터 2012년까지 '농촌어메니티자원조사'를 진행하여 2006년부터 데이터베이스를 구축하기도 했습니다.

농촌어메니티자원은 자연적자원, 문화적자원, 사회적자원으로 구분하여 조사가 진행되며, 경관자원은 이중 문화적자원의 하위항목으로 구분되며, 다시 주거지경관, 농업경관, 산림경관, 하천경관, 해안경관, 역사문화경관 총 6개 경관자원으로 세분화되며, 각각의 자원은 자원의 활용가치, 경관자원으로서의 심미성, 고유성, 전통성, 지속성 등의 5개 항목을 기준으로 자원을 평가한다. 2013년까지 전국 1,203읍면에서 약 364,000건이 조사되어 있습니다. 비교적 종합적인 측면에서 조사된 자료라고 볼 수 있으나, 경관적인 측면만 보자면 다른 항목들에 비해 하위 개념으로 조사되어 실제 조망되는 경관을 근거로 하지 못하다는 한계가 있기도 합니다.

농림축산식품부에서는 2012년 유엔식량농업기관(FAO)의 세계중요농업유산(GIAHS)사례를 기반으로 국내에 처음 '국가농어업 유산제도'를 도입하였으며, 2013년부터 본격적으로 시행하였습니다. 농어업유산은 오랜기간 동안 농경·어로행위로 형성·진화시켜 온 보전·유지 및 전승할 만한 가치가 있는 전통적 농어업 활동과 시스템 및 그 결과로 나타난 농어촌 경관 등 모든 산물을 말하는 것이지요. 국가농어업유산 지정은 유산의 가치성(역사성, 대표성, 특징), 파트너십(협력도, 참여도), 효과성(브랜드, 활성화 또는 생물다양성)을 기준으로 합니다.이러한 기준에 의해 2013년에 완도 청산도 구들장 논을 국가중요농업유산 제1호로, 제2호로는 제주도 흑룡만리 돌담밭을 지정한 바 있으며, 이후 2014년에는 구례 산수유농업이 제3호로, 담양대나무밭이 제4호로 선정된 이후 현재까지 모두 16개 곳이 국가농어업유산으로 지정되었습니다. 이 중 청산도 구들장 논, 제주 밭담, 금산 인삼농업, 하동 전통 차농업은 FAO의 세계중요농업유산으로 선정되기도 하습니다. 이 제도는 비교적 명확한 선정기준과 엄격한 심사를 통하여 지역경제 및 관광발전을 넘어 세계적으로 권위가 있는 자원으로까지 연계될 수 있도록 뚜렷한 목표를 가지고 있다는 점에서 의의가 있습니다.

경관자원조사 : 당진시 사례

경관자원조사와 관련한 국내 사례들을 각 분야에서 중요한 자원을 발굴하고 관리하는 체계를 갖추고 있긴 하지만, 종합적인 경관계획과 관리측면에서는 조금 부족하다고 할 수 있습니다. 지자체 경관관리의 기본이라고 할 수 있는 경관계획에서는 경관현황조사 부분에 경관자원조사가 포함되어 있지요. 그래서 가장 종합적인 지자체 경관자원조사는 경관계획이라고도 볼 수 있습니다.

그러나 경관계획을 진행하는 과정으로 다루어지다 보니 본격적으로 경관자원을 발굴하고 특성을 분석하는 데에는 현실적인 어려움이 있는 것도 사실입니다. 관련 전문가들은 이러한 문제점을 지적하여 경관자원조사와 경관계획을 분리하는 것이 좋겠다는 의견을 제시하였으나 이를 지자체에서 실행하는 데에는 법적 근거가 부족해서 예산을 확보하기가 쉽지 않았습니다. 그런 측면에서 2019년에 시행된 당진시 경관자원조사 사례는 매우 이례적이지만 모범적인 것이라고 볼 수 있습니다. 경관계획 수립 이전에 별도의 과업으로 경관자원조사를 진행하였으니까요. 2018년부터 2019년까지 18개월 동안 경관자원조사를 진행하였습니다. 저도 경관자원 조사의 중요성을 강조하고 있던 터라 기쁜 마음으로 같이 참여하기도 했었죠. 충청남도 최북단에 위치한 당진시는 농업, 산업, 공업 생활권이 복합된 다양한 유형위 경관자원을 보유하고 있는 곳입니다.

당진시 관할 전 지역 2읍, 9면, 3동을 대상으로 경관자원을 발굴하고 각 자원별 특성을 분석하였습니다. 경관자원을 조사하는 구체적인 방법이나 기준이 마련되어 있지 않아 조사를 진행하면서 조사체계를 만드는 일을 병행했습니다. 경관자원이 될만한 대상을 검토하고 현장조사를 통해 각 경관자원의 가치와 가능성, 한계 등을 조사였습니다.

현장서술, 인터뷰, 사진촬영, 드론촬영 등 다양한 방법을 동원하여 현장에서 확인할 수 있는 사항을 최대한 많이 반영하고, 외부전문가의 한계를 보완하기 위해서 주민들을 대상으로 워크숍과 설문조사를 진행하기도 했습니다. 구체적인 조사과정은 그림을 참고하시면 될 것 같네요.

당진시 경관자원조사 체계

(출처: 도시건축 소도, 당진시 경관자원조사 최종보고 자료, 2019)

당진시 전체로 약 180여 개의 경관자원에 대해서 조사를 진행하였으며, 보다 효율적인 경관관리를 위해서 21개의 우수경관자원을 제안하였습니다. 우수경관자원에 대해 추가 조사를 진행해서 향후 경관담당 뿐만 아니라 관련 부서도 활용할 수 있도록 상세한 조사 내용을 제공하기도 했습니다.

a) 왜목일출

b) 서해대교

c) 기지시줄다리기

d) 합덕성당

e) 삽교호(삽교방조제)

f) 합덕제

당진시 우수경관자원 일부

우리나라에서는 처음 경관자원조사를 진행하는 것이라서 틀을 갖추면서 조사를 진행하느라 어려움도 있었지만, 개인적으로는 상당히 의미있는 일이라고 생각하였습니다. 다른 지자체에서도 경관자원조사를 충실히 진행하게 되면 이를 다양하게 활용할 수 있는 것이라는 생각도 들었고요. 실제로 당진시에서도 일을 마친 후에 관련 부서들과 경관자원 활용방안에 대한 워크숍을 진행하였는데, 다양한 아이디어들이 제시되었거든요. 앞으로는 시민들이 적극적으로 참여하는 경관자원 조사와 관리로 확대되었으면 하는 희망도 가져봅니다. 당진에서 운영하는 경관시민발굴단도 하나의 좋은 모델이 될 수 있겠지요. 경관이 자원이 되려면 많은 사람들이 자원이라는 인식을 하는 것이 중요하겠지요. **모든 국민들이 아름다운 경관을 감상하고 함께 누릴 수 있었으면 좋겠습니다.**

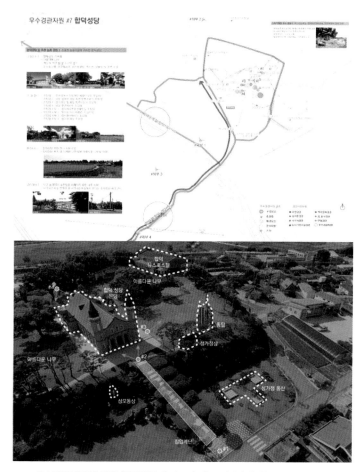

우수경관자원에 대한 합덕성당 추가조사 자료 예시 (위) 합덕성당 드론촬영
자료(아래)

(출처: 당진시 우수경관자원 자료집)

참고문헌　김금용(2012). 대구시 경관자원의 인지특성에 관한 연구, 대구가톨릭대학교 대학원 석사학위논문.

김다영(2019). 기초 지방자치단체 경관자원 조사체계 연구, 서울여자대학교 일반대학원 석사학위논문.

주신하, 신윤지(2015). 국내 경관자원 조사 현황과 향후 과제. 한국조경학회지. 43(3): 27-42.

수원시정연구원(2017). 수원시 경관자원 조사 및 관리체계 구축. 수원시정연구원.

정해준, 한지형(2015). 경관계획과 국토계획의 연계성 강화 방안 : 영국의 경관특성평가 도입과 활용을 중심으로, 국토계획 50(8) : 39-61.

도시건축 소도(2019). 당진시 경관자원조사 최종보고 자료

당진시(2019). 당진시 경관자원조사: 보고서, 일반경관자원 자료집, 우수경관자원 자료집

Landscape Institute and IEMA (2013) Guidelines for Landscape and Visual Impact Assessment, third edition, London, Routledge.

Natural England(2014) An Approach to Landscape Character Assessment, Natural England.

https://scenicbyways.info/

http://magic.defra.gov.uk/

https://webarchive.nationalarchives.gov.uk

https://webarchive.nationalarchives.gov.uk/ukgwa/20140711133551/http://www.naturalengland.org.uk/Images/nca-county_tcm6-36960.pdf

https://www.gov.uk/government/publications/national-character-area-profiles-data-for-local-decisionmaking/national-character-area-profiles

05. 서울 경관 이야기

외국인 친구가 서울을 처음 방문했다면 어디를 가는 것이 좋을까요? 서울타워? 경복궁? 청계천? 아니면 한강이나 DDP? 서울이 워낙 넓기도 하고 다양한 모습을 가지고 있어서 쉽게 몇 곳을 고르기가 생각보다 쉽지 않습니다. 저도 외국 손님에게 서울을 보여줄 때 고민을 많이 했던 기억이 나네요. 이번 글에서는 서울의 다양한 경관에 대해 이야기해 보려고 합니다.

서울의 랜드마크

외국인 친구들에게 보여주고 싶은 곳이 아니더라도 서울을 대표하는 경관을 궁금해 하는 사람이 많은 것 같습니다. 잊을 만하면 서울의 랜드마크에 대한 조사결과가 발표됩니다. 랜드마크(landmark)라는 말은 처음에는 탐험가나 여행자 등이 특정 지역을 돌아다니던 중에 원래 있던 장소로 돌아올 수 있도록 표식을 해둔 것을 가리키는 말이었다고 하네요. 그야말로 땅(land)에 표시(mark)를 해 둔 거였습니다.

그러나 오늘날에는 뜻이 더 넓어져 어떤 지역이나 도시를 상징하는 건물이나 타워, 문화재, 상징물, 조형물 등을 의미하는 단어로 사용되고 있지요. 파리의 에펠탑, 뉴욕의 자유의 여신상 같은 것이 대표적인 랜드마크라고 볼 수 있습니다. 물론 랜드마크와 대표경관이 같다고 할 수는 없습니다. 그렇지만 여러 사람들이 보고 싶어하고, 그 지역을 생각할 때 쉽게 떠오르는 대상이라고 본다면 랜드마크에 대한 조사는 대표경관과 매우 깊은 관련이 있는 것은 분명하겠지요.

그럼 서울의 대표경관, 랜드마크에 대한 조사결과를 좀 살펴볼까요? 조사하는 곳도 여행정보업체나 언론사부터 서울시나 통계청 같은 공공기관, 학술논문에 이르기까지 아주 다양합니다. 세부적인 순위는 차이가 좀 나긴 합니다만, 그래도 상위에 오른 대상들을 보면 크게 다르지 않습니다. 여러분들이 생각하시는 것들도 많이 포함되어 있을 겁니다. 오히려 어떤 곳에서 조사한 순위인가 맞추는 것이 더 재미있을는지 모르겠네요.

아래 순위들을 보면서 어디서 조사했는지 맞춰 보시지요
① 경복궁, 명동 쇼핑거리, 창덕궁, 인사동, N서울타워, 청계천 …
② 고궁, 광화문, 남산타워, 한강, 청계천, 동대문, 서울광장 …
③ 남산, 한강, 덕수궁, 경복궁, 이태원, 대학로 …

순위가 비슷하면서도 조금씩 다르지 않은가요?
①번 순위 세계 도시의 명소를 소개하는 트립어드바이저의 서울관광지 순위, ②번 순위는 서울 랜드마크 인식을 조사한 서울시 통계자료, ③번 순위는 서울 관광명소에 대한 학술논문에서 조사된 순위입니다.

다들 쉽게 맞추었나요?

조선시대부터 이어져 온 오래된 도시로서의 서울, 대도시로는 보기 드물게 높은 산들과 한강을 가진 자연도시로서의 서울, 새롭게 발전하고 있는 현대도시로서의 서울을 이 순위들로부터 읽을 수 있습니다.

a) N서울타워

b) 롯데월드타워

c) 동대문 디자인 프라자(DDP) 야경

d) 광화문 광장에서 본 북악산

서울의 대표적인 랜드마크

(copyright ©주신하)

아름다운 서울을 볼 수 있는 장소

한강의 교량 위에 카페가 있다는 거 아시나요? 2008년 한강르네상스 사업으로 6개 한강 교량에 카페를 설치했었지요. 한강을 가까이서 살펴볼 수 있다는 잠재력 높은 장소였지만, 계속되는 영업 부진으로 대부분 문을 닫아서 아쉽습니다. 그 중 동작대교에 있는 카페 2곳은 민간기업에서 재개장하여 지금도 한강을 둘러볼 수 있습니다. 서울의 랜드마크에 관심이 있으시다면 동작대교 카페에 한번 가 보시라고 추천하고 싶습니다. 빠지지 않고 선정되는 서울의 단골 랜드마크인 남산(N서울타워), 한강, 63빌딩를 한 장소에서 볼 수 있거든요. 롯데월드타워가 최고층빌딩이 된 이후로는 63빌딩이 좀 밀리고 있는 추세이긴 합니다만, 한강과 어우러지는 63빌등의 모습은 여전히 멋집니다. 해질 무렵 경관이 더욱 멋지니 참고하시고요,

동작대교 카페에서 본 한강과 남산 경관

(copyright ©주신하)

서울을 산으로 둘러싸인 도시이지요. 내사산, 외사산으로 겹겹이 둘러싸인 서울의 모습은 평지 대도시에 익숙한 외국인들 눈에는 참 신기하게 보이나 봅니다. 보통 도시의 전경을 보기 위해서는 고층빌딩이나 전망타워에 올라가야 하지요. 그런데 서울은 그런 곳이 아니더라도 전경을 볼 수 있는 곳이 꽤 많습니다. 산으로 둘러싸인 덕이지요. 남산에서는 N서울타워에 오르지 않더라도 한강과 서울 사대문안을 한눈에 볼 수 있고, 북악스카이웨이 팔각정에서도 서울 시내를 내려다 볼 수 있습니다.

두발로 산을 오르는 약간의 노력을 한다면 멋진 서울을 볼 수 있는 장소는 훨씬 많아집니다. 멋진 장소마다 전망대와 안내시설을 잘 갖추어 놓고 있습니다. 인왕산에서 보는 서울의 모습도 참 멋집니다. 북악산, 경복궁과 광화문 주변 건물들, 그리고 남산까지 이어지는 흐름은 풍수전문가가 아니더라도 경복궁이 정말 좋은 곳에 자리를 하고 있구나 하는 느낌도 듭니다.

남산에서 본 서울 시내 전경

(copyright ⓒ주신하)

인왕산에서 본 서울 도심과 남산 전경

(copyright ©주신하)

세운상가는 과거 1970년대 한국의 성장을 상징하는 건축물 중의 하나였죠. 대표적인 근대건축가 김수근의 설계로 3층의 공중보행로를 중심으로 입체도시를 만들겠다는 계획으로 만들어진 국내최초 주상복합아파트입니다. 완공 직후에는 고급아파트로 각광을 받았으나, 강남 개발로 고급 주거지, 고급유통업체들을 조성하면서 사람들이 빠져나갔고 세운상가는 쇠퇴하기 시작했지요. 그러다가 최근에는 세운상가와 주변지역을 도시재생 방식으로 활성화하는 '다시세운 프로젝트'를 추진하여 새로운 모습으로 변신하고 있습니다. 새로 설치된 외부 엘리베이터를 타고 옥상에 오르면 360도로 주변 경관을 감상할 수 있는 세운옥상을 만날 수 있습니다. 종묘와 남산, 그리고 새롭게 변화하고 있는 서울의 도심을 가깝게 볼 수 있습니다. 해질녘 일몰과 늦은 밤 도심의 스카이라인을 감상하는 장소로 추천되는 곳입니다.

세운상가 옥상(세운옥상)에서 본 종묘 전경

(copyright ⓒ주신하)

우수경관 조망명소

앞에서 서울의 조망장소를 몇 곳 소개해 드렸습니다. 그런데 역시 개인적인 경험으로 추천 드린 거라 숫자도 적고 뭔가 부족한 느낌도 들지요? 서울시에서도 비슷한 생각을 이미 하셨던 모양입니다. 이미 2007년에 아름다운 서울경관을 감상할 수 있는 곳 91개소를 발굴하고 조망명소로 선정한 바가 있지요. 조망장소에는 안내표지판, 조망 데크, 부대시설을 설치해서 시민들이 편리하게 이용할 수 있도록 하고 있습니다. 아마도 주변에서 이미 가본 분들도 많이 있으리라 생각합니다. 2007년 이후 만들어진 새로운 조망장소들은 포함되지 않은 아쉬움도 있습니다. 기존 조망장소에 대한 지속적인 관리와 함께 새로운 조망장소도 발굴하여 좀더 확대되길 기대해 봅니다.

서울시 우수경관 조망명소(북악팔각정, 인왕산 청운지구)

(출처: 서울의 우수경관 조망명소)

경관안내시설이 설치된 인왕산 우수경관 조망명소

(copyright ⓒ주신하)

우수경관 조망명소가 현장을 이용하는 시민들을 대상으로 진행된 사업이라면, 이보다 조금 더 학술적인 측면에서 진행된 사업도 있습니다. 2000년부터 진행된 도시경관기록화사업은 서울의 다양한 모습을 사진으로 남기는 작업이었지요. 이에 대해서는 다른 글에서 좀더 자세하게 다루도록 하겠습니다.

이야기 보따리, 서울의 속살

서울은 높은 곳에서 내려다 보는 것 말고도 볼 것이 많습니다. 가장 대표적인 것은 서울의 5개 궁궐인 경복궁, 창덕궁, 창경궁, 덕수궁, 경희궁일 겁니다. 조선왕조 500년의 수도였던 서울은 오랜 시간 만큼이나 다양한 이야기를 담고 있지요. 이상정치를 꿈꾸던 정도전이 주도하여 만들어진 경복궁은 '주례고공기'의 궁궐조영의 원칙을 잘 지킨 것으로 알려져 있지요. '3문3조(三門三朝)'의 원칙에 따라 국왕의 생활공간, 국왕 집무공간, 신하들이 집무공간이 담장으로 분리되어 독립된 공간을 형성하고 있습니다. 또한 궁궐의 정문인 광화문, 국가적인 행사를 치르던 정전인 근정전, 왕과 신하들이 정치를 논하던 편전인 사정전, 왕의 침전인 강녕전, 왕비의 침전인 교태전을 잇는 중심 영역을 주축선으로 건물들이 대칭적으로 배치되어 있는 것을 볼 수 있습니다.

북악산 왼쪽에 자리하고 있는 창덕궁은 태종에 의해 경복궁의 이궁으로 지어졌는데, 임진왜란으로 경복궁이 소실된 이후 흥선대원군에 의해 다시 중건되기 까지 조선의 궁궐 중에서 가장 오랜 기간 동안 임금이 거처했던 궁궐이기도 합니다. 원칙대로 대칭적인 배치를 가진 경복궁과는 다르게 자연지형에 순응하면서 비대칭적으로 건물들이 배치되어 매우 흥미롭습니다. 유교적 원칙을 중시하던 정도전과는 다른 자유분방한 이방원의 성향이 반영되었다는 해석도 있더군요. 조선 정원양식의 다양한 형태를 잘 간직하고 있는 창덕궁후원은 1997년 유네스코 세계문화유산으로 등재될 만큼 아름다운 경관을 보여주고 있지요. 부용지와 부용정은 우리나라 전통조경을 대표하는 공간으로 외국에 한국정원을 만들 때에도 원형이 되곤 합니다. 저도 외국 손님이 올 때마다 이곳을 방문하는 것을 빠지지 않을 정도입니다. 아직 가보지 않으셨다면 꼭 가보시길 강추합니다.

창덕궁 후원의 부용정과 부용지 모습

(copyright ©주신하)

서울에는 왕과 귀족들의 흔적들만 남아있는 것은 아니지요. 서민들의 생활을 엿볼 수 있는 재미난 공간들도 많습니다. 종로는 과거 고관대작들이 궁으로 향하는 길이었지요. 요즘 표현으로 하자면 고위공무원 출근길이었던 셈입니다. 지금도 종로에는 다양한 가게들이 있지만, 과거 조선시대에도 육의전이라고 하는 시장이 있어서 많은 상인들이 모였었겠지요. 그런데 높은 양반들이 종로로 행차할 때마다 계급이 낮은 서민들은 엎드려야 했다고 하네요. 이 귀찮은 행차를 피하기 위해서 자연스럽게 종로 뒤편으로 말을 피한다는 뜻의 피마(避馬)길, 혹은 피맛골이란 이름을 가진 우회도로가 만들어졌습니다. 지금도 이 피맛길의 흔적은 종로 북측으로 남아 있는데, 청진동 일대는 빈대떡, 해장국집 등이 유명

했었죠. 2009년 종로에 대규모 건물들을 지으면서 없어질 위기에 쳐했으나, 건물을 분절시켜서 피맛길을 남기는 방식으로 보존되어 있습니다. 과거 모습과는 많이 달라졌지만, 조선시대 서민들의 삶이 길의 형태로 아직까지 전해져 온다는 점이 재미있기도 하지요. 종로타워 뒤에 위치한 공평 1·2·4지구 역시 재개발을 통해서 고층건물이 들어서 있습니다. 이 건물을 지으면서 땅을 파내는 과정에서 다양한 조선시대의 유물이 출토되었죠. 이 곳에 과거에 있던 주택과 상업 건물의 흔정, 골목, 담장 등이 나왔습니다. 건물을 계속 짓자니 유물이 훼손될 것 같고, 그렇다고 유물을 보존하기에는 경제적인 손실이 너무 컸습니다.

그래서 생각해 낸 묘안이 지하공간을 박물관으로 만들고 그 위로 건물을 짓는 방식이었지요. 그렇게 탄생한 것이 센트로폴리스 지하1층에 위치한 공평도시유적전시관입니다. 전시내용은 조선시대 견평방(수도 한양의 중심), 근대 공평동(공평동으로의 변화), 도시유적 아카이브(도시유적 발굴지도) 등을 포함하고 있습니다. 조선시대부터 근대 도시조직의 원형들을 통해서 조선시대 한양 사람들의 생활과 삶의 모습을 살펴볼 수 있습니다. 조선 초기부터 근대에 이르기까지 층층이 쌓인 지층 원형을 볼 수 있는 점도 무척 흥미롭습니다.

공평도시유적전시관 내부 전시 모습

(copyright ©주신하)

새로운 서울 경관을 위하여

서울이 오래된 경관만 있는 낡은 도시는 아니지요. 서울은 첨단기술을 통해 새롭게 변화하고 있는 젊은 도시이기도 합니다.

오래된 공장지역이 젊은 감각으로 다시 살아난 성수동, 잊혀진 섬에서 문화공간으로 다시 태어난 노들섬, 폐철도를 공원으로 재생시킨 경의선숲길과 경춘선숲길, 식물원과 첨단산업단지가 들어선 마곡지구의 모습도 모두 서울의 또 다른 얼굴들입니다. 시민들이 느끼기에는 이런 젊은 서울의 모습이 더 익숙하기도 하겠지요. 한 도시의 경관이 어떤 이미지를 갖느냐는 매우 복잡하고 다양한 과정이 얽혀 있습니다. 대외적인 인식도 중요하고, 실제 우리가 눈으로 보는 대상에 대한 관리도 필요합니다. 정부차원의 노력도 중요하고, 시민들이 각자 역할을 하는 것이 가장 기본적인 일이기도 합니다. 문제가 되는 경관을 개선하기도 하고, 아름다운 경관을 잘 가꾸는 노력도 해야겠지요. 아름다운 서울 경관을 만들기 위한 이런 다양한 고민과 노력을 담은 것이 바로 '서울특별시 경관계획'이라고 할 수 있습니다.

경관계획은 경관법에 따라 지방자치단체에서 해당 관할구역의 경관을 보전, 관리, 형성하기 위해 5년마다 수립하는 법정계획입니다. 서울도 주기적으로 경관계획을 수립하여 경관을 관리하고 있지요. 가장 최근에 작성한 경관계획은 2016년에 작성된 것으로 '자연과 역사가 어우러진 매력있는 경관도시, 서울'이라는 미래상을 설정하고 세부전략을 제시하고 있습니다.

서울 경관의 미래상과 목표

미래상

자연과 역사가 어우러진 매력있는 경관도시 서울

경관 유형별 목표

서울 고유의 자연과
녹지를 향유할 수 있는
**친근한
자연녹지경관**

도시적 매력과
자연성이 조화되는
**새로운
수변경관**

옛 서울의 기억과
새로운 문화가 어우러지는
**다채로운
역사문화경관**

도시와 가로의
특성이 살아있는
**활력있는
시가지경관**

서울시 경관계획의 경관미래상

(출처: 2016 서울특별시 경관계획)

이 글의 앞부분에서 언급한 여러 서울의 랜드마크들은 단지 외국 손님 안내를 위해 소개한 것은 아닙니다. 경관계획을 꼼꼼히 살펴보면 그러한 대상들이 도시 전체의 경관을 향상시키기 위해서 추진하는 다양한 정책, 계획, 사업 등과 연결되어 있다는 것을 알 수 있습니다. 랜드마크를 발굴하고 잘 가꾸는 일, 멋진 조망을 볼 수 있는 곳을 발굴하는 일, 다양한 이야기를 담는 장소를 관리하고 널리 알리는 일, 새로운 경관을 만드는 일 모두 경관계획에서 다루는 대상이기 때문입니다. 그래서 우선 경관계획을 잘 수립하는 것이 중요합니다. 한 도시의 경관현황을 잘 파악하고 경관자원을 발굴해서 앞으로 그 도시의 경관정책과 사업을 어떻게 이끌어갈 것인지 계획하는 것이 첫걸음이겠지요. 그 다음으로는 계획을 지속적이고 체계적으로 실행에 옮기는 것이 중요합니다.

자연녹지	**서울 고유의 자연과 녹지를 향유할 수 있는 친근한 자연녹지경관**
	추진전략 1 ｜ 산 주변 구릉지 경관특성 관리
	추진전략 2 ｜ 조망점 및 조망명소를 활용한 주요산 조망기회 확대
	추진전략 3 ｜ 녹지 네트워크 형성을 통한 자연녹지 경관의 확산
수변	**도시적 매력과 자연성이 조화되는 새로운 수변경관**
	추진전략 4 ｜ 자연성과 조화되는 다양한 수변경관 형성
	추진전략 5 ｜ 통경과 상징성을 고려한 열린 수변경관 조성
	추진전략 6 ｜ 수변과 녹지공간을 연계한 생활친수공간 거점화
역사문화	**서울 고유의 자연과 녹지를 향유할 수 있는 친근한 자연녹지경관**
	추진전략 7 ｜ 한양도성 및 역사문화자원 보존과 회복
	추진전략 8 ｜ 역사문화재 주변 역사경관 특성 관리
	추진전략 9 ｜ 역사문화 경관자원의 다양화
시가지	**서울 고유의 자연과 녹지를 향유할 수 있는 친근한 자연녹지경관**
	추진전략 10 ｜ 건물 전면공간의 통합적 정비 및 관리
	추진전략 11 ｜ 가로경관의 질 향상 및 특화
	추진전략 12 ｜ 시가지 내 구릉·저층 주거지의 경관특성 관리

서울시 경관계획 추진전략

(출처: 2016 서울특별시 경관계획)

이 계획과 실행 부분에서는 전문가와 행정에서의 역할이 크겠지요. 그러나 이런 계획과 실행을 지속적으로 유지할 수 있는 힘은 시민들의 관심과 참여라고 할 수 있습니다. 경관과 관련된 대부분의 사안은 선택의 문제인 경우가 많기 때문에 시민들의 결정이 가장 중요한 근거가 되기 때문이지요. 런던에서 세인트폴 대성당의 돔을 볼 수 있는 이유도 시민들의 합의에 근거해서 정책이 추진되었기 때문입니다.

저는 앞으로 서울의 경관이 더 의미있고 아름답게 되길 희망합니다. **여러분들도 저와 같은 생각이라면 아름다운 서울을 만들기 위해 더 많이 관심을 가져주시고 더 적극적으로 참여해 주시길 부탁드립니다.**

참고문헌 서울특별시(2007) 서울의 우수경관 조망명소. 서울특별시(2016) 서울특별시 경관계획

https://kosis.kr/statHtml/statHtml.do?tblId=DT_201_00404&orgId=201&language=k or&conn_path=&vw_cd=&list_id=

06. 경관을 기억하는 식,
경관을 기록하는 기술

앞 글에서 서울 경관을 이야기하면서 서울타워, 경복궁, 청계천, DDP 같은 랜드마크들을 언급했었습니다. 서울 하면 떠오르는 대상이라고 하면서 말이지요. 이런 것처럼 어떤 도시를 떠오르면 생각나는 이미지가 있습니다. 꼭 랜드마크가 아니더라도 그 도시를 대표하는 이미지가 있기도 합니다. 심지어 가 보지 않은 도시에 대해서도 그 도시에 대해 이미지를 갖고 있는 경우도 많지요. 어떻게 이런 이미지가 생겼을까요? 이번 글에서는 경관을 기억하는 방식과 이것을 기록하는 기술에 대해서 살펴보려고 합니다. 어쩌면 앞 질문에 대한 속 시원한 답을 드리지 못할 수도 있겠지만, 적어도 경관, 이미지, 기억의 관계를 조금 더 이해할 수 있지 않을까 하는 기대로 글을 이어 가겠습니다.

경관을 기억하는 방식

우리는 온 국민이 사진사인 시대에 살고 있습니다. 인스타그램으로 대표되는 이미지의 공유시스템은 정말 이미지가 텍스트를 압도하는 시대가 되었다는 걸 매일 실감하게 해 주지요. 여행을 갈 때에도, 식당이나 카페에 들러서도, 그냥 길을 걷다가도, 언제 어디서나 사진을 찍어 순간을 기억하려 합니다. 젊은 세대는 젊음 세대대로, 중장년도 나름대로의 방식으로 일상을 기록하고 또 공유합니다. 제발 부모님이 카톡 프로필로 꽃사진 좀 안 올렸으면 좋겠다는 학생들의 푸념을 듣곤 합니다만.

하여간 스마트폰이 대중화되고 스마트폰의 촬영기능이 좋아지면서 더 많은 사람들이 더 많은 사진을 찍고 있는 것 같아요. 이제 사진은 우리 모두의 보조기억장치가 된 거 같다는 생각도 듭니다. 그런데 곰곰이 생각해 보면 예전부터 멋진 경치, 인상적인 장소, 역사적인 사건은 그림으로 남겼습니다. 사실적인 그림을 그리는 것이 매우 어려워서 많이 그릴 수는 없었겠지만, 의도를 생각해 보면 예나 지금이나 크게 다르지 않은 것 같습니다. 뭔가 좋은 걸 다른 사람들과 같이하고 싶은 욕구는 본능이 아닌가 하는 생각도 듭니다.

경관을 가장 직접적으로 경험하는 방식은 역시 우리의 눈으로 현장에서 경관을 보는 것이겠지요. 사진이나 그림으로 경험을 할 수도 있겠지만, 역시 직접 느끼는 현장감과는 비교할 수 없을 겁니다. 책으로만 보던 장소를 직접 방문했을 때의 감동이란 글로 표현하기 어렵겠지요. 특히 그랜드 캐년이나 옐로우스톤 국립공원, 나이아가라 폭포과 같은 어마어마한 스케일의 자연은 사진으로 전달되지 않는 압도감이 있습니다. 압도적인 대상이 아니더라도 주변 경치를 만끽할 수 있는 절묘한 위치에 만들어 놓은 우리나라 정자들도 사진 한두 장으로는 그 감동을 전달하기 힘들긴 마찬가지이지요.

이처럼 바로 그 장소에서 경험하는 경관이 가장 원초적인 것이라고 할 수 있습니다. 현장에서도 가장 좋은 경관을 볼 수 있는 장소에는 어김없이 많은 관광객이 몰리기 마련이지요. 같은 대상을 보더라도 더 보기 좋은 포인트가 있기 때문이지요. 이런 곳에는 전망대를 만들어 놓고 안내판을 설치해서 방문객의 이해를 돕기도 합니다. 경관계획에서는 이런 장소를 조망점, 조망지점, 조망명소, 조망장소 등의 명칭으로 지정해서 관리를 하고 있습니다. 앞 글에서 이야기했던 서울시가 우수경관 조망명소도 이런 예라고 할 수 있습니다. 물론 이것도 전망대, 정자로부터 이어온 아주 오래된 경관 경험방식이지요.

그랜드 캐년 전경

(copyright ©주신하)

옐로우스톤 국립공원 전경

(copyright ©주신하)

최근에는 소셜네트워크의 일반화로 조망지점이 좀더 일상화된 사례도 많습니다. 아예 사진찍을 것을 염두해 두고 인스타그램의 화면과 유사하게 시설물을 현장에 설치한 경우도 있고, 바닥에 여기서 사진을 찍고 공유해달라고 프린트해 놓은 경우도 있습니다. 이런 경우에는 포토스팟이란 좀더 캐주얼한 용어도 사용하곤 합니다. 공유를 전제로 하고 있다는 점이 전통적인 조망지점과 다르긴 하지만, 기본적으로 이러한 예는 모두 조망대상을 잘 볼 수 있는 장소에서 직접 경관을 경험하도록 하는 점에서 공통점이 있다고 하겠습니다. 역시 경관은 우리 눈과 몸을 통해 직접 경험해야 가장 큰 감동을 받을 수 있을 테니까요.

Grand Ole Opry House의 포
토스팟 바닥표시

(ⓒ주신하)

행담도휴게소에 설치된 서해대
교 촬영장소

(ⓒ주신하)

직접 눈으로 본 경관과 기억하는 경관은 조금은 다릅니다. 아무래도 경험과 기억은 같을 수는 없겠지요. 여러 사람들이 공유하는 도시에 대한 이미지는 기억하는 경관과도 또 다를 겁니다. 기억하는 경관이 개인적인 것이라면 도시 이미지는 여러 기억들이 쌓여서 만들어진 사회적인 결과이기 때문이겠지요.

시간과 경험이 도시 이미지를 만든 셈입니다.

이와 관련한 가장 유명한 연구로는 역시 케빈 린치(Kevin Lynch)의 '도시 이미지(The Image of the City, 1960)를 들 수 있습니다. 린치는 보스턴, 뉴저지, 로스앤젤레스를 대상으로 사람들이 도시를 어떻게 인지하고 있는지를 조사하였습니다. 설문지와 약도를 그리게 하는 방식으로 시민들이 인식하고 느끼는 도시의 형태와 이미지 개념을 구체화하였는데, 그 연구결과를 '도시의 이미지'라는 저서로 발표한 것이지요.

통로 Paths **경계** Edges **지구** District **결절** Nodes **랜드마크** Landmarks

그는 이러한 도시의 이미지를 도시의 물리적 형태, 도시의 문화적 이미지로 평가하였는데, 그 중 도시를 이미지화하는 물리적 구조로 통로(paths), 경계(edges), 지구(districts), 결절(nodes), 랜드마크(landmarks)의 5가지 요소를 제시하였습니다. 건축, 조경, 도시분야 전공자들은 틀림없이 들어본 얘기일 거예요. 그만큼 간결한 요소로 사람들이 인지하고 있는 도시 이미지를 설명했다는 점에서 큰 의의가 있는 이론입니다. 우리가 약도를 그릴 때에도 이 5가지 요소가 흔히 사용된다는 점을 보더라도 쉽게 공감이 갑니다.

이런 결과를 도출할 수 있었던 것은 사람들이 오랫동안 눈과 발로 경험한 도시가 몇 가지 요소로 기억된다는 전제가 있었기 때문에 가능했습니다. 여러 사람의 경험이 쌓이고 쌓여서 도시의 이미지가 만들어진다는 점을 밝힌 것도 이 연구의 또 다른 의미라고 할 수 있습니다.

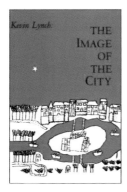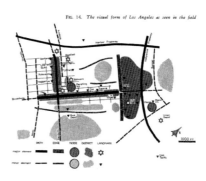

'도시의 이미지'의 표지(왼쪽)와 5개 요소로 설명한 로스앤젤레스 도시의 구조(오른쪽)

(출처: The Image of the City, 1960)

우리나라에서 운영하고 있는 경관계획도 간략하게 말하자면 그 지역의 좋은 이미지를 만들기 위한 다양한 노력이라고 볼 수 있습니다. 경관 미래상을 설정하고 이를 실현하기 위해서 구체적인 계획을 수립하고 실행하는 체계인 셈입니다. 이때 경관 미래상은 사람들이 우리 도시를 이렇게 인식했으면 좋겠다는 목표이고, 그런 이미지가 만들어질 수 있도록 다양한 경험을 제공하는 것이 경관계획의 내용이라고 볼 수 있습니다. 결국 눈에 보이는 것이 사람들에 의해 기억이 되고, 이런 기억들이 모여서 그 지역의 이미지가 되는 구조인 것이지요. 좋은 이미지를 만들기 위해서 눈에 보이는 것도 잘 관리되어야 하고 사람들의 좋은 경험도 중요합니다.

경관을 기록하는 기술

오랫동안 경관을 기억하고 여러 사람들에게 경험을 나누기 위해서 가장 효과적인 방법은 무엇일까요? 아마 예전에는 그림을 그리기도 했겠지만, 역시 가장 효과적인 방법은 사진일 겁니다. 앞서 온 국민이 사진사인 시대에 대해서 말씀을 드렸습니다만, 좀더 공식적인 차원에서도 도시경관의 기록은 사진으로 남기고 있습니다. 구글링으로 'then and now'라고 검색을 해 보세요. 처음에는 유명 배우들의 과거와 현재 사진이 나오긴 하는데, 간간이 유명한 도시들의 예전과 최근 사진을 비교해 놓은 이미지들도 있을 겁니다. 여러분들도 관심 있는 도시 이름과 같이 검색해 보시면 그 도시의 과거와 현재 모습들도 많이 나올 겁니다. 서울도 있으니 한번 시도해 보셔도 좋을 것 같습니다.

뉴욕의 과거와 현재 모습을 비교한 책 표지

(출처: Marcia Reiss and Evan Joseph, 2016)

뉴욕 37번가 경관 변화 비교 (왼쪽: 1946년, 오른쪽: 2017년)

(출처: https://www.dailymail.co.uk/news/article-4457430/Striking-images-New-York-City.html)

서울의 과거와 현재 모습을 비교한 사진 (왼쪽: 한양도성에서 본 남산, 오른쪽: 청계천)

(출처: https://thesmartlocal.com/korea/seoul-then-now/)

    해외 유명도시들의 과거와 현재 사진들을 모아서 책으로 낸 것들도 꽤 많이 있습니다. 같은 지점에서 촬영한 사진을 비교하면서 세월이 흐르면서 도시의 모습이 어떻게 변했는지 보는 재미가 꽤 쏠쏠하더라구요. 우리나라 도시들도 자료를 모아서 한번 만들어 보면 어떨까 하는 생각도 듭니다. 정부차원에서 좀더 체계적으로 도시경관을 기록하는 시도가 우리나라에도 있습니다. 개인이나 시민단체 중심으로 진행된 사례에 비해서 좀더 지속적으로 경관을 기록할 수 있다는 장점이 있겠지요. 서울특별시는 빠른 성장으로 급속도로 변화하는 서울의 모습을 기록하기 위해 5년마다 도시 곳곳의 모습을 촬영하는 경관기록화 사업을 추진하고 있습니다. 1995년부터 시작되어 2020년까지 현재 6차례의 기록이 30,000여 장의 사진으로 기록되어 있습니다.

사업 초기에는 어떤 것을 사진으로 남겨야 하는지에 대한 시행착오가 있었던 것으로 들었는데, 기록이 거듭될수록 촬영대상과 방법이 체계화되고 기록의 양도 많아지고 있다고 합니다. 같은 장소를 지속적으로 촬영하여 경관변화를 실감할 수 있는 곳도 있고, 그 동안 무분별한 개발로 훼손된 경관을 확인할 수 있는 곳도 있지요. 촬영지점이 충분히 많아서 자료를 잘 정리하면 'Then and Now' 보다 훨씬 더 입체적인 경관변화 모습을 볼 수 있을 것 같습니다. 최근에는 구축된 사진자료를 서울 경관아카이브로 확대하여 보다 쉽게 온라인이나 모바일로 확인할 수도 있습니다.[12]

서울시 경관기록화사업의 연속기록 사례(공항대로)

서울 외에도 부산, 인천, 대구, 대전 등 약 10여 개 지자체에서 기록화사업을 추진 중에 있습니다. 현재는 주로 광역지자체에서 진행하고 있는데, 점차 중소도시에서도 관심을 가지고 진행되면 좋을 것 같습니다. 사진을 촬영하는 기술도 많이 발전하고 있지요. 카메라 기술이 발전한 것 뿐만 아니라, 사진을 찍는 새로운 방식도 등장했습니다. 문자 그대로 '새로운 시각'을 담을 수 있는 바로 드론입니다.

---

12) https://urban.seoul.go.kr/cityscape

　드론의 등장으로 경관을 기록하는 방식이 많이 바뀌고 있지요. 과거에는 높은 산이나 건물에서만 도시전경을 조망할 수 있었는데, 이제는 어디서든 드론을 띄워 하늘에서 내려다 보는 경관을 기록할 수 있게 되었습니다. 물론 군사시설이나 비행기 항공안전을 고려해서 드론을 띄울 수 없는 곳도 있지만, 드론의 등장으로 훨씬 다양하고 입체적인 경관기록이 가능하게 되었죠. 그 덕분에 경관조사를 진행하는 사람들은 익혀야 할 기술이 하나 더 늘었습니다.

드론으로 촬영한 충남 당진시 오봉제 전경

(ⓒ주신하)

　GPS기술도 경관을 기록하는데 큰 변화를 주었습니다. GPS 수신기가 달려 있는 카메라를 사용하게 되면 사진파일에 위치정보가 같이 저장되어서, 파일만 있으면 촬영장소, 날짜, 시간 등의 정보를 확인할 수 있습니다. 이 기술 덕분에 현장조사에서 훨씬 더 신속하고 수월한 조사가 가능해 졌습니다. 일일이 촬영장소를 기록하는 일을 하지 않아도 되니까요.

　그리고 사진을 디지털지도 위에서 확인하는 것도 가능합니다. 약간의 수고만 하게 되면 Google earth 같은 범용 서비스에서 사진을 띄워 보는 것이 가능하고, 조금 더 공을 들인다면 전용 앱을 만들어서 모바일로도 현장에서 예전에 촬영된 경관사진을 볼 수 있는 거죠. 서울처럼 경관아카이브가 구축된 곳이라면 활용도가 훨씬 더 많을 겁니다.

Google Earth 상에서 본 경관자원 사진 사례 (당진시 합덕성당)

경관을 경험하는 일, 기억하는 일, 기록하는 일, 모두 다 중요하고 의미있는 일입니다. 그리고 이런 일들을 보다 효율적으로 진행하기 위한 기술변화에도 관심을 가져야 하겠지요. 그러나 무엇보다 우리 주변 경관에 대해 많은 사람들이 관심을 갖는 것이 좋은 경관을 만들 수 있는 가장 큰 원동력이 아닐까 생각해 봅니다.

참고문헌 Kevin Lynch(1960) The Image of the City, The MIT Press
Marcia Reiss, Evan Joseph(2016) New York Then and Now, Pavilion
https://thesmartlocal.com/korea/seoul-then-now/
https://urban.seoul.go.kr/cityscape

07. 사람을 위한 경관

　경관의 정의를 다시 한번 기억해 볼까요? 첫번째 글에서 여러 가지 이야기를 했습니다만, 경관법에 나온 정의는 '자연, 인공 요소 및 주민의 생활상 등으로 이루어진 일단의 지역환경적 특징'이었습니다.

　중요한 키워드만 보자면 자연, 인공, 생활상, 지역환경 정도가 되겠네요. 여기에 이미 생활상이 포함되어 있으니 사실 경관은 정의부터 사람의 영향력을 포함하고 있는 내용입니다. 그러나 실제 경관과 관련한 일을 하다가 보면, 도시와 건물의 외관, 높이, 가로의 폭 같은 물리적인 대상이나 보존해야 하는 경관자원에 집중하게 되는 경향이 있지요. 사실 그것도 꼼꼼하게 잘 챙기지 못하는 경우도 많습니다. 정작 중요한 사람에 대한 고려가 부족한 경우가 생각보다 많다는 얘기입니다. 그럼 이번 글에서는 사람을 위한 경관에 대해서 좀 생각해 보도록 하겠습니다.

사람이 중심이 되는 경관

　'경관'은 한자어를 보더라도 조망대상이 되는 객체(景)와 이를 조망하는 주체(觀)이 모두 포함된 단어라는 걸 이미 이야기한 바 있지요. 보는 사람이 없는 경우에는 아무리 아름다운 경치라도 그 의미가 크지 않다는 걸 뜻하기도 합니다. 결국 보는 사람이 중요하다는 걸 단어 자체에서 보여주고 있는 셈이지요. 경관은 사람이 중심이 되는 것이 당연합니다.

그런데 이런 당연한 이야기를 길게 하는 이유는 예상하시겠지만 그 동안 경관에서 사람이 너무 소외되었기 때문입니다. 도시와 건축물의 물리적인 대상, 가로시설물이나 옥외광고물의 디자인, 보존해야 할 산이나 하천 같은 자연경관자원에 대한 내용이 주로 경관계획이나 행정에서 다루는 내용이었습니다. 물론 경관협정처럼 주민 참여를 기반으로 경관을 개선하는 제도도 있지만, 아직은 그렇게 활발하게 진행되고 있지는 못한 실정이지요. 경관계획의 가장 첫 단계가 경관현황조사입니다. 현황을 기반으로 하지 않는 계획은 모래 위에 있는 성을 쌓는 것과 같으니까요.

이 단계에서 경관자원에 대한 조사가 진행되는데, 이때 아름다운 경치와 보존해야 할 대상에 대해서 조사도 하지만, 그 지역의 이야기를 담고 있는 것도 조사를 진행합니다. 겉으로 보기에는 별 것 아닌 것처럼 보이더라도 지역 주민들에게 중요한 의미가 있다거나 오래된 이야기를 담고 있는 대상은 경관자원으로서 가치가 충분하겠지요.

이렇게 이야기가 담긴 대상으로서의 경관자원의 중요성을 그 동안 간과해 온 경향이 있었습니다. 아무래도 시각적으로 영향이 큰 대상을 중심으로 진행되기 쉬우니까요. 대규모 개발사업을 위해 오래된 도시구조도 쉽게 바꾸고, 아름다운 경관자원도 훼손해 왔던 그 동안의 개발행태로 보자면 이런 작은 이야기를 담은 대상을 중요하고 소중하게 다루지 않았던 것이 이해되지 않는 것은 아닙니다. 그러나 이제라도 다시 원론으로 돌아가서 사람이 중심이 되는 경관을 중요한 원칙으로 삼아야 할 것 같습니다. 최근 인문학에 대한 사회적인 관심이 상당이 높아졌지요? 급변하는 과학기술로 사회와 우리 생활이 변하게 되면서 오히려 고전에서 배우는 지혜와 사람들간의 관계의 중요성에 대해서 많은 사람들이 공감하고 있는 것 같습니다. 일반대중을 위한 인문학 강의도 TV나 문화센터 같은 곳에서도 자주 진행되고 있습니다.

초심으로 돌아간다면 경관 역시 인문학적인 접근이 필요하겠지요? 그런 시도는 없었을까요? 우리나라 경관을 훼손했다고 가장 큰 비난을 받고 있는 곳을 꼽으려면 아마도 개발지상주의 정책을 펴왔던 국토교통부와 각종 개발을 직접 담당한 공기업들일 겁니다. 건설교통부가 나서서 경관법을 만들려고 할 때에도 이런 비난이 많았지요. 이제는 경관을 고려하면서 국토를 관리하려고 한다는 논리로 다른 부처들의 동의를 얻었습니다. 공기업 중에서는 아마도 한국토지주택공사, LH가 가장 큰 비난의 대상입니다. 신도시와 아파트단지를 개발하고 분양하는 과정에서 아름다운 경관을 훼손했다는 인식이 많았지요.

경관법을 제정할 때 건설교통부처럼 LH도 공급과 경제논리를 앞세운 과거 개발원칙에서 지속가능하고 사회문화적 포용력을 높이는 방향으로 정책을 변화하려는 시도를 하고 있습니다. 그 일환으로 '인문학적 경관 형성방안'이라는 주제로 한국경관학회와 함께 연구를 진행하기도 했습니다.

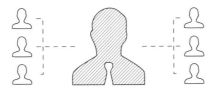

저는 연구책임자로 연구에 참여했습니다. 연구의 내용은 인문학적 경관 개념부터 설정한 후 이를 바탕으로 개발사업에서 활용할 수 있는 가이드라인을 제시하는 내용으로 구성되었습니다. 경관이 원래부터 인문학적인 속성을 가지고 있다고 앞에서 말씀을 드렸습니다만, 관련 연구를 뒤져보고 해외사례를 참고해 보아도 우리 상황에 적합한 인문학적 경관 개념을 설정하는 것은 쉽지 않더군요.

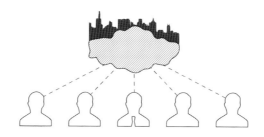

그래서 여러분야의 인문학 전문가를 모시고 경관에 대한 개념을 토론하는 워크숍을 구상하였습니다. 인류학, 사회학, 역사학, 사회심리학, 예술디자인, 도시건축, IT 분야 전문가를 모시고 함께 인문학적 경관에 대해 논의하는 자리를 만든거지요. 논의는 상당히 흥미로웠습니다. 분야 특성만큼이나 경관에 대해 다르게 생각한다는 것을 확인하는 것도 신선했던 것 같습니다.

인문학적 경관형성 전문가 워크숍의 포스터(왼쪽)와 회의 모습(오른쪽)

워크숍에서 나온 이야기들을 지명 의미, 유적과 유물보전, 경관자원에 대한 심층조사 필요성, 스토리텔링, 장소성, 사람과 사람의 연결, 과거와 현재의 연결, 디지털 기술의 활용, 상상력과 감정자극, 지역정체성 등 매우 다양한 내용이었습니다. 좀 조직화하기 위해서 마인드맵 형태로 내용을 정리해 보았더니, 조화성, 장소성, 지역성, 연결성, 제도화, 수단매체 등의 주요 키워드로 구분할 수 있었습니다.

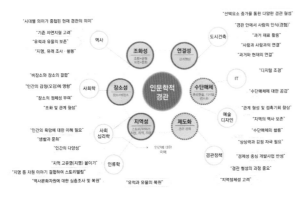

인문학적 경관 워크숍 패널 주요 의견 마인드맵 재정리

이런 인문학적 경관개념을 구체화하기 위한 기본원칙과 추진전략
으로 아래 그림과 같이 제시하였습니다. 그 동안 간과했던 지역의 이
야기 수집, 이용자시점, 다양한 매체를 활용한 적극적인 이야기 전
달, 지역주민 대상 교육, 개발사업과정의 기록 등의 내용을 제시하
고 보다 구체적인 사항은 가이드라인 형식으로 제시한 바가 있습니
다.

4대 기본원칙

지역성	경관자원을 활용하여 지역이야기가 살아있는 경관 만들기
장소성	고유한 의미와 정체성을 형성하며 장소가 되는 경관 만들기
조화성	사람과 자연, 기술과 인문이 조화로운 경관 만들기
연결성	사람간의 다양한 연결과 접촉이 가능한 커뮤니티 경관 만들기

7대 추진전략

1 | 지역의 이야기를 적극적으로 수집한다.
2 | 이용자 시점을 적극 고려한 도시경관구조를 만든다.
3 | 다양한 교류가 가능하고 많은 이야기를 담을 수 있는 공간을 조성한다.
4 | 이야기를 담는 다양한 수단매체를 적극적으로 활용한다.
5 | 주변 지역주민과 입주민이 함께하는 교류 및 교육 프로그램을 도입한다.
6 | 사업단계(계획-설계-조성)에서 이야기가 지속될 수 있는 시스템을 만든다.
7 | 개발사업과정의 모든 것을 기록한다.

인문학적 경관개념 실천을 위한 기본원칙 및 추진전략

연구를 진행하면서도 저 자신도 간과했던 부분을 다시 생각하게 되는 계기가 되었었고, 기존의 경관계획의 부족한 부분을 보완하는 결과물이라고 자평했습니다. 저희 분야에서도 나름 많은 관심과 좋은 평가를 얻은 연구였는데, 이후 LH 개발사업에서 적극적으로 활용되고 있지 못하고 있어서 개인적으로 매우 아쉬움이 남습니다. 앞으로라도 좀더 활용이 많이 되었으면 하는 바람이 있습니다.

이야기가 있는 경관, 경관재생

성수동이 요즘 뜨고 있는 동네이지요? 어쩌면 여러분들이 이 글을 읽고 있는 시점에서는 이미 한번 떴다가 이젠 관심이 좀 시들해질 수도 있겠습니다. 워낙 새롭게 변화하고 있는 지역들이 많아서요. 과거 공장지역이었던 성수동이 많은 관심을 갖게 된 이유 중의 하나로 대림창고의 변신을 들 수 있겠지요.

1970년대 정미소로 만들어진 대림창고 건물은 1990년대 공장 부자재를 보관하는 창고로 쓰였던 곳입니다. 새롭고 특이한 장소를 찾는 젊은 세대의 감각에 맞추어 이 낡고 허름한 공간은 전시와 식물이 가득찬 문화공간으로 탈바꿈을 하게 되었습니다. 높은 층고를 가진 공간감과 오래된 이야기를 담고 있는 듯한 낡은 붉은 벽돌은 그대로 사용하면서도 목재 테이블, 철제의자를 새롭게 배치하고 다양한 설치작품과 회화, 공예품 등을 곳곳에 전시하여 새로운 분위기의 공간을 만들었습니다. 대림창고의 변신으로 새로운 트렌드를 이끄는 다양한 사람들이 성수동에 오가면서 주변 상권도 활기를 찾게 되었습니다. 그야말로 낡은 창고의 재발견, 신선한 변신이라고 할 수 있겠지요.

높은 층고의 실내에 식물이 식재된 대림창고 내부 모습

(copyright ©주신하)

대림창고 이후로 성수동은 다양한 변화를 추구하는 젊은 지역으로 변화하고 있습니다. 경기도 화성시에 위치한 소다미술관은 또 다른 이야기를 담고 있습니다. 소다미술관은 본래 입지조건의 변화와 도시개발의 지연 등으로 공사가 중단되어 철거 위기에 놓여 있었던 대형 찜질방이었습니다. 철거를 하기에도 막대한 예산이 투입되어야 하는 상황이라 이러지도 저러지도 못하는 상황에 처했었죠. 밤이 되면 으슥해지는 분위기와 함께 도시 슬럼화의 주범으로 낙인찍혀 인근 주민들마저 외면하게 되었었죠. 이러던 차에 '재생'의 개념으로 이 건물을 새롭게 하는 프로젝트가 진행되었습니다. 애물단지 짐찜질방을 지역주민의 사랑을 받는 미술관으로 변신시키는 일. 이 프로젝트는 SOAP 디자인스튜디오의 주도로 진행되었는데, 기존의 골조를 그대로 살려 내부 전시공간을 구성하였고 건물 외관도 마감을 전혀 하지 않아 찜질방 건물로 지어지던 당시의 모습을 생생하게 느낄 수 있도록 했습니다.

건물 일부 천장을 뚫어 하늘이 그대로 보이는 지붕 없는 전시장 (roofless gallery)도 만들고, 옥상공간에는 넓은 루프탑 공간으로 구성하여 다양한 활동을 담을 수 있게 했지요. 하늘을 배경으로 그림을 그린 듯한 야외조각과 아이들의 인기를 독차지하고 있는 스카이샤워는 찜질방과 미술관의 경계를 절묘하게 드나드는 멋진 아이디어 같아요. 최근에는 정원디자이너와 협업을 통해 외부 공간에 아름다운 정원을 조성하고 전시하고 있습니다. 젊은 창작자들의 열정을 담고 인근 지역민들이 소통할 수 있는 공간을 마련하여 지역 주민들도 쉽게 찾는 매력적인 문화공간으로 새로운 활기를 넣고 있습니다.

소다미술관의 야외조각품(왼쪽)과 전경(오른쪽)

(copyright ⓒ주신하)

부산 망미동에 있는 F1963은 고려제강의 부산공장을 리모델링해서 새롭게 만든 복합문화공간입니다. 얼핏보면 암호처럼 보이는 이 명칭은 1963년에 처음 지은 공장(Factory)이라는 아주 단순한 의미네요. 이곳은 2008년까지 와이어로프를 생산하던 공장이었는데, 2016년 부산비엔날레를 계기로 서점, 전시 및 공연장, 커피전문점, 펍, 막걸리 전문점 등이 있는 복합문화공간으로 탈바꿈하였습니다.

복합문화공간화

리모델링을 맡은 건축가의 꼼꼼하면서도 감각적인 아이디어가 공간 곳곳에서 발견됩니다. 공장 지붕을 일부 걷어내어 만든 중정, 기존 부재와 새롭게 덧댄 재료의 신선한 조화, 와이어로프를 활용한 다양한 소품들까지. 공간을 둘러보는 즐거움이 아주 쏠쏠합니다. 특히 제 눈길을 끈 것은 예전 건물의 바닥재로 많이 쓰던 '테라조', 예전에는 일본어 그대로 '도끼다시'라고 불리던 바닥 슬라브를 재활용하여 벤치나 정원석, 그리고 설치작품처럼 전시해 놓았는데, 과거 재료와 현대적 해석이 만나는 아주 신선한 느낌이었습니다. 이곳 역시 공장이었다는 이야기가 이 공간이 가진 가장 큰 힘인 셈이죠.

F1963의 지붕을 없애서 만든 중정(왼쪽)과 바닥재를 정원석으로 재활용한 모습(오른쪽)

(©주신하)

요즘엔 이렇게 예전에 사용하던 건물을 새로운 용도로 바꾸어 다시 고쳐 쓰는 리모델링이 상당히 많습니다. 이런 사례들을 흔히 도시재생이라고 표현하지만, 저는 경관재생이라고도 생각합니다.

그 지역의 이야기를 담은 경관을 새롭게 만든 것이니까요. 폐철도를 공원으로 만든 경의선숲길, 철거위기의 고가도로를 시민들의 산책공간으로 만든 서울로 7017, 방직공장을 카페로 만든 강화도 조양방직, 쓰레기소각장을 문화공간으로 조성한 부천 아트벙커B39, 폐교를 미술관으로 활용하는 당진 아미미술관, 일제강점기 개항장의 창고로 쓰던 건물을 창작스튜디오와 공연장을 만든 인천 아트플랫폼 등 찾아보면 상당히 많은 사례를 찾을 수 있습니다.

이런 경향을 단순한 유행이라고 볼 수도 있겠지만, 저는 그 지역의 이야기를 담아 사람을 위한 경관을 만들어서 생긴 힘이라고 생각합니다. 벽돌의 거친 질감을 좋아한다기 보다는 예전부터 사용하던 벽돌, 여기서 많은 일들이 일어났던 곳이나는 느낌 때문에 많은 사람들로부터 사랑받는 것이 아닐까요?

결국엔 사람이 가장 중요합니다.

참고문헌 한국토지주택공사(2017) 휴머니티가 흐르는 인문학적 경관, 한국경관학회

08. 경관이 살린 농촌, 에치고 츠마리 대지의 예술제

일본의 농촌지역도 우리나라와 같은 문제를 안고 있습니다. 고령화와 인구감소. 어쩌면 우리나라보다 조금 더 일찍 문제를 직면했었을 겁니다. 인구감소로 활력이 떨어진 농촌지역에는 뭔가 대책이 필요했습니다.

니가타현에 위치한 도카마치시와 쓰난마치라는 두 개의 지방자치단체를 묶어 일컫는 에치고 츠마리 지역은 계단식 논과 풍부하고 미려한 자연환경을 가진 산촌마을입니다. 일본의 대표적인 인구과소지역으로 꼽히며, 65세 이상의 인구가 전체의 약 30%를 차지하는 노령화지역이기도 하지요. 인구감소에 따른 생산성 저하 문제로 심각한 지역붕괴 위기를 맞은 이 지역에서 예술을 매개로 지역을 활성화하려는 시도가 진행되었습니다. 2000년부터 3년마다 한 번씩 트리엔날레를 성공적으로 개최하면서 많은 방문객을 모으고 있습니다.

이 글은 2012년과 2015년 예술제를 다녀와서 쓴 글로 '예술이 농촌을 디자인하다'에 '에치고 츠마리, 그 3년간의 변화'라는 제목으로 발표한 글을 기반으로 작성한 내용입니다. 시점에 약간의 혼동 있을 수 있는 점 감안해 주시길 부탁드립니다.

다시 만나서 반가운 작품들

논 한가운데에서 다시 만난 '포템킨'은 3년 전에 비해서 훨씬 더 깔끔해진 모습이었습니다. 이 프로젝트는 주민들이 쓰레기를 무단으로 버리던 장소를 코르텐강과 흰 자갈을 사용해서 아주 조형적인 공동공간으로 변화시킨 프로젝트이지요. 요즘 유행하는 도시재생이라는 말을 빌려오자면 '공간재생'이라고도 표현할 수 있을 듯합니다. 버려진 공간을 잘 활용이라는 실용적인 측면뿐만 아니라 설치된 작품 자체의 조형성도 아주 뛰어납니다. 논 한가운데 서 있는 모습이 실제 전함 같은 이미지를 전해 주네요.

3년 전에도 매우 훌륭했지만, 올해는 더욱 더 깔끔하게 정돈된 모습으로 만날 수 있어 더 기분이 좋았습니다. 작품을 처음 설치할 때 지역 주민들의 반응은 그리 우호적이진 않았다고 합니다. 그러나 차츰 쓰레기를 쌓아 두던 장소가 깨끗해진 모습을 보고 지역 주민들도 긍정적으로 변화했습니다. 그래서 이번 전시에는 주민들이 적극적으로 많은 지원과 참여를 아끼지 않았다고 하네요. 특히 지속적인 관리가 반드시 필요한 눈부시게 빛나는 흰색 자갈과 깨끗이 정돈된 주변 모습을 보면서 행사를 같이 준비한 주민들의 노력을 간접적으로 느낄 수 있었습니다.

'POTEMKIN' by Architectural Office Casagrande & Rintala

조금은 덜 정돈된 듯한 2012년(왼쪽)과 눈부시게 빛나는 흰색 돌로 잘 정비된 2015년 모습(오른쪽)

(copyright ©주신하)

361

2012년 방문시에 가장 '인상적'인 작품을 꼽으라고 한다면 주저 없이 '탈피하는 집(Shedding House)'을 선택할 것 같습니다. 여기서 인상적이라는 표현은 꼭 좋다는 의미만은 아니지요. 말 그대로 가장 강렬한 이미지를 준 작품이라는 뜻입니다. 이 작품의 작가는 빈 목조주택의 안쪽을 조각칼로 파서 집 전체를 패턴으로 장식했습니다. 그래서 작품제목도 '탈피하는 집'이고요. 오래된 목조주택의 검은 목재 표면과 조각칼로 드러난 안쪽의 밝은 부분이 이루는 대비가 정말 인상적이었습니다. 벽은 물론이고 기둥, 바닥, 심지어는 천정까지 손이 닿을 수 있는 부분은 모두 조각칼로 파냈습니다. 아마 눈에 보이지 않는 곳까지 꼼꼼하게 작업을 했을 겁니다. 어떻게 저런 곳까지 했을까 싶을 정도로 정말이지 꼼꼼하고 치밀하게 작업이 되어 있어서 누가 이런 작업을 했을까 하는 궁금증이 들지 않을 수가 없었죠.

이 작품을 만든 사람들은 '주니치 쿠라카케'라는 조각가와 일본대학 조각전공 대학생들로 기획에서 마무리까지 꼬박 2년 반 걸렸다고 합니다. 그 동안 빈 집에 모여서 벽을 파대는 모습이 주민들 눈에는 얼마나 이상하게 보였을까요? 당연히 주민들에게는 좋게 보일 리가 없었겠지요. 주말마다 조각칼로 집을 파대는 사람들에게 처음부터 호의를 갖는 주민들은 거의 없을테니까요. 그러나 이제 이 작품은 예술제 전체를 대표하는 작품 중의 하나입니다.

이 집에서 숙박을 하려면 꽤나 서둘러서 예약을 해야 할 정도로 인기가 있다고 합니다. 현장에서 이 작품에 대한 반응은 정말 호불호가 분명히 갈렸습니다. 꼼꼼한 일본 특유의 성격과 끈기의 결과라고 긍정적으로 해석하는 의견도 있었던 반면에, 편집증적으로 꼼꼼한 작업과 어지러워 보이는 모습 때문에 가벼운 멀미를 하는 분도 있었습니다. 저는 후자에 조금 가까운 편이었습니다. 그런데 일치된 의견도 있었죠. 도대체 작품에 동원된 학생들은 무슨 죄를 지은 걸까 하는 일종의 동정심!

3년이라는 세월은 처음 만났을 때의 강렬한 대비를 조금 부드
럽게 만들어 놓았습니다. 아마도 바깥 목재의 검은 부분도 안쪽
의 밝은 부분도 세월이 흐르면서 조금씩 닳고, 또 세월의 때가 묻
으면서 서로 닮아갔던 모양입니다. 그래서인지 첫 만남에서 느꼈
던 그 강렬한 이미지는 조금은 약해져 있었습니다. 역시 나이가 들
면 뭐든지 간에 조금씩 부드러워지는 모양이네요.

'탈피하는 집(Shedding House)' by Kurakake Junichi + Nihon
University College of Art Sculpture course

검은 겉 표면과 밝은 부분이 대비가 강렬했던 2012년(왼쪽)에 비해서 세월의 때가 묻
으면서 대비가 조금은 부드러워진 2015년(오른쪽)의 모습

(copyright ⓒ주신하)

예술제의 허브 역할을 하는 '사토야마 미술관'은 예전 그대로의 모습
이었습니다. 어두운 방안에서 모형 기차에 실린 전구로 움직이는 그림
자를 만들어내는 'LOST #6', 놀이공원에서나 만날 것 같은 'Rolling
Cylinder', 식당 천정을 가득 채운 '○ in □', 소리를 물결무늬로
바꿔 시각적으로 볼 수 있게 만드는 'Wellenwanne LFO' 등의 작
품은 3년 전 그대로의 모습이었습니다.

LOST #6 by Ryota Kuwakubo

Rolling Cylinder by Carsten Höller

Wellenwanne LFO by Carsten Nicolai

○ in □ by Massimo Bartolini feat.
Lorenzo Bini

　사각형 건물로 둘러싸인 중정에는 3년 전과 다른 작품이 설치되어 있었습니다. 3년 전에는 9톤이나 되는 옷을 크레인으로 끊임없이 쌓고 떨어뜨리는 크리스티안 볼탄스키의 'No Man's Land'라는 작품이 설치되어 있었는데, 2015년에는 중국 상상의 산인 봉래산을 섬으로 형상화하고 주변 회랑에 짚으로 만든 배를 매달아 놓은 작품 'Penglai/Hōrai'가 설치되어 있었습니다. 작가의 의도를 정확히 이해하긴 어려웠지만 시각적으로는 미술관 건물의 콘크리트 재질, 꽉 짜여진 사각형 공간과도 꽤 잘 어우러진 느낌이었습니다. 산더미 같은 모습은 3년 전 작품과 비슷해 보이지만 그래도 작품이 바뀌니 공간 전체가 달라 보이더군요.

사토야마 미술관 중정의 모습

'No Man's Land(by Christian Boltanski)'가 설치되었던 2012년(왼쪽)과
'Penglai/Hōrai(by Cai Guo-Qiang)'가 설치된 2015년(오른쪽)의 모습
(copyright ⓒ주신하)

이번 작품을 설치한 작가도 아마 지난번 작품의 이미지를 벗어나
려고 상당히 노력을 하지 않았을까 하는 생각도 들었습니다. '농무대'
는 사토야마 미술관과 함께 이 예술제의 공간적 중신역할을 하는 또
하나의 작품입니다. 네델란드의 건축그룹 MVRDV의 작품으로 여름
에 덥고 습하고 겨울에는 눈이 많이 내리는 이 지역 날씨를 고려해
서 전체적인 실내공간을 지면에서 띄워서 아주 독특한 형태의 건축물
을 만들었습니다. 멀리서 보면 마치 논 한가운데 내려앉은 우주선 같
이 보이기도 하지요.

농무대는 2003년에 조성되었으니까 제2회 예술제부터 지금까지 이
예술제의 얼굴이 되고 있는 작품인 셈입니다. 건물 자체도 작품이지
만 건물 내외부에도 30여 개의 작품이 설치되어 있습니다. 많은 작
품을 보고 싶으신 분들은 시간적 여유를 충분히 가지고 방문하셔야
할 겁니다.

농무대(NOHBUTAI) by
MVRDV

(copyright ©주신하)

농무대 주변에 설치된 Tsumari in
Bloom by Kusama Yayoi

(copyright ©주신하)

말이 나온 김에 좀더 작품 수에 관한 이야기를 이어 보자면, 이번 대지예술제에는 300개가 넘는 작품이 전시되었습니다. 작품 하나를 보는데 10분씩만 잡아도 대략 3000분이 넘게, 그러니까 시간으로 환산하면 50시간이 넘게 걸린다는 계산이네요. 여기에 이동시간까지 고려하면 모든 작품을 다 본다는 것은 거의 불가능에 가깝습니다. 더구나 외국에서 시간 쪼개서 온 방문객들에게는 어차피 포기해야 하는 목표인 셈입니다.

그래서 저처럼 3년 만에 다시 찾은 사람이라도 새로운 작품들을 감상할 수 있게 되는 것이지요. 물량공세라고 해야 할까요? 그렇다고 각각의 작품이 질이 떨어지는 것도 아닙니다. 이렇게 훌륭한 작품을 많이 확보할 수 있다는 것도 예술제가 가진 힘이라고 할 수 있겠습니다.

처음 만나서 즐거운 작품들

에치고 츠마리의 대지예술제는 3년마다 새롭게 태어나기 위해서 약 100여 개의 작품을 새로 설치한다고 합니다. 전체가 약 300여 개이니 약 1/3 정도씩 새롭게 변모를 하는 셈입니다.

앞서 말씀드린 물량공세 외에도 이곳을 여러 번 찾게 되는 이유가 여기에 또 있네요. 흙 박물관('Soil Museum' by Motoki Sakai)은 2009년에 폐쇄된 초등학교를 개조한 것으로 현재는 흙을 주제로 한 여러 작품을 설치되어 있는 곳입니다.

흙박물관 내에 설치된 Road to atoms

다양한 흙색을 물감처럼 이용해 작업을 진행하였다. (Road to atoms by Kaori Sato)

(ⓒ주신하)

Kiyotsu Warehouse Museum 모습

전시된 작품과 지붕의 구조물이 섞여 제대로 된 감상을 방해하고 있다.

(ⓒ주신하)

흙으로 만들어지는 다양한 질감을 보여주는 'Landscape', 다양한 흙의 색을 이용해 그린 'Road to atoms' 등 흙을 소재로 한 새로운 시도의 작품들을 볼 수 있는 공간이었습니다. 창고미술관('Kiyotsu Warehouse Museum' by Sotaro Yamamoto) 역시 폐교를 활용한 또 다른 사례입니다. 체육관을 개조해서 전시공간으로 만들고 작품을 설치하였습니다.

내부에는 나무형태를 철골 구조 작품('All that floats down I-3' by Noe Aoki), 목각기둥 모양의 작품('Minimal Baroque IV' by Shigeo Toya), 건축 구조재로 주로 쓰이는 'I'빔을 주제로 한 작품('Untitled 4' by Noriyuki Haraguchi), 태운 목재의 안쪽을 깎아 만든 배('Void-Wooden Boat 2009' by Toshikatsu Endo) 등이 설치되어 있었습니다.

노란 기둥으로 피해지역을 표시한 A Monument of Mudslide by Yukihisa Isobe

(©주신하)

목재와 철재를 소재로 한 작품들인데, 말끔하게 정돈된 노출콘크리트 마감과 상당히 잘 어울리는 작품들이었죠. 버려진 체육관이 훌륭한 설치미술관으로 변신한 셈입니다. 2011년 발생했던 나고야 대지진의 영향으로 이 지역에서도 산사태가 있었습니다. 많은 양의토사가 쓸려 내려와서 식생이 파괴되었고 2차 피해까지 우려되는 상황이었죠. 더 큰 피해를 막기 위해서 사방용 댐을 조성하고 댐 주변에 3m 가량의 노란 기둥 230여 개로 피해 지역을 표시하는 대지예술작품을 설치하였습니다. 이런 과정에서 탄생된 작품이 바로 'AMonument of Mudslide'입니다. 사방댐은 조금은 특이하게도 커다란 철제 원통으로 구성되었는데, 원통 내부에는 쓸려 내려온 흙을 다시 담아서 흙도 치우면서 동시에 댐도 만드는 일석이조의 효과를 거두었다고 하네요. 공학적으로도 현명한 대처를 하면서도 멋진 경관을 연출하고 있었습니다. 대시예술제라는 말에 가장 잘 부합하는 작품이 아닌가 하는 생각도 들었습니다.

사라져서 아쉬운 작품들

'대지예술'이라고 하면 아마도 제일 처음 떠오르는 이미지는 역시 크리스토와 장클로드(Christo and Jeanne-Claude)의 작품 같은 대규모 설치 작품들이겠지요. 그러나 정작 에치고 츠마리에서는 그런 대규모 대지예술 작품은 찾아보기 어렵습니다. 오히려 농촌마을의 한계를 극복하는 수단으로 예술, 대지로 대변되는 농촌에 활력을 불어 넣어주는 보다 실용적인 예술을 추구하고 있다고 봐야 할 것 같네요. 그래서 대규모 스펙타클보다는 아기자기하지만 지역 주민들과 예술가가 함께 지역과 커뮤니티를 살려 나가는 활동을 중요하게 생각하고, 그러한 결과물을 통해서 방문객 유치와 소득향상을 꾀하는 그러한 작품들이 많습니다. 이런 예술제의 취지를 가장 잘 보여주는 작품이 무엇이었을까요?

곰곰이 생각해 보니 바로 이 작품이 떠올랐습니다.

'The Kamiebiike Museum of Art'.이 작품은 마을회관을 잠시 빌려 마련한 사진전입니다. 도무지 자원이 될 수 있을 만한 것이라고는 별로 없는 그런 평범한 농촌마을에 두 명의 사진작가와 마을 주민들이 머리를 맞대어 세계 명화를 사진으로 패러디해보자는 아이디어를 냈습니다.

예를 들자면 뭉크의 유명한 '절규'를 패러디하기 위해서 그림에 나오는 배경과 최대한 비슷한 곳을 마을에서 찾고 주민들 중에서 사진모델을 뽑아 원작과 비슷한 구도로 사진을 촬영하는 식이지요. 이런 방식으로 약 20여 개의 그림이 사진으로 패러디되어 있었습니다. 20호 남짓 되는 마을 규모를 생각해 볼 때 온 동네 사람들이 모두 참여해야 가능한 일이었을 겁니다. 백문이 불여일견! 글로 설명하는것 보다 사진을 직접 보는 게 훨씬 더 이해가 빠를 것 같네요. 우선 아래 사진들을 보시지요.

마을회관을 잠시 전시공간으로 활용한 The Kamiebiike Museum of Art by Tetsuo

Onari & Mikiko Takeuchi

(copyright ©주신하)

다빈치의 '모나리자' 패러디 사진

(copyright ©주신하)

에드바르 뭉크의 '절규'를 패러디 한 사진작품

(copyright ©주신하)

다빈치의 '최후의 만찬' 패러 디 사진

(copyright ©주신하)

입구에서 나누어 주는 원본 사 진판

패러디한 사진들의 원본 그림을 보여 주고 있다.

(copyright ©주신하)

사진들을 보고 나니 무슨 이야기인지 금방 감이 오시지요?

이 작품의 가장 큰 장점이라면역시 재미있다는 것입니다. 특별한 설명이 없어도 '아!' 할 수 있을 만큼 직관적이면서도 유머가 넘쳐나지요. 사실 전시장을 들어가기 전에 나오는 사람들의 환한 표정을 보면서 도대체 안에 뭐가 있기에 이런 표정들일까 무척이나 궁금했거든요. 그런 궁금증은 전시장에 들어서는 순간 해결되더군요. 원본 작품을 모르는 사람들을 위한 작은 배려도 있었습니다. 입장할 때 나누어 주는 원본 사진판. 원본 그림과 사진을 비교하면서 보면 누구나 즐겁게 작품을 감상할 수 있습니다.사실 이 사진들을 더 재미있게 보는 방법은 사진을 찍을 때의 상황을 상상해 보는 것입니다.

어색해 하는 주민들과 이들을 지휘하는 사진작가의 모습을 상상해 봤습니다. 서로를 보면서 얼마나 즐거웠을까요? '어이, ○○상. 절규 모델로는 자네가 딱이야!', '최후의 만찬 배경은 어디가 좋을까?', '모나리자로는 ○○상보다는 ○○상이 더 어울리지 않아?' 주민들 스스로에게 즐거움을 주고 방문객들에게도 미소를 선사했던 프로젝트. 이 프로젝트야말로 예술과 아이디어로 농촌지역을 친근하게 느끼게 하고, 도시와 농촌간의 벽을 자연스럽게 허무는 훌륭한 프로젝라고 생각합니다.

'이번에도 이 작품들을 다시 볼 수 있을까? 혹시 더 많은 작품들을 찍어놓지는 않았을까?'이런 기대를 하고 소개 자료를 찾아보았지만, 정말 아쉽게도 이번 전시에서는 이 작품을 볼 수 없었습니다. 이유를 들어보니 마을회관을 2-3달씩 전시공간으로 내어주기가 쉽지 않았나 봅니다. 마을 공동공간을 오랜 시간 동안 포기하는 것이 불편했을 수도 있고, 우리나라의 벽화마을처럼 많은 외부인들이 조용한 마을에 들어오는 것이 생활에 방해가 되었다고 판단했을지도 모르겠습니다. 내부 상황을 정확하게 전달받지는 못했지만 어쨌거나 이런 유쾌한 작품을 다시 볼 수 없어서 무척이나 아쉬웠습니다.

다시 방문해야 하는 이유

3년마다 열리는 일본농촌의 흥미로운 예술실험, 에치고 츠마리. 처음 갔을 때에는 그저 신기하고 재미있는 경험이었습니다. 농촌을 배경으로 이런 작업이 가능하구나 하는 신기함 정도. 그런데 두번째 경험을 하고 나니 예술제를 준비하고 참여하는 작품과 무대 뒤로 사람들의 모습이 조금씩 그려지기 시작했습니다.

얼마나 많은 사람들이 참여했을까?

준비하는 동안 어떤 일들이 벌어졌을까?

작가들과 주민들과의 관계는 어땠을까?

물론 두 번의 방문으로도 속속들이 내용을 알기에는 턱없이 부족하셨시요. 그러나 지난번보다 좋아진 작품에서 참여한 분들의수고가 느껴지기도 하고, 조금 아쉬운 작품을 볼 때에는 반복되는 작업으로 나타나는 한계도 조금은 느낄 수 있었습니다. 무엇보다도 이렇게 지속할 수 있는 이 예술제의 힘을 체감할 수있는 좋은 기회였습니다. 만약 여러분들 중에 이 곳을 한번 방문해 보신 분들이라면, 저는 다시 한번 찾아보시라고 강력히 추천드리고 싶네요. 분명히 두번째 방문에서는 전에 보지 못했던 것들을 볼 수 있을 겁니다.

참고문헌 한국경관학회(2018) 예술이 농촌을 디자인하다, 미세움.